ワークライフ・コーディネーター

認定試験

公式テキスト

Work Life Coordinator

目　次

ワークライフ・コーディネーター認定試験　試験概要

問題数	60問
試験時間	90分
問題形式	四肢選択式
正答率合格ライン	70%
受験料	11,000円（税込）

※出題内容、試験概要は変更となる場合があります。

※オンライン受験可

　自宅、会社、海外でも受験可（カメラ貸出中）

　全周360度Webカメラを机上に設置して、映像送信しながらパソコンで受験して

　いただきます。自宅や会社で、また全国どこからでも、外国からも受験できます。

※全周360度Webカメラを無料でレンタル頂けます。（別途申込必要）

※試験の1週間以降後に試験問題をお送りいたします。（国内のみ）

お問合せ先

一般財団法人　全日本情報学習振興協会

東京都千代田区神田三崎町3-7-12　清話会ビル5階

TEL：03-5276-0030

http://www.joho-gakushu.or.jp/

ワークライフ・コーディネーター認定試験　出題内容

課題	内容
第1章 総論	1) 我が国の経済社会の現状 2) 働き方改革 3) 人口高齢化 4) 子どもを産み育てやすい環境づくり 5) 人材育成とリスキリング 6) ワークライフ・バランスとその取り組み
第2章 テーマごとにみるワーク ライフ・コーディネート	1) 柔軟な働き方がしやすい環境整備 2) 女性・若者が活躍しやすい環境整備 3) 病気の治療、子育て・介護等と仕事の両立、障害者就労の推進 4) 長時間労働の是正 5) 非正規雇用労働者の処遇改善 6) 雇用吸収力の高い産業への転職・再就職支援 7) 人手不足の解消政策 8) 高齢者の就業推進
第3章 労働関係	1) 労働契約の成立 2) 賃金 3) 労働時間・休憩・休日 4) 休暇と休業 5) 労働関係の終了
第4章 安全・健康面における職場 環境の形成	1) 安全衛生管理体制 2) 安全衛生教育 3) 健康の保持増進のための措置 4) 快適な職場環境の形成
第5章 社会保障・税制度	1) 労働保険 2) 社会保険 3) 所得税

I　総論

第1章　ワークライフコーディネートの重要性

　我が国の働く人にとっての課題は、仕事ぶりや能力の評価に納得して意欲を持って働きたい、ワーク・ライフ・バランスを確保して、健康に、柔軟に働きたい、病気の治療や子育て・介護といったライフステージの変化に伴って直面する課題と仕事を無理なく両立したいというように多岐にわたる。

　このような働く人の課題に対応するためには、我が国における雇用慣行、働き方・ワークスタイルそのものの改革が必要となる。

　我が国の雇用慣行は、長期雇用や年功賃金に支えられる「正社員」制度を中心としてきた。このような雇用慣行は、働く人にとって、雇用の安定や定期的な賃金の上昇、将来の生活設計を立てやすいなどのメリットがある。そして、安定雇用のもとで安心して働けることなどを背景として、転勤や長時間労働などが広く許容され、「モーレツ社員」、「企業戦士」が我が国の経済発展を支えてきたといえる。

　しかし、高度経済成長は過去のものとなり、多くの企業は、リスク回避・雇用調整の安全弁として、「非正規雇用」を増やしてきた。

　「非正規」は、その名の通り、企業にとっては「正規」の社員ではないから、正規の社員（正社員）よりも低待遇とされることが当然視されてきた。

　そして、我が国の雇用慣行は、正社員を中心とした単線型のキャリアパスを前提とし、非正規の待遇の確保や非正規から正規への転換などの問題に目を向けない傾向があった。このため、正社員中心のレールに乗れなかった、または正社員のレールからリタイアした労働者（例えば、出産を機に退職した女性労働者）は、正社員中心のレールに乗ることができないまま、低待遇に甘んじ続けるということになる。このような雇用慣行のもとでは、非正規の労働者の労働意欲を高め、労総生産性を向上するのは困難である。非正規雇用による将来への不安が少子化の一因となっているとも指摘される。

　また、勤務場所や職種を限定せず、フルタイム勤務するという正社員像を中心とした雇用慣行のもとでは、出産・育児や、介護、病気の場合には仕事を諦めざるを得ないという場合が出てくる。パートタイムで余裕をもって仕事をしたいという高齢者の要望にも応えにくい。このように、正社員を中心とする単線型キャリアパスのもとでは、働く人がそのライフステージにあった仕事を選択しにくくなる。仕事と生活の調和（ワーク・ライフ・バランス）のためには、働く人のライフステージにあった仕事を選択しやすい雇用慣行を築かなければならない。

　しかも、少子高齢化が進んだ社会では、女性や高齢者、若者など、様々な人が活躍できなければ社会が成り立たないため、出産・育児期の女性や高齢者といった、これまでの「正社員」制度のもとでは働き続けることが困難であった人でも安心して働けるようにしなければならない。

　また、正社員にとっても、特に長時間労働の傾向が強い「働き盛り」（30歳〜50歳程度）の男性労働者を中心として、心身の不調をきたしたり、ワーク・ライフ・バランスがとれなくなってしまうといった問題が社会化している。このような問題を解消するためには、長時間労働が当然、年次有給休暇は取りにくいのが当然といった職場意識を抜本的に変えていく必要がある。

第2章　日本の経済社会の現状

1　総論

　我が国の経済は、雇用・所得環境の改善が続き、企業収益が高水準で推移する中、内需の柱である個人消費や設備投資が増加傾向にあり、緩やかな回復が続いている。

　我が国の経済成長の隘路の根本には、人口減少と少子高齢化、それにともなう生産年齢人口（労働力人口）の減少という構造的問題がある。また、我が国の労働生産性は諸外国に比べて低水準にあるが、その原因として、正規・非正規という2つの働き方の不合理な処遇の差による非正規雇用労働者の意欲低下や、長時間労働による非効率といった問題が指摘されている。それに加え、イノベーションの欠如による生産性向上の低迷や革新的技術への投資不足も指摘されている。

　従って、日本経済の再生を実現するためには、投資やイノベーションの促進を通じた生産性の向上と、労働参加率（特に就業率）の向上を図る必要がある。

　少子高齢化が進展する中、経済成長に対する労働力減少の影響を最小限に抑えるためには、就業者数・就業率の上昇による「量の増加」と生産性の向上による「質の改善」がともに重要である。量の増加について、とりわけ伸びしろがあると考えられるのは、女性や高齢者の労働市場への参加である。仕事と育児・介護等を両立できる労働環境の整備や柔軟な働き方の導入等によって、女性や高齢者の労働参加を阻害している要因を除くことで、その労働参加が促されることが期待できる。

　生産性（労働生産性）を向上させるためには、正規・非正規の格差を是正して非正規雇用労働者の労働意欲を高めるとともに、長時間労働の是正により効率を高めていくことも必要である。

　また、成長分野への労働力移動やリスキリング、ジョブ型雇用の拡大、重点分野での研究開発への投資などを通じて、持続可能な成長を促進する必要がある。

2　少子高齢化
(1) 我が国の少子高齢化

　「少子高齢化」とは、出生率が減少し子どもの割合が低下する「少子化」と、65歳以上の高齢者人口が増加して高齢化率が上昇する「高齢化」が同時に進行している状況である。

　1950年以降、我が国の出生率は急激に低下し、少子化が進行している。

　他方で、1950年時点で5％に満たなかった我が国の高齢化率は、2015年には26.7％へと急激に上昇し、将来的には、2060年に39.9％と65歳以上人口が約2.5人に1人という超高齢化社会になる見通しである。

　このように、我が国は、今後、少子高齢化という構造的な問題が急速に進展することが予想されている。

（日本の人口の推移）

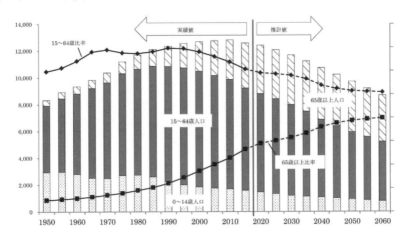

※【「65歳超雇用促進マニュアル　図 1-1（厚労省）より。資料出所は総務省「国勢調査」および「人口推計」，国立社会保障・人口問題研究所「日本の将来推計人口」（平成24年1月推計）：出生中位・死亡中位推計」（各年10月1日現在人口）】

(2) 国際的にみても低い出生率

　「出生率」は、年間出生数を国勢調査または推計人口による各年 10 月 1 日現在の日本人人口で除して千倍したものである。厚生労働省の「人口動態調査」で発表されている。

　　・出生率＝年間出生数／日本人人口 × 1,000

　我が国の年間の出生数は、第 1 次ベビーブーム期（1947〜49 年）には約 270 万人、第 2 次ベビーブーム期（1971〜74 年）には約 210 万人であったが、1975 年に 200 万人を割り込み、それ以降、毎年減少し続けた。1984 年には 150 万人を割り込み、1991 年以降は増加と減少を繰り返しながら、緩やかな減少傾向となっている。

　このため、「出生率（合計特殊出生率）」は、第 1 次ベビーブーム期には 4.3 を超えていたものが、1950 年以降低下傾向を続け、1989 年にはそれまで最低であった 1966 年（丙午：ひのえうま）の数値を下回る 1.57 を記録した。2005 年には過去最低である 1.26 まで落ち込んだ。

　（出生数と出生率）

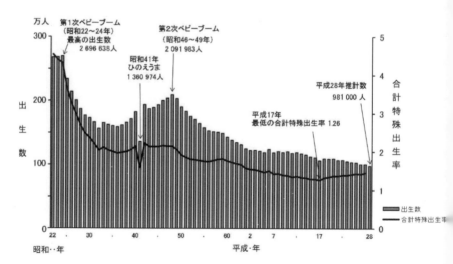

※【「平成 28 年人口動態統計の年間推計」（厚生労働省）の「図表データ」図 1 より】

5

6、16　いわゆる先進国では出生率が低くなる傾向にあるが、我が国の
合計特殊出生率は特に低い水準にあり、フランス、スウェーデン、アメ
リカ合衆国、イギリス等の先進諸国中最低レベルである。

（主要国の合計特殊出生率の推移）

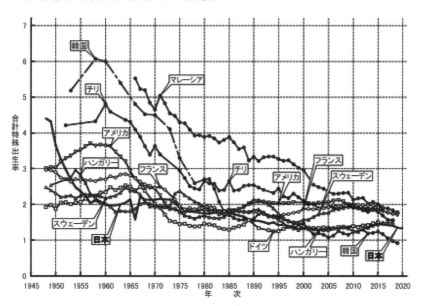

国立社会保障・人口問題研究所「主要国における合計特殊出生率および関
連指標：1950〜2020年」

(3) 少子化と高齢化の影響

　出生率の低下、すなわち少子化は、労働力の中心となる生産年齢人口
の減少と人口減少をもたらす。

　すなわち、少子化の進行により、労働力の中心となる生産年齢人口（15
〜64歳の人口）が減少する。我が国の総人口に占める生産年齢人口の割
合は、2010年の63.8%から減少を続けており、2016年：約60% → 2060
年：50.9%となると推計されている。

　労働力人口も、2014年：約52%（6587万人）→ 2060年：約44%（3,795
万人）と、加速度的に減少していくと推計されている。

6

少子化の進行は、人口減少の要因にもなる。我が国の総人口は、2008年（約1億2800万人）を境に減少局面に入っている。減少スピードは今後加速度的に高まっていき、2020年代初めは毎年60万人程度の減少であるが、それが2040年代頃には毎年100万人程度の減少スピードにまで加速し、このままでは2100年には人口が5,000万人を切ることが推計されている。

人口減少・労働力人口の減少に伴い、経済規模の縮小、基礎自治体の担い手の減少といった問題が発生している。

我が国では、少子化による労働力人口の減少と高齢化が同時に進行している。このため、いわゆる「肩車社会」（後述する）による医療・介護費等の社会保障給付と負担の間のアンバランスが問題となっている。

(4) 生産年齢人口の減少

「生産年齢人口」とは、15歳〜64歳の人口である。

「生産年齢人口」は、仕事をしない者を含め、生産活動に従事しうる年齢の人口ということができる。

我が国の生産年齢人口は、1997年にピークを迎え（約8699万人）、その後減少が続いている（2016年に約7665万人）（働き方改革実行計画参考資料）。

生産年齢人口の減少が続くことにより、現状の労働参加率のままだと、就業者数は、2015年：6376万人 → 2020年：6046万人 → 2030年：5561万人と激減していくと推計されている。労働参加率を向上したとしても、生産年齢人口の減少が加速し続けると、就業者数は、2015年：6376万人 → 2020年：6381万人 → 2030年：6169万人と減少するものと推計されている。

3 女性の活躍に関する現状
(1) 女性が活躍できる環境の必要性

今後、少子高齢化の進展に伴い労働力人口が本格的に減少していくことが見込まれる中、将来にわたり安心して暮らせる活力ある社会を実現するためには、就業率・就業者数を上昇させ、持続可能な全員参加型社会を構築していくことが必要である。

(2) 男女の雇用者数と管理職の割合

　2006 年以降の雇用者数について、男性は 2008 年から停滞の傾向であるが、女性は就業の拡大が続き、2023 年には 3051 万人となった。

　これにより、就業者に占める女性の割合は 45.2％と、欧米諸国とほぼ同水準となった（総務省「労働力調査」）。

　他方で、管理的職業従事者における女性の割合は、長期的に上昇傾向にあるものの、13.2％と低い水準にとどまり、欧米諸国（米国：41.4％、英国：36.5％等）のほか、アジア諸国（シンガポール：38.1％、フィリピン：53.0％等）と比べてもかなり低い（労働政策研究・研修機構「国際労働比較 2023」）。

(3) 離職後の再就職の問題と男女の非正規の割合

　我が国の女性は出産後に退職する場合が多く、女性の年齢階級別労働力人口比率は、25～29 歳及び 30～34 歳を底とする M 字カーブを描いていたが、2022 年ではカーブが浅くなり、台形に近づいている。

（女性の年齢階級別労働力率（2023 年））

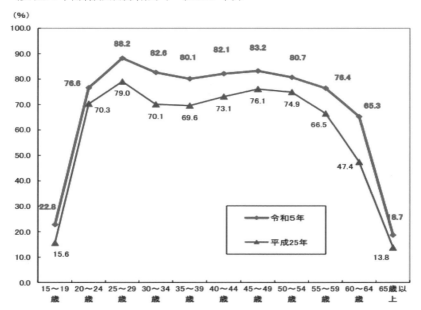

総務省「2023 年労働力調査」

8

　近年では、女性活躍推進法や働き方改革関連法に基づく企業の取組、保育の受け皿整備、両立支援等、これまでの官民の積極的な取組により、年々、第1子出産後も就業継続する女性は増加しており、直近では、第1子出産前有職者の約7割が就業を継続している。

（子供の出生年別第1子出産前後の妻の就業経歴）

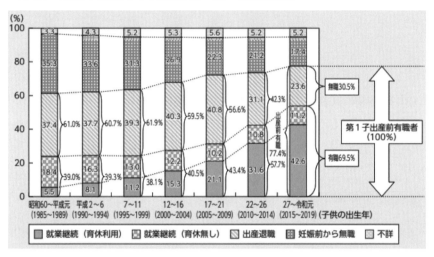

内閣府「令和5年版男女共同参画白書」

　しかし、従業上の地位別に第1子出産後の就業継続率を見ると、「正規の職員」及び「自営業主・家族従業者・内職」の就業継続率は8割を超えているのに対し、「パート・派遣」の就業継続率は約4割にとどまっており、雇用形態別に見ると大きな差がある。

　2023年における役員を除く女性雇用者の正規の職員・従業員と非正規の職員・従業員の割合は、46.8％：53.2％と非正規が上回っている（総務省「労働力調査」）。

　これに対し、役員を除く男性雇用者の正規：非正規の割合は、77.4％：22.6％と正規が非正規を大きく上回っており、正規と非正規の割合は、男性と女性で状況が全く異なる。

　このほか、男女間の賃金格差は、縮小傾向にあるものの、男性一般労働者の給与水準を 100 としたときの女性一般労働者の給与水準は 75.7 で、依然として格差がある（厚生労働省「2022年賃金構造基本統計調査」）。

4　日本型雇用慣行の特徴

　日本型雇用は、「メンバーシップ型」であるといわれる。大企業で典型的にみられる形態として、長期雇用、年功賃金を前提として、職務や勤務地が原則無限定という雇用慣行である。賃金は勤続年数や能力を基準に決定され、定期昇給もある。事業撤退等により職務が消滅しても配置転換等により雇用が維持されやすい。

　これに対し、欧州（アジア諸国も）は「ジョブ型」といわれる。ジョブ型では、職務や勤務地が原則限定され、賃金は職務ごとに決定され、定期昇給はない。職務が消滅すれば金銭的な補償等の上で解雇されやすい。

　なお、日本型雇用（メンバーシップ型）は、中高齢期に多くの支出が必要となる労働者の生活に適合した賃金体系であるとか、職務が消滅しても雇用が維持され雇用安定に資するといったメリットがある。他方で、職務が無限定のため長時間労働になりがちである。また、女性、中小企業の労働者、非正規労働者は日本型雇用の恩恵にあずかりにくいといったデメリットが指摘されている。

　（メンバーシップ型とジョブ型の比較）

	ジョブ型雇用	メンバーシップ型雇用
対象	新卒採用の一部と中途採用に適用	新卒採用のほとんどに適用
職務・部署配置	採用時に決定	採用時に決定
賃金	難易度や責任に応じた賃金	職務遂行能力に応じた賃金
教育	基本的には自己研鑽	会社で定められた教育制度
雇用契約	採用時に独自の契約が可能	会社が定めた規則に従う
解雇	職務が終了した場合、雇用契約によっては解雇される可能性がある	正社員の解雇は厳しく制限される

5　労働生産性の問題

(1) 労働生産性

「労働生産性」とは、労働者一人当たりの付加価値額である。

働き方実行計画参考資料では、"一労働者あたりの名目 GDP" を「労働生産性」としている。

労働生産性は、労働の効率性を計る尺度であり、労働生産性が高い場合は、投入された労働力が効率的に利用されているといえる。

我が国にとっては、少子高齢化による労働力人口の減少を克服することが大きな課題であり、そのためには資本投入の増加に加え、一人ひとりが生み出す付加価値の向上、すなわち労働生産性の向上が必要不可欠であるとされている。

また、労働生産性の上昇は賃金の上昇に結びつくなど労働者にとってプラスとなる効果が大きい。

(2) 労働生産性の現状

我が国の労働生産性は、フランス、ドイツ、米国、英国といった OECD 主要国の中では低い水準にあり、特に、時間あたり労働生産性が低く、主要国との差は拡大傾向にある。

OECD データに基づく、2022 年の時間当たり労働生産性（就業 1 時間当たり付加価値(購買力平価換算) 単位：ドル）は、米国：89.8、ドイツ：87.2、フランス：83.9、英国：73.3 だったが、日本は、52.3 だった。順位でみると、OECD 加盟 38 カ国中 30 位で、データが取得可能な 1970 年以降、最も低い順位になっている（日本生産性本部「労働生産性の国際比較 2023」）。

我が国の労働生産性の水準が低い原因として、正規・非正規という 2 つの働き方の不合理な処遇の差による非正規雇用労働者の意欲低下や長時間労働等の問題が指摘されている。

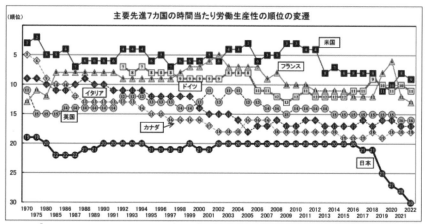

※OECD「Labor Force Statistics」による。以降に記載する各国の年間平均労働時間も左記に基づく。

日本生産性本部「労働生産性の国際比較 2023」

(3) 労働時間と労働生産性の関係

　一人あたりの総労働時間と時間あたりの労働生産性には、負の相関関係がある（労働時間が長くなるほど労働生産性が低くなる）といわれる。

　すなわち、国際的にみると、一人あたりの労働時間が短い国ほど、一人あたりの労働生産性が高い。

　2021 年時点の OECD 諸国の中で最も一人あたり労働時間が短いドイツの総労働時間は 1,306 時間であり、我が国の総労働時間の 8 割程度である。他方、IMF の統計によれば、労働生産性（労働者一人あたりの名目 GDP 額）は、ドイツは我が国の水準を 50% 近く上回っている。

第3章　労働経済に関連する用語

1　労働力人口

「労働力人口」とは、「就業者」[※1] と「完全失業者」[※2] をあわせたものである（就業者＋完全失業者）。

> ※1「就業者」とは、「従業者」（収入を伴う仕事をしている者）と「休業者」（仕事を持っていながら病気などのため休んでいる者）をあわせたものである。既に仕事を持っている者ということができる。
> ※2「完全失業者」は、これから仕事を持とうと求職活動している者である。

労働力人口は、既に仕事を持っている者とこれから仕事を持とうと求職活動している者の合計といえるから、労働市場において供給側に立つ者の集まりということができる。すなわち、一国の経済が財やサービスの生産のために利用できる人口ということになる。

2　非労働力人口

「非労働力人口」とは、15 歳以上人口のうち、労働力以外の者である。

非労働力人口は、少しも仕事をしない者（ただし、仕事を休んでいる者や仕事を探している者は除く）が主に何をしていたかにより、「通学」、「家事」、「その他（高齢者など）」の3つに分類される。

（就業状態の分類）

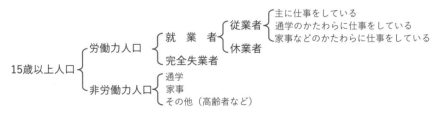

※【労働力調査の解説（総務省統計局）の「就業状態の分類方法」を参照して作成】

3　就業率

「就業率」とは、15歳以上人口に占める「就業者」（従業者＋休業者）の割合である。

・就業率（％）＝就業者数／15歳以上人口 × 100

就業者数は、従業者（収入を伴う仕事をしている者）と休業者（仕事を持っていながら病気などのため休んでいる者）を合わせたものなので、就業率は、15歳以上人口のうち、実際に労働力として活用されている割合を示しているといえる。

今日の人口減少社会の下では、労働市場の動向について、人口減の影響も加味して見る場合の指標として就業率があり、近年では完全失業率と合わせて注目すべき数字となっている。

2023年の就業率は61.2％で、3年連続で上昇した。

男女別にみると、男性は69.5％、女性は53.6％となった（総務省「労働力調査2023」）。

4　完全失業者と完全失業率
(1) 完全失業者

「完全失業者」とは、①仕事がないが、②仕事があればすぐ就くことができる者で、③仕事を探す活動をしていた者である。

「失業」という言葉を使っているが、何らかの求職活動を行っていること（労働市場に参入していること）が必要である。従って、新規学卒者、結婚・育児などで一時離職したが再び仕事を始めようとする者、より良い仕事を求めて離職した者等は、すぐに就業可能で求職活動をしていれば「完全失業者」に分類される。一方、会社が倒産して仕事を失ったとしても、求職活動をしていなければ労働市場への参入者とはならないので、「完全失業者」ではない。

完全失業者数は、2023年平均178万人で、完全失業率は2.6％であった。

(2) 完全失業率

「完全失業率」とは、労働力人口に占める完全失業者の割合である。

・完全失業率（%）＝完全失業者数／労働力人口 × 100

完全失業者は、労働力人口のうち実際には活用されていない部分であるといえるから、その割合を示す完全失業率は、労働市場に供給されている人的資源の活用の度合いを示す指標といえる。

5 労働参加率

「労働参加率」は、生産年齢人口（15歳～64歳の人口）に占める労働力人口（就業者＋完全失業者）の割合である。

・労働参加率（%）＝ 労働力人口／生産年齢人口 × 100

「労働参加率」は、生産活動に従事しうる年齢層のうちどの程度の割合が労働市場に参加しているかを示す指標であるといえる。

近年における女性の労働参加率の上昇によって、日本の女性の労働参加率は米国などを上回るに至っているが、依然として OECD 諸国の中位程度の水準であり、日本を上回る女性の労働参加率を実現している国々は、北欧や大洋州を中心にして数多くある。

65歳以上の高齢者の労働参加率については、我が国は国際的に高水準にあるため、大きな変化はない。

少子高齢化と人口減少による労働力減少が経済成長に及ぼす影響を軽減させるためには、労働参加率の上昇による「量の増加」が、生産性の向上による「質の改善」とともに重要であるといわれている。

「量の増加」について、とりわけ伸びしろがあると考えられるのは女性や高齢者の労働市場への参加である。女性や高齢者の労働参加を阻害している要因を除くことで、その労働参加が促されることが期待できる。

6 肩車社会

「肩車社会」とは、高齢者と高齢者を支える現役世代の人口が1対1に近づいた社会である。

　高齢者 1 人を支える現役世代の人数 (生産年齢人口) は、1960 年では 11.2 人であったが (「おみこし型」と表現することもある)、少子高齢化により、1980 年：7.4 人 → 2014 年：2.4 人 (「騎馬戦型」と表現することもある) と激減した。

　現状が継続した場合、2060 年、2110 年時点では高齢者 1 人に対して現役世代が約 1 人となると推計されている。なお、仮に、合計特殊出生率が回復する場合であれば、2060 年に 1.6 人、2110 年には 2.1 人で支えることになると推計されている。

　少子高齢化の進行による「肩車社会」の到来に伴い、医療・介護費を中心に社会保障に関する給付と負担の間のアンバランスは一段と強まることとなる。

7　GDP

(1) GDP とは

　「GDP (国内総生産)」(Gross DoMestic Product) とは、国内で一定期間内に生産されたモノやサービスの付加価値の合計額を表す指標である。日本国内の景気を測る指標として重視され、内閣府により四半期ごとに発表されている。

　GDP は、市場で取引されたものを対象としているため、家事労働やボランティアなどは含まれない。また、「国内」のため、日本企業が海外支店等で生産したモノやサービスの付加価値は含まない。

(2) 名目 GDP と実質 GDP

　「名目 GDP」とは、その時の市場価格に基づいて推計された GDP である。従って、名目 GDP は物価の変動を反映した指標である。

　「実質 GDP」とは、名目 GDP から物価変動の影響を取り除いたものである。

　国内の経済活動の規模や動向を見る場合には名目 GDP を参照することが多いが、名目 GDP はインフレ・デフレによる物価変動の影響を受けるため、経済成長率を見るときは実質 GDP を参照することが多い。

8　有効求人倍率

　「有効求人倍率」とは、「月間有効求人数」※1 を「月間有効求職者数」※2 で除して得た求人倍率である。

　「有効求人倍率」は、ハローワークでの求職者 1 人あたり何件の求人があるかを示している。

　有効求人倍率は、リーマンショック直後の 2009 年に年平均最低 (0.47 倍) を記録して以降、増加傾向を続け、2019 年には 1.6 倍と 1990 年以来の高水準を記録した (バブル期最高の年平均は 1990 年の 1.43 倍)。新型コロナウイルス禍は、有効求人倍率が 1.13 倍まで下がったものの、その後雇用環境が回復し、2023 年には 1.31 倍となった (厚生労働省「令和 5 年一般職業紹介状況」)。

　　※1「月間有効求人数」は、前月から繰越された有効求人数 (前月末日現在において、求人票の有効期限が翌月以降にまたがっている未充足の求人数) と当月の「新規求人数」の合計数をいう。

　　※2「月間有効求職者数」は、前月から繰越された有効求職者数 (前月末日現在において、求職票の有効期限が翌月以降にまたがっている就職未決定の求職者数) と当月の「新規求職申込件数」の合計数をいう。

（完全失業率と有効求人倍率の推移）

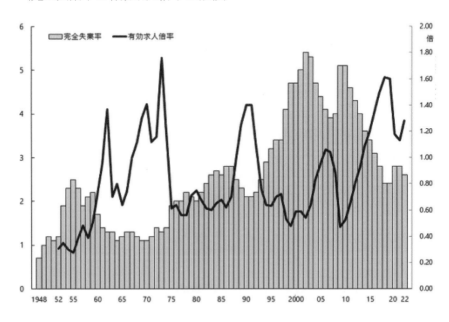

総務省統計局「労働力調査」＋厚生労働省「職業安定業務統計」　　完全失業率単位：％

9　ダイバーシティ経営

　「ダイバーシティ経営」は、多様な属性の違いを活かし、個々の人材の能力を最大限引き出すことにより、付加価値を生み出し続ける企業を目指して、全社的かつ継続的に進めていく経営上の取組みである。

　米国では、「女性人材の確保・活用」と「人種平等」という思想から端を発して、企業の自主的な動きを中心として拡大し、1990年代からは、ダイバーシティがもたらす生産性や収益性への効果が認識されるようになった。欧州では、「女性の社会進出」と「雇用・労働形態やライフスタイルの多様性の容認」を図る視点から、雇用機会の創出・確保を目的とした労働政策の一環としてダイバーシティ経営が促進され、2000年代からは、経営戦略としてダイバーシティを促進する動きが強まった。

　我が国でも、ダイバーシティ経営への取組みが推進されており、経済産業省の「競争戦略としてのダイバーシティ経営（ダイバーシティ 2.0）の在り方に関する検討会」が、2017年3月に「ダイバーシティ 2.0検討会報告書〜競争戦略としてのダイバーシティの実践に向けて〜」を公表している。

　同報告書は、「経営改革」には「人材戦略の変革」が必須となるという認識のもと、「人材戦略の変革の柱」としてダイバーシティを位置付けている。

　また、同報告書は、「働き方改革」が、働き手の労働条件の改善に繋がる取組みであるだけでなく、従来型の「日本型雇用システム」にメスを入れ、人材戦略を変革する「経営改革」という側面があり、ダイバーシティと根幹を同じくするとしている。

第4章　ワーク・ライフ・バランス

1　ワーク・ライフ・バランスとは

　「ワーク・ライフ・バランス（仕事と生活の調和）」は、老若男女誰もが、仕事、家庭生活、地域生活、個人の自己啓発など、様々な活動について、自ら希望するバランスで展開できる状態である。

　政府より、2007年に、「仕事と生活の調和（ワーク・ライフ・バランス）憲章」（「憲章」）と「仕事と生活の調和推進のための行動指針」が公表されている。

　憲章では、仕事と生活の調和が実現した社会を、「国民一人ひとりがやりがいや充実感を感じながら働き、仕事上の責任を果たすとともに、家庭や地域生活などにおいても、子育て期、中高年期といった人生の各段階に応じて多様な生き方が選択・実現できる社会」としている。また、憲章は、仕事と生活の調和と経済成長は車の両輪であり、若者が経済的に自立し、性や年齢などに関わらず誰もが意欲と能力を発揮して労働市場に参加することは、我が国の活力と成長力を高め、ひいては、少子化の流れを変え、持続可能な社会の実現にも資することとなるとしている。

2　ワーク・ライフ・バランスの内容

　仕事と生活の調和が実現した社会は、具体的には、以下が実現された社会である。

　① 就労による経済的自立が可能な社会

　経済的自立を必要とする者、とりわけ若者がいきいきと働くことができ、かつ、経済的に自立可能な働き方ができ、結婚や子育てに関する希望の実現などに向けて、暮らしの経済的基盤が確保できる。

　② 健康で豊かな生活のための時間が確保できる社会

　働く人々の健康が保持され、家族・友人などとの充実した時間、自己啓発や地域活動への参加のための時間などを持てる豊かな生活ができる。

　③ 多様な働き方・生き方が選択できる社会

　性や年齢などにかかわらず、誰もが自らの意欲と能力を持って様々な

働き方や生き方に挑戦できる機会が提供されており、子育てや親の介護が必要な時期など個人の置かれた状況に応じて多様で柔軟な働き方が選択でき、しかも公正な処遇が確保されている。

　上記①〜③を実現するための手段として、日本の労働制度と働き方を改革するために、「働き方改革」が唱えられているということもできる。したがって、次に述べるワーク・ライフ・バランスの取組みは、働き方改革実行計画における検討テーマと、その多くが重なっている。

3　ワーク・ライフ・バランスの取組みの例

「ワーク・ライフ・バランス」の取組みとして、次のものがあげられる。

　① 非正規雇用の処遇改善
　② 長時間労働の是正
　③ 有給休暇の取得向上
　④ 柔軟な働き方の導入（テレワーク、フレックスタイム制度、短時間正社員制度、副業・兼業など）
　⑤ 勤務間インターバル制度の導入
　⑥ 仕事と出産・育児の両立を推進する制度の導入
　⑦ 介護等と仕事の両立を推進する制度の導入

Ⅱ　テーマごとのワークライフ・コーディネート

第1章　非正規雇用労働者の処遇改善

第1節　非正規雇用労働者とその処遇の現状

1　非正規雇用労働者、正規雇用労働者

非正規雇用労働者（非正規労働者）は、いわゆる正規雇用労働者（正社員）ではない、短時間労働者（パート労働者）、有期雇用労働者（契約社員）、派遣労働者（派遣社員）などの総称である。

アルバイトや嘱託社員（60歳定年後の継続雇用対象社員）も、その多くは短時間労働者や有期雇用労働者であり、非正規雇用労働者である。

なお、正規雇用労働者（正社員）に関する法令上の明確な定義はないが、一般的に正社員は、無期雇用（期間の定めのない労働契約）かつフルタイム勤務であって、職務の内容および勤務地に限定がなく、事業主の基幹的業務に携わる者であるとされている。

＜関連する用語の意味＞

① 短時間労働者

パートタイム・有期雇用労働法の「短時間労働者」とは、1週間の所定労働時間が、同一の事業主に雇用される通常の労働者の1週間の所定労働時間に比し短い労働者である（同法2条1項）。

改正前のパートタイム労働法では、「短時間労働者」は、1週間の所定労働時間が「同一の事業所」に雇用される通常の労働者の1週間の所定労働時間に比し短い労働者とされていが（2条）、改正により、事業所単位ではなく事業者（法人格）単位で判断されることとなった。

② 有期雇用労働者

パートタイム・有期雇用労働法の「有期雇用労働者」とは、事業主と期間の定めのある労働契約を締結している労働者である（2条2項）。

なお、労働契約法17条〜19条に規定されている「有期労働契約」を締結している労働者は、有期雇用労働者である。

③　短時間・有期雇用労働者

「短時間・有期雇用労働者」とは、短時間労働者および有期雇用労働者をいう（パートタイム・有期雇用労働法2条3項）。

2　正規と非正規の割合

非正規雇用労働者（非正規の職員・従業員）の総数は、1995年に1000万人を超えてその後も増加し、2023年には2124万人に達している。

近時は雇用情勢が改善しているため、2023年には正規雇用労働者数（正規の職員・従業員）が、3615万人に達しているが、役員を除く雇用者に占める非正規雇用労働者の割合は37%と、依然として高い（総務省「労働力調査」）。

3　正規と非正規の処遇差

正規雇用労働者は、期間の定めのない労働契約のもとで、長期的に育成され、企業内で職業能力とキャリアを発展させ、処遇もそれに応じて向上し、解雇も原則として行われないのが通常である。

これに対し、非正規雇用労働者は、正規雇用労働者とは区別されて、長期的なキャリアパスには乗せられず、配置、賃金、賞与、退職金において正規雇用労働者に比して低い取扱いを受け、雇用調整の安全弁として雇止めの対象とされやすかった。

非正規雇用労働者については、次のような低処遇が問題とされている。

①　正規雇用労働者に比べ、賃金が低い。
②　正規雇用労働者に比べ、教育訓練の機会に恵まれない。
③　正規雇用労働者に比べ、各種制度の適用状況が大きく下回る。

こうした待遇格差は、若い世代の結婚・出産への影響により少子化の一要因となるとともに、ひとり親家庭の貧困の要因となる等、将来にわたり社会全体へ影響を及ぼすに至っている。また、生産年齢人口が減少する中、能力開発機会の乏しい非正規雇用労働者が増加することは、労働生産性向上の障害ともなりかねないといわれる。

(1) 正規と非正規の賃金差

　一般的にみて、非正規雇用労働者は、正規雇用労働者に比べ、賃金が低く抑えられている。

　すなわち、2022 年の所定内給与額についてみると、一般労働者（正社員・正職員）が 1976 円であるのに対し、短時間労働者（正社員・正職員）：1862円、一般労働者（正社員・正職員以外）：1375 円、短時間労働者（正社員・正職員以外）：1345 円となっており（厚生労働省「非正規雇用の現状と課題」）、雇用態様によって賃金額に大きな差異がある。

　また、企業規模 1000 人以上の大企業では正社員の賃金と非正規社員（契約社員・パート等）の賃金差が大きいのに対し、企業規模 5〜9 人の企業では正社員の賃金と非正規社員の賃金差は大きくないという傾向にある。

（企業規模別にみる正規と非正規の賃金格差）

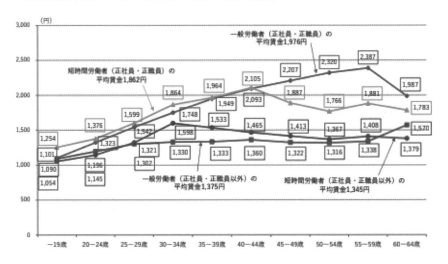

　　厚生労働省「非正規雇用の現状と課題」

(2) 正規と非正規の教育訓練の格差

　教育訓練の実施状況をみると、「計画的な教育訓練(OJT)」、「入職時の
ガイダンス(Off-JT)」を正社員に実施している企業のうち、非正規労働者
にも当該教育訓練を実施している企業は、7割程度である。

（非正規労働者に教育訓練を実施した企業割合）

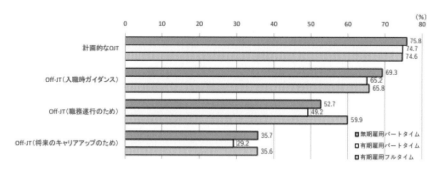

(3) 正規と非正規労働者の各種制度の適用格差

① 社会保険の適用、退職金や賞与の支給

　社会保険の適用、退職金や賞与の支給といった事業所における各種制
度の適用状況については、正社員 (フルタイムの無期契約労働者) と、正社員
以外 (契約社員、嘱託社員、出向社員、派遣労働者、臨時労働者、パートタイム労働者等
正社員以外の者) とでは、次のとおり、実施状況に差がみられ、正社員に比
べて正社員以外は大きく下回っている (厚生労働省「就業形態の多様化に関する
総合実態調査」令和元年)。

　　　・雇用保険は正社員：92.7%に対し正社員以外：71.2%

　　　・健康保険は正社員：97.2%に対し正社員以外：62.7%

　　　・厚生年金は正社員：96.1%に対し正社員以外：58.1%

　　　・退職金制度は正社員：77.7%に対し正社員以外：13.4%

　　　・賞与支給制度は正社員：86.8%に対し正社員以外：35.6%

② 手当等、各種制度の実施、福利厚生施設の利用

　手当等、各種制度の実施、福利厚生施設の利用（複数回答）について、正社員に実施し、うち「無期雇用パートタイム」「有期雇用パートタイム」「有期雇用フルタイム」にも実施している割合をみると、いずれの就業形態についても「通勤手当」が 60.7%、73.3%、78.1% と最も高くなっている。

　また、正社員との比較でみると、いずれの就業形態においても、「給食施設（食堂）の利用」「休憩室の利用」「更衣室の利用」などの福利厚生施設の利用については正社員と比べて 9 割程度、「通勤手当」は 8 割程度、「法定外の休暇（夏季冬季休暇や病気休暇など）」「慶弔休暇」は 6 ～ 8 割程度、「定期的な昇給」「人事評価・考課」「賞与」は 4 ～ 6 割程度の実施となっている。一方、「無期雇用パートタイム」では「役職手当」「家族手当」「住宅手当」「企業年金」、「有期雇用パートタイム」では「役職手当」「住宅手当」「退職金」は正社員と比べて 1 割程度の実施、「有期雇用フルタイム」では「役職手当」「企業年金」は 3 割程度、「退職金」は 2 割程度の実施となっている（厚生労働省「令和 3 年パートタイム・有期雇用労働者総合実態調査の概況」）。

第 2 節　非正規労働者の処遇改善

1　総論

　「正規」、「非正規」という 2 つの働き方の不合理な処遇の差は、正当な処遇がなされていないという気持ちを「非正規」労働者に起こさせ、頑張ろうという意欲をなくす。これに対し、正規と非正規の理由なき格差を埋めていけば、自分の能力を評価されていると納得感が生じる。納得感は労働者が働くモチベーションを誘引するインセンティブとして重要であり、それによって労働生産性が向上していく。

　このような視点のもと、働き方改革実行計画は、「仕事ぶりや能力の評価に納得して、意欲を持って働きたい」という働く人の視点に立った課題の検討テーマとして、「非正規雇用の処遇改善」をあげ、次の 2 つの対

応策を提示している。
　①同一労働同一賃金の実効性を確保する法制度とガイドラインの整備
　②非正規雇用労働者の正社員化などキャリアアップの推進

2　同一労働同一賃金ガイドライン

　「同一労働同一賃金」とは、同一の事業主に雇用される通常の労働者と短時間・有期雇用労働者との間の不合理と認められる待遇の相違及び差別的取扱いの解消並びに派遣先に雇用される通常の労働者と派遣労働者との間の不合理と認められる待遇の相違及び差別的取扱いの解消等を目指すものである。

　同一労働同一賃金ガイドラインは、正社員（無期雇用フルタイム労働者）と非正規雇用労働者（パートタイム労働者・有期雇用労働者・派遣労働者）との間で、待遇差が存在する場合に、いかなる待遇差が不合理なものであり、いかなる待遇差は不合理なものでないのか、原則となる考え方と具体例を示したものである。

（ガイドラインの構造）

(1) 不合理な待遇差の解消に当たり、次の点に留意

・正社員の待遇を不利益に変更する場合は、原則として労使の合意が必要であり、就業規則の変更により合意なく不利益に変更する場合であ

26

っても、その変更は合理的なものである必要がある。ただし、正社員
と非正規雇用労働者との間の不合理な待遇差を解消するに当たり、基
本的に、労使の合意なく正社員の待遇を引き下げることは望ましい対
応とはいえない。
・雇用管理区分が複数ある場合（例：総合職、地域限定正社員など）で
あっても、すべての雇用管理区分に属する正社員との間で不合理な待
遇差の解消が求められる。
・正社員と非正規雇用労働者との間で職務の内容等を分離した場合で
あっても、正社員との間の不合理な待遇差の解消が求められる。

(2) 原則となる考え方
① 基本給
　基本給が、労働者の能力又は経験に応じて支払うもの、業績又は成
果に応じて支払うもの、勤続年数に応じて支払うものなど、その趣旨・
性格が様々である現実を認めた上で、それぞれの趣旨・性格に照らし
て、実態に違いがなければ同一の、違いがあれば違いに応じた支給を
行わなければならない。

② 賞与
　昇給であって、労働者の勤続による能力の向上に応じて行うものに
ついては、同一の能力の向上には同一の、違いがあれば違いに応じた
昇給を行わなければならない。

③ 各種手当
・役職手当であって、役職の内容に対して支給するものについては、同
一の内容の役職には同一の、違いがあれば違いに応じた支給を行わな
ければならない。
・そのほか、業務の危険度又は作業環境に応じて支給される特殊作業手
当、交替制勤務などに応じて支給される特殊勤務手当、業務の内容が
同一の場合の精皆勤手当、正社員の所定労働時間を超えて同一の時間
外労働を行った場合に支給される時間外労働手当の割増率、深夜・休

日労働を行った場合に支給される深夜・休日労働手当の割増率、通勤
手当・出張旅費、労働時間の途中に食事のための休憩時間がある際の
食事手当、同一の支給要件を満たす場合の単身赴任手当、特定の地域
で働く労働者に対する補償として支給する地域手当等については、同
一の支給を行わなければならない。

④　福利厚生・教育訓練

・食堂、休憩室、更衣室といった福利厚生施設の利用、転勤の有無等の
要件が同一の場合の転勤者用社宅、慶弔休暇、健康診断に伴う勤務免
除・有給保障については、同一の利用・付与を行わなければならない。

・病気休職については、無期雇用の短時間労働者には正社員と同一の、
有期雇用労働者にも労働契約が終了するまでの期間を踏まえて同一の
付与を行わなければならない。

・法定外の有給休暇その他の休暇であって、勤続期間に応じて認めてい
るものについては、同一の勤続期間であれば同一の付与を行わなけれ
ばならない。特に有期労働契約を更新している場合には、当初の契約
期間から通算して勤続期間を評価することを要する。

・教育訓練であって、現在の職務に必要な技能・知識を習得するために
実施するものについては、同一の職務内容であれば同一の、違いがあ
れば違いに応じた実施を行わなければならない。

(3)　不合理な待遇差の禁止

・【正社員とパートタイム労働者・有期雇用労働者との間で賃金の決定基
準・ルールの相違がある場合】

正社員とパートタイム労働者・有期雇用労働者との間で賃金に相違が
ある場合において、その要因として賃金の決定基準・ルールの違いがあ
るときは、「正社員とパートタイム労働者・有期雇用労働者は将来の役割
期待が異なるため、賃金の決定基準・ルールが異なる」という主観的・
抽象的説明ではなく、賃金の決定基準・ルールの相違は、職務内容、職
務内容・配置の変更範囲、その他の事情の客観的・具体的な実態に照ら

して、不合理なものであってはならない。

・【定年後に継続雇用された有期雇用労働者の取扱い＞】

　定年後に継続雇用された有期雇用労働者についても、パートタイム・有期雇用労働法が適用される。有期雇用労働者が定年後に継続雇用された者であることは、待遇差が不合理であるか否かの判断に当たり、その他の事情として考慮されうる。様々な事情が総合的に考慮されて、待遇差が不合理であるか否かが判断される。したがって、定年後に継続雇用された者であることのみをもって直ちに待遇差が不合理ではないと認められるものではない。

3　均等・均衡待遇の確保

　パートタイム・有期雇用労働法では、パートタイム・有期雇用労働者の待遇について、就業の実態に応じて通常の労働者との間で均等・均衡待遇の確保を図るための措置を講ずるよう規定されている。

(1) 不合理な待遇の禁止

　事業主は、その雇用するパートタイム・有期雇用労働者の基本給、賞与その他の待遇のそれぞれについて、その待遇に対応する通常の労働者との待遇の間において、パートタイム・有期雇用労働者と通常の労働者の職務の内容、職務の内容・配置の変更の範囲（人材活用の仕組みや運用など）、その他の事情のうち、その待遇の性質及び目的に照らして適切と認められるものを考慮して、不合理と認められる相違を設けてはならない（パートタイム・有期雇用労働法8条）。

　〔対象者：すべてのパートタイム・有期雇用労働者〕

・待遇の違いが不合理と認められるかどうかの判断は、個々の待遇（※1）
　ごとに、その待遇の性質・目的に照らして適切と認められる事情（職務の内容、職務の内容・配置の変更の範囲、その他の事情（※2））を考慮して判断される。

※1　基本給、賞与、役職手当、食事手当、福利厚生施設、教育訓練、休暇など。

※2　職務の成果、能力、経験、合理的な労使の慣行、事業主と労働組合との交渉の経緯など。

・事業主は、パートタイム・有期雇用労働者と同一の事業所に雇用される通常の労働者や職務の内容が同一の通常の労働者との間だけでなく、その雇用するすべての通常の労働者との間で、不合理と認められる相違を設けることが禁止されている。

・パートタイム・有期雇用労働法8条は、私法上の効力のある規定であり、同条に違反する待遇の相違を設ける部分は無効となり、損害賠償が認められ得るものと考えられる。同条に違反する場合であっても、同条の効力により、パートタイム・有期雇用労働者の待遇が通常の労働者の待遇と同一になるものではないと考えられる（個別の事案による）。

(2) 通常の労働者と同視すべきパートタイム・有期雇用労働者に対する差別的取扱いの禁止

　事業主は、職務の内容、職務の内容・配置の変更の範囲（人材活用の仕組みや運用など）が通常の労働者と同一のパートタイム・有期雇用労働者については、パートタイム・有期雇用労働者であることを理由として、基本給、賞与その他の待遇のそれぞれについて、差別的取扱いをしてはならない（パートタイム・有期雇用労働法9条）。

パートタイム・有期雇用労働法9条の対象者は、以下の2つの要件を満たす者である。
① 職務の内容が通常の労働者と同じ
② 職務の内容・配置の変更の範囲（人材活用の仕組みや運用など）が、雇用関係が終了するまでの全期間において通常の労働者と同じ

・上記の2要件を満たすパートタイム・有期雇用労働者は、通常の労働者と就業の実態が同じと判断され、基本給、賞与、役職手当、食事手当、教育訓練、福利厚生施設、解雇などのすべての待遇について、パートタイム・有期雇用労働者であることを理由に差別的に取り扱うことが禁止されている。

※パートタイム・有期雇用労働者を定義づける労働時間及び労働契約の期間については、「待遇」には含まれない。

・所定労働時間が短いことに基づく合理的な差異や、勤務成績を評価して生じる待遇の差異については許容される。

・経営上の理由により解雇の対象者を選定する際、労働時間が短いこと
のみをもって通常の労働者より先にパートタイム労働者の解雇等をす
ることや、労働契約に期間の定めがあることのみをもって通常の労働
者より先に有期雇用労働者の解雇等をすることは、差別的取扱いがな
されていることとなり、禁止されている。

(3) 賃金

　事業主は、通常の労働者との均衡を考慮しつつ、その雇用するパート
タイム・有期雇用労働者の職務の内容、職務の成果、意欲、能力又は経
験その他の就業の実態に関する事項を勘案し、その賃金（基本給、賞与、
役職手当など）を決定するように努めるものとする（パートタイム・有
期雇用労働法 10 条）。

〔対象者：法第9条の対象となるパートタイム・有期雇用労働者以外のすべてのパートタ
イム・有期雇用労働者〕

・パートタイム・有期雇用労働者の賃金のうち、基本給、賞与、役職手
当など職務の内容に密接に関連する賃金（職務関連賃金）の決定方法
について、事業主は、通常の労働者との均衡を考慮し、パートタイム・
有期雇用労働者の職務の内容、職務の成果、意欲、能力又は経験その
他の就業の実態に関する事項（勤続年数など）を勘案して賃金を決定
することが努力義務とされている。

・通勤手当、家族手当、住宅手当、別居手当、子女教育手当などは対象
とはならないが、これらの手当であっても、支払い方法や支払い基準
等の実態をみて職務の内容に密接に関連して支払われるものに該当す
る場合には、本条の努力義務の対象となる。

・職務の内容、職務の成果、意欲、能力又は経験その他の就業の実態に
関する事項のうち、どの要素によることとするかは事業主の判断によ
るが、14 条第 2 項によりパートタイム・有期雇用労働者から説明を求
められた場合に、どの要素をどのように勘案したのかを客観的かつ具
体的に説明できるようにしておくことが求められる。

⑷教育訓練

① 事業主は、通常の労働者に対して実施する教育訓練であって、その通常の労働者が従事する職務の遂行に必要な能力を付与するためのものについては、職務の内容が同じパートタイム・有期雇用労働者が既にその職務に必要な能力を有している場合を除き、そのパートタイム・有期雇用労働者に対しても実施しなければならない（パートタイム・有期雇用労働法11条1項）。

〔対象者：9条の対象となるパートタイム・有期雇用労働者以外の、通常の労働者と職務の内容が同じであるパートタイム・有期雇用労働者〕

② 事業主は、①のほか、通常の労働者との均衡を考慮しつつ、その雇用するパートタイム・有期雇用労働者の職務の内容、職務の成果、意欲、能力及び経験その他の就業の実態に関する事項に応じ、そのパートタイム・有期雇用労働者に対して教育訓練を実施するように努めるものとする（同条2項）。

〔対象者：9条の対象となるパートタイム・有期雇用労働者以外のすべてのパートタイム・有期雇用労働者〕

【職務の遂行に必要な能力を身に付けさせるための訓練】

　パートタイム・有期雇用労働者と通常の労働者の職務の内容が同じ場合、その職務を遂行するに当たって必要な知識や技術を身に付けるために通常の労働者に実施している教育訓練については、パートタイム・有期雇用労働者が既に必要な能力を身に付けている場合を除き、そのパートタイム・有期雇用労働者に対しても通常の労働者と同様に実施することが義務付けられている。

　例えば、

① 経理業務に従事している通常の労働者にその職務遂行上必要な簿記の訓練を実施しているときは、同じ職務に従事しているパートタイム・有期雇用労働者に対しても実施しなければならないことになる。

② 時間の制約があり、通常の労働者に対して実施している教育訓練に参

加できないパートタイム・有期雇用労働者については、例えば、その教育訓練を受講すれば平均的に身に付けられる知識、技能などと同様の内容を習得できる教育訓練をパートタイム・有期雇用労働者が受講できるような形で別途提供する必要がある。

③ パートタイム・有期雇用労働者と通常の労働者の職務の内容が異なる場合、その職務を遂行するに当たって必要な知識や技術を身に付けるための教育訓練については、パートタイム・有期雇用労働者の職務の内容、職務の成果、意欲、能力及び経験その他の就業の実態に関する事項に応じ実施することが努力義務とされている。

【キャリアアップのための訓練など】

　上記の訓練以外の訓練、例えば職種転換のためのキャリアアップ訓練などについては、職務の内容の違いの有無にかかわらず、パートタイム・有期雇用労働者の職務の内容、職務の成果、意欲、能力及び経験その他の就業の実態に関する事項に応じ実施することが努力義務とされている。

⑸ 福利厚生施設

　事業主は、通常の労働者に対して利用の機会を与える福利厚生施設（給食施設、休憩室、更衣室）については、その雇用するパートタイム・有期雇用労働者に対しても、利用の機会を与えなければならない（パートタイム・有期雇用労働法 12 条）。

〔対象者：9 条の対象となるパートタイム・有期雇用労働者以外のすべてのパートタイム・有期雇用労働者〕

・福利厚生施設のうち、給食施設、休憩室、更衣室について、通常の労働者が利用可能なものについては、パートタイム・有期雇用労働者に対しても利用の機会を与えることが義務付けられている。

・この規定は、例えば、定員の関係で給食施設を事業所の労働者全員が利用できないような場合に、増築などをして結果として全員が利用できるようにすることまで求めるものではないが、通常の労働者と同じ利用規程を適用したり、利用時間に幅を設けたりするなどにより、全

てのパートタイム・有期雇用労働者に対して、通常の労働者と同様に利用する権利が与えられることを求めている。

4　非正規雇用の人材育成に関する助成金

非正規雇用労働者の人材育成・教育に関する助成金には、次のものがある。

①キャリアアップ助成金
②トライアル雇用助成金（一般トライアルコース）

(1) キャリアアップ助成金 (令和6年度予定版)

「キャリアアップ助成金」は、有期雇用労働者、短時間労働者、派遣労働者といった、非正規雇用労働者の企業内でのキャリアアップを促進するため、正社員化、処遇改善の取組を実施した事業主に対して助成する制度である。

助成内容は以下の通りである。

①正社員化コース
有期雇用労働者等を正社員化した場合に助成する。
・正規雇用労働者等へ転換または派遣労働者を正規雇用労働者等として直接雇用すること。
・正規雇用労働者には「多様な正社員（勤務地限定・職務限定・短時間正社員）」を含む。

②障害者正社員化コース
障害のある有期雇用労働者等を正規雇用労働者等に転換した場合に助成する。

③賃金規定等改定コース
有期雇用労働者等の基本給の賃金規定等を3％以上増額改定し、その規定を適用させた場合に助成する。

④賃金規定等共通化コース

有期雇用労働者等と正規雇用労働者との共通の賃金規定等を新たに規定・適用した場合に助成する。

⑤賞与・退職金制度導入コース

有期雇用労働者等を対象に賞与・退職金制度を導入し、支給または積立を実施した場合に助成する。

⑥社会保険適用時処遇改善コース

短時間労働者に以下のいずれかの取組を行った場合に助成する。

・新たに社会保険の被保険者となった際に、手当支給・賃上げ・労働時間延長を行った場合
・労働時間を延長して新たに社会保険の被保険者とした場合

(2) トライアル雇用助成金（一般トライアルコース）

「トライアル雇用」は、職業経験の不足などから就職が困難な求職者等を原則3か月間試行雇用することにより、その適性や能力を見極め、期間の定めのない雇用への移行を目的とした制度である。

①「トライアル雇用」の対象労働者

次のいずれかの要件を満たした上で、紹介日に本人がトライアル雇用を希望した場合に対象となる。

・紹介日の前日から過去2年以内に、2回以上離職や転職を繰り返している
・紹介日の前日時点で、離職している期間が1年を超えている
・妊娠、出産・育児を理由に離職し、紹介日の前日時点で、安定した職業に就いていない期間が1年を超えている
・生年月日が1968年4月2日以降の者で、ハローワーク等で担当者制による個別支援を受けている
・就職の援助を行うに当たって、特別な配慮を要する

②「トライアル雇用」のメリット

・対象労働者の希望する仕事に就ける可能性や就職の機会が広がる。

・希望する労働者と会社がお互いを理解した上で無期雇用へ移行するため、就職後も安心して仕事を続けることができる。

第3節　非正規労働者の保護に関する法律

1　パートタイム・有期雇用労働法

(1) 労働条件に関する文書の交付等

　事業主は、パートタイム・有期雇用労働者を雇い入れたときは、速やかに、「昇給の有無」、「退職手当の有無」、「賞与の有無」、「相談窓口」を文書の交付などにより明示しなければならない（パートタイム・有期雇用労働法6条1項）。

→違反の場合は10万円以下の過料（同法31条）

　事業主は、上記の4つの事項以外のものについても、文書の交付などにより明示するように努めるものとする（同条2項）。

・「雇い入れたとき」とは、初めて雇い入れたときのみならず、労働契約の更新時も含む。

※労働基準法では、パートタイム・有期雇用労働者も含めて、労働者との労働契約の締結に際して、労働条件を明示することが事業主に義務付けられている。「契約期間」「有期労働契約を更新する場合の基準」「仕事をする場所と仕事の内容」「始業・終業の時刻や所定時間外労働の有無、休憩時間、休日、休暇」「賃金の決定・計算・支払の方法」「賃金の締切・支払時期」「退職に関する事項」などについては、書面の交付など（労働者が希望した場合は電子メールやFAXなどでも可）により明示することが義務付けられている（違反の場合は30万円以下の罰金）。

(2) 雇入れの際、雇用管理の改善措置の内容を説明

　事業主は、パートタイム・有期雇用労働者を雇い入れたときは、速やかに、実施する雇用管理の改善などに関する措置の内容を説明しなければならない（パートタイム・有期雇用労働法14条1項）。

・説明の方法としては、雇い入れたときに、個々の労働者ごとに説明を行うほか、雇入れ時の説明会等において、複数のパートタイム・有期雇用労働者に同時に説明を行うことも差し支えない。

・資料を活用し、口頭により行うことが基本であるが、説明すべき事項が漏れなく記載され、容易に理解できる内容の資料を交付すること等によることも可能である。また、口頭による説明の際に、説明する内容等を記した資料をあわせて交付することが望ましい。

　事業主は、その雇用するパートタイム・有期雇用労働者から求めがあったときは、当該パートタイム・有期雇用労働者と通常の労働者との間の待遇の相違の内容及び理由並びにその待遇を決定するに当たって考慮した事項を説明しなければならない（同条2項）。

・待遇の相違の内容及び理由を説明する際に比較の対象となる通常の労働者は、職務の内容、職務の内容及び配置の変更の範囲などが、求めがあったパートタイム・有期雇用労働者と最も近いと事業主が判断する通常の労働者となる。

　事業主は、パートタイム・有期雇用労働者が2項の求めをしたことを理由として、そのパートタイム・有期雇用労働者に対して解雇その他不利益な取扱いをしてはならない（同条3項）。

・パートタイム・有期雇用労働者が法同条2項に基づき説明を求めたことを理由に、解雇や配置転換、降格、減給、昇給停止、出勤停止、労働契約の更新拒否などの不利益な取扱いをしてはならない。また、パートタイム・有期雇用労働者が不利益な取扱いを恐れることなく、説明を求めることができる職場環境としていくことが望ましい。

(3) 相談に対応するための体制の整備

　事業主は、パートタイム・有期雇用労働者の雇用管理の改善などに関する事項に関し、その雇用するパートタイム・有期雇用労働者からの相談に応じ、適切に対応するために必要な体制を整備しなければならない（パートタイム・有期雇用労働法 16 条）。

・「必要な体制」の整備とは、苦情を含めた相談に応じる窓口等の体制を整備することをいう。

・具体的には、法に定める事項に限らず、パートタイム・有期雇用労働指針で定める事項や、同指針第 2 の 1 で示す労働基準法、最低賃金法、労働契約法（無期転換申込みに関する事項を含む。）等の適用・遵守に関連する事項についても、相談に応じられる体制とする必要がある。

(4) 短時間・有期雇用管理者

　パートタイム・有期雇用労働者を常時 10 人以上雇用する事業所は、パートタイム・有期雇用労働指針に定める事項及び「同一労働同一賃金ガイドライン」に定める事項その他のパートタイム・有期雇用労働者の雇用管理の改善等に関する事項を管理する「短時間・有期雇用管理者」を選任するように努めるものとする（パートタイム・有期雇用労働法 17 条）。

・事業所の人事労務管理について権限を有する者を選任することが望ましい。

2　労働者派遣法

(1)事業所単位・個人単位の期間制限

　派遣先事業所単位の期間制限と派遣労働者個人単位の期間制限がある。

　派遣先の同一の事業所に対し派遣できる期間（派遣可能期間）は、原則、3 年が限度で、派遣先が 3 年を超えて派遣を受け入れようとする場合は、派遣先の事業所の過半数労働組合などからの意見を聴く必要がある。

(2)公正な待遇の確保

① 派遣労働者の同一労働同一賃金

　派遣元事業主が、以下の①【派遣先均等・均衡方式】または②【労使協定方式】のいずれかの待遇決定方式により、派遣労働者の公正な待遇を確保する必要があることについて、派遣先は認識しておく必要がある。

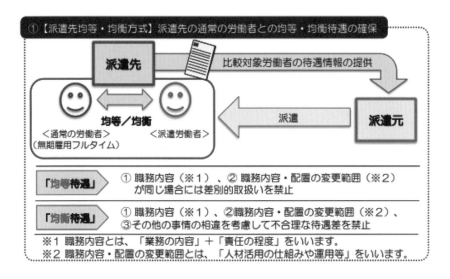

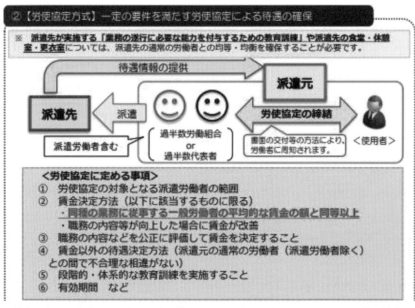

※協定を書面で締結していない場合、協定に必要な事項が定められていない場合、協定で
　定めた事項を遵守していない場合、過半数代表者が適切に選出されていない場合には、
　【労使協定方式】は適用されず、【派遣先均等・均衡方式】が適用される。

② 待遇情報の提供

待遇決定方式が【派遣先均等・均衡方式】または【労使協定方式】のいずれの場合も、労働者派遣契約を締結する前に、あらかじめ、派遣元に対し、比較対象労働者の待遇などに関する情報を提供しなければならない。

【派遣先均等・均衡方式】の場合に提供する「待遇に関する情報」
・比較対象労働者の職務の内容、職務の内容及び配置の変更の範囲並びに雇用形態
・比較対象労働者を選定した理由
・比較対象労働者の待遇のそれぞれの内容（昇給、賞与その他の主な待遇がない場合には、その旨を含む。）
・比較対象労働者の待遇のそれぞれの性質及び当該待遇を行う目的
・比較対象労働者の待遇のそれぞれを決定するに当たって考慮した事項

【労使協定方式】の場合に提供する「待遇に関する情報」
・派遣労働者と同種の業務に従事する派遣先の労働者に対して、業務の遂行に必要な能力を付与するために実施する教育訓練（派遣法40条第2項の教育訓練）
・給食施設、休憩室、更衣室（法第40条第3項の福利厚生施設）

③ 福利厚生施設の利用と教育訓練

派遣先は以下の教育訓練と福利厚生施設の利用の機会を提供する必要がある。

・教育訓練
派遣先は、派遣先の労働者に実施する「業務の遂行に必要な能力を付与するための教育訓練」については、派遣元の求めに応じて、派遣元が実施可能な場合などを除き、派遣労働者に対してもこれを実施するなど必要な措置を講じなければならない。

・福利厚生
派遣先は、派遣先の労働者が利用する食堂・休憩室・更衣室について、派遣労働者に対しても利用の機会を与えなければならない。

　また、派遣先は、派遣先が設置・運営し、派遣先の労働者が通常利用している物品販売所、病院、診療所、浴場、理髪室、保育所、図書館、講堂、娯楽室、運動場、体育館、保養施設などの施設の利用に関する便宜の供与の措置を講ずるよう配慮しなければならない。

⑶ 派遣労働者からの苦情の処理

　派遣先は、派遣労働者からの苦情の処理体制を整備しなければならない。特に、派遣先に課されている労働関係法令上の責務に関する苦情については、誠実に対応する必要がある。

⑷ 労働者の募集情報の提供

　事業所で働く正社員を募集する場合、その事業所で継続して1年以上受け入れている派遣労働者がいれば、その派遣先の派遣労働者に対しても、正社員の募集情報を周知しなければならない。

　また、派遣先の同一の組織単位の業務に継続して3年間受け入れる見込みがある派遣労働者について、派遣元事業主から雇用の安定を図るための措置として、直接雇用するよう依頼があった場合であって、その事業所で働く労働者（正社員に限らない）を募集するときは、その派遣労働者に対しても、派遣先の労働者の募集情報を周知しなければならない。

⑸ 労働契約申込みみなし制度

　派遣先が以下の違法派遣を受け入れた場合、その時点で、派遣先から派遣労働者に対して、その派遣労働者の派遣元における労働条件と同一の労働条件を内容とする労働契約が申し込まれたものとみなされ、派遣労働者が承諾をした時点で労働契約が成立する（派遣先が違法派遣に該当することを知らず、かつ、知らなかったことに過失がなかったときを除く）。

　労働契約申込みみなし制度の対象となる違法派遣の5つの類型
　① 労働者派遣を禁止業務に従事させること
　② 無許可事業主から労働者派遣の役務の提供を受けること
　③ 事業所単位の期間制限に違反して労働者派遣を受けること

④　個人単位の期間制限に違反して労働者派遣を受けること

⑤　偽装請負等

※労働者派遣法等の規定の適用を免れる目的で、請負やその他労働者
　派遣以外の名目で契約を締結し、必要とされる事項を定めずに労働
　者派遣を受けることをいう。

(6)派遣契約の中途解除について

①　派遣先は、派遣元事業主の合意を得ることはもとより、あらかじめ、
　相当の猶予期間をもって派遣元事業主に派遣契約の解除の申入れ
　を行うことが必要となる。

②　派遣先は、派遣先の関連会社での就業をあっせんするなどにより、
　派遣労働者の新たな就業機会の確保を図ることが必要となる。

③　派遣労働者の新たな就業機会の確保を図ることができないときに
　は、少なくとも派遣契約の中途解除によって派遣元事業主に生じ
　た損害の賠償などを行うことが必要となる。例えば、休業手当に
　相当する額や解雇予告手当に相当する額などを支払う必要がある
　が、これらに限らず、派遣先の責任により派遣元事業主に実際に
　生じた損害については、賠償することが必要となる。

④　派遣労働者の新たな就業機会の確保、派遣労働者に対する休業手当
　等の支払に要する費用を確保するための費用の負担に関する措置
　等の派遣契約の解除に当たって講ずる派遣労働者の雇用の安定を
　図るために必要な措置に関することを派遣契約に定める必要があ
　る。

⑤　派遣契約を解除する場合、派遣元事業主から請求があったときは、
　派遣契約の解除を行う理由を派遣元事業主に対して明らかにする
　必要がある。

第4節　通常の労働者への転換の推進

1　パートタイム・有期雇用労働法の通常の労働者への転換

　事業主は、通常の労働者への転換を推進するため、その雇用するパートタイム・有期雇用労働者について、次のいずれかの措置を講じなければならない（パートタイム・有期雇用労働法 13 条）。

① 通常の労働者を募集する場合、その募集内容を既に雇っているパートタイム・有期雇用労働者に周知する

② 通常の労働者のポストを社内公募する場合、既に雇っているパートタイム・有期雇用労働者にも応募する機会を与える

③ パートタイム・有期雇用労働者が通常の労働者へ転換するための試験制度を設ける

④ その他通常の労働者への転換を推進するための措置を講ずる

2　無期転換ルール

(1) 意義

　「無期転換ルール」は、有期労働契約が反復更新されて通算 5 年を超えたときは、労働者の申込みにより、期間の定めのない労働契約（無期労働契約）に転換できるルールである（労働契約法 18 条）。

　無期転換ルールは、有期労働契約の濫用的な利用を抑制し、労働者の雇用の安定を図ることを目的として、2012 年の労働契約法改正により追加され、2013 年 4 月 1 日から施行された。

　有期契約労働者が期間の定めのない労働契約の締結の申込み（無期転換申込権の行使）をした場合は、使用者が申し込みを承諾したものとみなされ（労働契約法 18 条 1 項）、無期労働契約が成立する。

(2) 無期転換申込権の発生要件

　無期転換申込権は、同一の使用者との間で締結された 2 つ以上の有期労働契約の通算契約期間が 5 年を超える場合に発生する（労働契約法 18 条 1 項）。

　例えば、契約期間が1年の場合は、5回目の更新後の1年間に無期転換申込権が発生し、6回目の有期契約の初日から満期日まで、無期転換の申込みができる。

　契約期間が3年の場合は、1回目の更新をすれば通算契約期間は6年になるため、2回目の有期契約の初日から無期転換申込権が発生し、契約満了日までの3年間は無期転換の申込みができることになる。

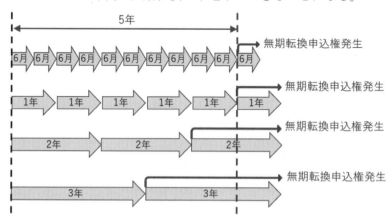

(3) 通算契約期間のカウント方法

　通算契約期間は、「同一の使用者」ごとに計算する。

　例えばA工場からB工場に勤務場所を変更する等、事業場が変わった場合でも、同じ事業主の事業場間の異動であれば、契約期間は通算する。

　なお、事業主が、無期転換申込権が発生しないようにする意図をもって、就業実態がそれまでと変わらないにもかかわらず、派遣形態や請負形態を偽装し、労働契約の当事者を形式的に他の事業主に切り替えた場合、通算契約期間の計算上は、「同一の使用者」との労働契約が継続しているものと解される。

(4) 無期転換申込権の行使

　「期間の定めのない労働契約の締結の申込み」は、労働者の権利であり、申込みをするかどうかは労働者の自由である。無期転換を申し込まず、有期労働契約の更新を選択することもできる。

　無期転換の申込みの方法は定められておらず、口頭で行っても法律上は有効である。

　なお、無期転換申込権を得た労働者が、その有期労働契約期間中に無期転換の申込みをしなかったときは、次の更新以降に無期転換の申込みをすることができる。

(5) 無期転換申込権の事前放棄

　無期転換申込権を行使しないことを契約更新の条件とするなど、有期契約労働者にあらかじめ無期転換申込権を放棄させることは、雇止めによって雇用を失うことを恐れる労働者に対して、使用者が無期転換申込権の放棄を強要する状況を招きかねず、労働契約法 18 条の趣旨を没却するものであるから、こうした有期契約労働者の意思表示は、公序良俗に反し無効と解されている。

(6) 無期転換の効果

　無期転換申込権の行使により使用者が申込みを承諾したものとみなされるので、申込みの時点で無期労働契約が成立する。

　この場合に、使用者が有期労働契約の満期に雇用を終了させるためには、成立している無期労働契約を解約（解雇）する必要があり、「客観的に合理的な理由を欠き、社会通念上相当と認められない場合」には、権利濫用に該当するものとして解雇は無効になる（労働契約法 16 条）。

(7) 無期転換した無期労働契約の内容

　無期転換申込権の行使によって転換した無期労働契約の労働条件（職務、勤務地、賃金、労働時間など）は、「別段の定め」がない限り、直前の有期労働と同一となる（同法 18 条 1 項）。従って、無期転換申込権の行使により当然に「正社員」になるというわけではない。

　無期転換後の労働条件を変更できる「別段の定め」は、労働協約、就業規則、個々の労働契約が該当する。

第 2 章　DX 推進による労働生産性の向上

第 1 節　DX

1　DX を推進する背景

近年、国内の労働力人口の減少に伴う働き方改革、デジタル技術革新によるDX (Digital Transformation/デジタルトランスフォーメーション)の潮流、新型コロナウイルスの感染拡大によるワークスタイルの変化への対応など、企業を取り巻く環境は激変している。

従来の企業活動は、増加する労働力人口と長時間労働で生産性の低下を補っていたが、日本の社会は少子高齢化に突入し、生産年齢人口は減少の一途を辿っている。

こうした労働力不足や市場競争の激化を背景に、DX による生産性向上は業種・規模に関わらず重要な課題となっている。

DX (Digital Transformation) とは、企業がビジネス環境の激しい変化に対応し、データとデジタル技術を活用して、顧客や社会のニーズを基に、製品やサービス、ビジネスモデルを変革するとともに、業務そのものや、組織、プロセス、企業文化・風土を変革し、競争上の優位性を確立することである (経済産業省「DX リテラシー標準 (概要編)」)。

2　DX を推進する主な理由

DX を推進して得られる最も大きな効果は、デジタル化による業務の生産性および正確性の向上である。デジタル化で業務最適化が進むと、作業時間を短縮することができ、人が介在することで発生するエラーも回避できるため、正確性を向上させることが可能となる。

また、業務の生産性と正確性向上に効果を発揮できれば、現場のスタッフは作業に時間や手間をかける必要性が大きく減ることになるため、より重要度が高い業務に取り組めるようになる。

3　DX 推進のメリット

(1) 効率性の向上

DX を進めることで、日常業務における手作業や冗長なプロセスをデジタル化・自動化し、業務効率を大幅に向上させることができる。

(2) 意思決定の高速化と精度の向上

データをデジタル化することで、ビッグデータの分析や AI による予測が可能となり、より迅速かつ正確な意思決定を支援することができるようになる。これによって、市場の変化に柔軟に対応し、競争優位性を確保することが可能となる。

(3) コスト削減

デジタルツールやプラットフォームの活用により、物理的な資源の消費を削減し、運用コストを下げることができ、また、クラウドサービスの活用により、必要なリソースを柔軟に調整することで、無駄な投資を減らすことが可能となる。

(4) 従業員満足度の向上

働き方の多様化を実現するデジタルツールの導入は、従業員のワーク・ライフ・バランスの向上に寄与する。例えば、リモートワークを支援するツールの提供は、従業員が働く場所や時間を柔軟に選択できるようになり、仕事の満足度や生産性の向上につながる。

(5) 新たなビジネスモデルの創出

デジタル技術の活用により、従来のビジネスモデルでは実現不可能だった新たなサービスや商品の開発が可能となり、企業は新たな市場を開拓し、持続可能な成長を実現することができる。

　DX の推進は、ビジネスプロセス、企業文化、顧客体験を根本から見直し、革新するプロセスであり、労働生産性の向上をはじめとする上記の利点を実現するためには、企業が DX を積極的に取り入れ、継続的にその進化に対応していく姿勢が必要である。

　DX 推進のためには、デジタルスキルを保有した人材確保が必要となるが、その DX 人材の確保に不可欠となるのがリスキリングである。

第2節　リスキリング

1　リスキリング推進の背景

　リスキリングとは、新しい職業に就くために、あるいは、今の職業で必要とされるスキルの大幅な変化に適応するために、必要なスキルを獲得するまたはさせることである（経済産業省「第2回デジタル時代の人材政策に関する検討会」資料）。

　2020年に開催されたダボス会議では、「リスキリング革命」が主要な議題として上げられ、その内容は、「第4次産業革命とそれに伴う技術の進化に対応するため、2030年までに全世界で10億人により良い教育、スキル、仕事を提供する」というものであった。

　経済産業省の「人材版伊藤レポート2.0」では、経営環境の急速な変化に対応するためには、社員のリスキルを促す必要があり、社員に自律的なリスキルを促す際には、それぞれの社員が自身の過去の経験やスキル、キャリア上の意向、強い意欲をもって取り組める学習領域等を理解するプロセスを会社が支援することが肝要になるとしている。

2　DX推進にリスキリングが欠かせないといわれる理由

(1) 技術の進化に対応するため

　デジタル技術は日々進化しており、その変化に企業が迅速に対応するには、従業員が最新の技術スキルを身につけることが不可欠である。リスキリングを通じて従業員のスキルをアップデートすることで、企業は競争力を維持し、技術革新の波を捉えることができる。

(2) ビジネスモデルの変革を実現するため

　DX推進により、従来のビジネスモデルをデジタル化し、新たな価値の提供を目指す場合は、新しい技術だけでなく、新しい働き方や考え方を理解し、実践できる人材が必要となる。リスキリングは従業員に新たなスキルセットを提供することで、この変革を支える。

(3) 従業員のモチベーションとエンゲージメントの向上

リスキリングの機会を提供することで、従業員は自身のキャリアに対して積極的に取り組むことができる。学習と成長の機会は、従業員のモチベーションを高め、組織へのエンゲージメントを強化することができる。

(4) 組織のアジリティの強化

リスキリングにより、従業員は多様なスキルを身につけ、異なる役割やプロジェクトに柔軟に対応できるようになり、これにより、組織全体のアジリティ（機動性）が強化され、市場や環境の変化に迅速に適応する能力が高まる。

(5) 社会的責任の遂行

テクノロジーの進化によって職がなくなる可能性がある中で、リスキリングは従業員が新しい職種に移行するための支援を提供している。これは、企業が社会的責任を果たし、雇用の持続可能性を高めるために重要である。

以上の理由から、DX 推進におけるリスキリングは、技術の進化とともに変わる市場の要求に応え、企業の長期的な競争力を支えるために不可欠な戦略であることがわかる。

3 リスキリングを推進する際の留意点

(1) 従業員のニーズと期待の理解

リスキリングの計画を立てる前に、従業員の現在のスキル、キャリア目標、学習意欲などを理解することが重要である。一方的なリスキリング計画ではなく、従業員のニーズと期待に合わせたプログラムを設計することが、参加意欲を高める鍵となる。

(2) 現実的な目標設定

リスキリングには時間と労力がかかるため、現実的で達成可能な目標を設定し、従業員が過度にストレスを感じることなく、学習に取り組めるような計画を立てることが大切である。

(3) 学習方法の多様性

　人によって学習スタイルが異なるため、オンラインコース、ワークショップ、メンタリングなど、多様な学習方法を提供し、従業員が自分に合った方法で学べるようにすることが効果的である。

(4) 継続的なサポートの提供

　リスキリングは一過性の取組みではなく、継続的なプロセスであることから、学習の進捗状況のチェック、フィードバックの提供、追加サポートの提供など、従業員が学習を継続しやすい環境を整えることが重要である。

(5) 組織文化の醸成

　学習と成長を奨励する組織文化の構築が重要である。リスキリングの取組みを通じて、学習を組織全体の価値として浸透させることで、全従業員がスキルアップに前向きに取り組む環境を作り出す。

(6) 成果の測定と評価

　リスキリングプログラムの効果を測定し、評価する仕組みを設けることが重要である。これにより、プログラムの改善点を見つけ出し、より効果的なリスキリング戦略を展開することができる。

　リスキリングは、組織と従業員双方にとって大きなメリットをもたらしている。成功させるためには、これらの注意点を踏まえた慎重な計画と実行が必要である。

4　厚生労働省の教育訓練支援制度との連携

　経済産業大臣が認定した講座のうち、厚生労働省が定める一定の基準を満たし、専門実践教育訓練として厚生労働大臣の指定を受けた講座については、以下の制度を利用することができる。

(1) 受講者側

専門実践教育訓練給付金の支給

（支給対象者）

受講開始日現在で雇用保険の支給要件期間が3年以上（初めて支給を受けようとする者については、当分の間、2年以上）あること、受講開始日時点で被保険者でない者は、原則として、離職日の翌日以降、受講開始日までが1年以内であること、前回の教育訓練給付金受給から今回の受講開始日前までに3年以上経過していることなど一定の要件を満たす必要がある。

（支給額）

教育訓練施設に支払った教育訓練経費の50%に相当する額を支給する。ただし、その額が1年間で40万円を超える場合の支給額は40万円（訓練期間は最大で3年間となるため、最大で120万円が上限）とし、4千円を超えない場合は支給されない。

また、専門実践教育訓練の受講を修了した後、あらかじめ定められた資格等を取得し、受講修了日の翌日から1年以内に被保険者として雇用された者又はすでに雇用されている者に対しては、教育訓練経費の20%に相当する額を追加して支給する。

なお、法令上最短4年の専門実践教育訓練を受講している者については、4年間で最大224万円支給される。

(2) 企業側

人材開発支援助成金（事業展開等リスキリング支援コース）

新規事業の立ち上げなどの事業展開に伴い、事業主が雇用する労働者に対して新たな分野で必要となる知識及び技能を習得させるための訓練を計画に沿って実施した場合等に、訓練経費や訓練期間中の賃金の一部を助成する。

第3章　長時間労働の是正
第1節　長時間労働の現状
1　長時間労働の社会問題化
(1) 長時間労働の傾向

　我が国の労働者1人当たりの年間総実労働時間は、長期的には緩やかに減少しており、2022年は1633時間であった。

　一般労働者とパートタイム労働者の別にみると、2022年の一般労働者の総実労働時間は、1,948時間となり、パートタイム労働者の総実労働時間は955時間となった。

　なお、パートタイム労働者比率の増加傾向が継続していることから、労働者1人当たりの年間総実労働時間の中長期的な減少は、パートタイム労働者比率の増加の寄与もあると考えられる。

（年間総実労働時間の推移（パートタイム労働者を含む））

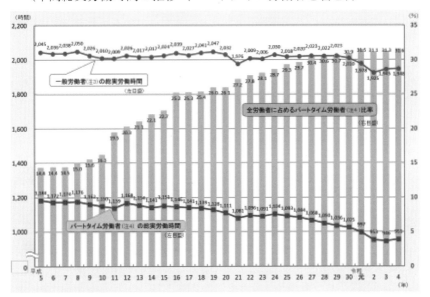

厚生労働省「令和5年過労死等防止対策白書」

　総務省「労働力調査」で月末1週間の就業時間別の雇用者の割合の推移をみると、1週間の就業時間が60時間以上である雇用者の割合は、2004年の12.2%をピークとして減少傾向にあるが、2022年は5.1%と前年より0.1ポイント増加した。また、月末1週間の就業時間が60時間以上である雇用者数は298万人と前年より約8万人増加した。

(2) 働き盛り世代の長時間労働

　長時間労働は、男性労働者、しかも30歳代から40歳代の「働き盛り世代」の男性労働者に顕著である。

　2022年の調査では、労働時間が週60時間以上の雇用者の割合は、全産業平均では男性：8.2%、女性：2.2%であり、男性の方が長時間労働の割合が高い。特に、35～39歳男性：9.4%、40～49歳男性：10.8%となっており、「働き盛り世代」の男性の長時間労働の割合が高水準にある。

（週労働時間に関するデータ）

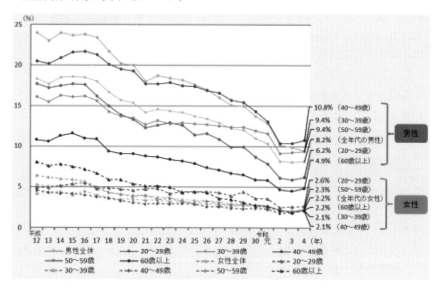

厚生労働省「令和5年過労死等防止対策白書」

　「働き盛り世代」の男性労働者の長時間労働により、心身の不調をきたす、育児や家事の負担が女性に偏る、ワーク・ライフ・バランスがとれなくなってしまうといった問題が生ずることが指摘されている。

2　長時間労働から生ずる問題

(1) 長時間労働の健康への悪影響

　長時間労働是正の第一の目的は、雇用者の心身の健康を確保することである。

　長時間労働は雇用者の心身の健康に悪影響を及ぼし、長時間労働等による過重業務が過労死の主たる要因であると指摘されている。

　時間外・休日労働の時間が長くなるほど、健康障害リスクは高まるとされている。例えば、厚生労働省「脳・心臓疾患の労災認定」では、脳や心臓疾患による過労死の労災認定基準として、発症前1か月間に約100時間、または発症前2〜6か月間に1か月あたり約80時間を超える時間外労働・休日労働が認められる場合、業務と脳・心臓疾患の発症との関連性が高まるとしている。1か月100時間、2〜6ヶ月間で平均80時間という時間を「過労死ライン」と呼ぶこともある。

(2) 長時間労働の仕事と家庭の両立への悪影響

　長時間労働は仕事と家庭の両立を困難にするとも指摘されている。

　男性の長時間労働は、フルタイム就労男性の配偶者が就労していない割合が大きいこともあり、男性の子供の世話や家事への参加率が5割以下（参加時間平均は1〜2時間程度）にとどまる要因となっている。

　なお、仕事と家庭の両立に限らず、長時間労働は、ワーク・ライフ・バランスを乱す最大要因であるといえる。

(3) 長時間労働のその他の影響

　長時間労働の健康や仕事と家庭の両立への悪影響は、若者の転職理由に影響している。すなわち、若者が転職しようと思う理由のうち、「労働時間・休日・休暇の条件がよい会社にかわりたい」が2009年：37.1% →

2013 年：40.6％と増加傾向にある。

　また、長時間労働は労働生産性に悪影響を及ぼすと指摘されている。

3　時間労働是正の効果

　長時間労働の是正により、直接的には、従業員の心身の健康を確保することができる。

　それにとどまらず、長時間労働の是正は、柔軟な働き方がしやすい環境の整備、非正規雇用の処遇改善、育児・介護との両立を支援する取組みとあいまって、育児や介護をはじめ、各人が個々の状況に応じて働き続けることを可能とし、幅広い層の労働参加を後押しすることにつながる。

　また、長時間労働の是正や柔軟な働き方の導入などワーク・ライフ・バランスの取組を進めることで、次のような効果を生じ、ひいては企業の労働生産性の向上につながるといわれる。

①従業員の士気が向上し、欠勤等も減少する。

②企業がワーク・ライフ・バランスの推進を社外にアピールすることで、企業に優秀な人材が集まりやすくなる。

③企業がワーク・ライフ・バランスを推進することにより、従業員が継続して就業しやすくなり、採用コストや初任者に対する教育研修コストが低下する。

④企業がワーク・ライフ・バランスの実現のために、業務の効率化への工夫や、業務分担の見直しを行うようになる

第 2 節　時間外労働の上限規制

1　時間外労働の上限規定

① 原則として 1 日 8 時間、1 週 40 時間を超えて労働させることを禁止する（労働基準法 32 条）。

② 労働者の過半数で組織する労働組合または労働者の過半数を代表する者との書面による協定（36 協定）を締結し、労基署に届け出

た場合には、36 協定の定めにしたがって時間外・休日労働をさせることができる（労働基準法 36 条1項）。

③ 36 協定で定めることができる時間外労働の限度時間は、月 45 時間以内、年 360 時間以内（1年単位の変形労働時間制の場合は、1か月 42 時間、1年 320 時間）とする（厚生労働省の告示「時間外労働の限度に関する基準」）。臨時的な特別の事情がなければこれを超えることができない。

※36 協定に定めなければならない事項（労働基準法 36 条2項）

1号　時間外労働・休日労働をさせることができる労働者の範囲

2号　対象期間（1年間に限る）

3号　時間外労働・休日労働をさせることができる場合

4号　1日、1か月、1年のそれぞれの期間において、時間が労働をさせることができる時間または休日労働をさせることができる日数

5号　厚生労働省令で定める事項

④ 臨時的な特別の事情があって労使が合意する場合（特別条項）でも、以下を守らなければならない。

・時間外労働が年 720 時間以内

・時間外労働と休日労働の合計が月100 時間未満

・時間外労働と休日労働の合計について、「2か月平均」「3か月平均」「4か月平均」「5か月平均」「6か月平均」が全て1月当たり 80 時間以内

・時間外労働が月 45 時間を超えることができるのは、年6か月が限度

　上記に違反した場合には、罰則（6か月以下の懲役または 30 万円以下の罰金）が科されるおそれがある。

（全体イメージ）

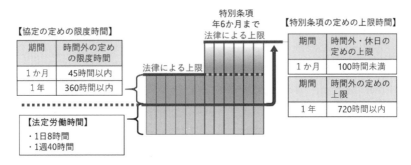

⑤　上限規制の違反と罰則

　36協定によって行わせた時間外・休日労働の上限規制（労働基準法 36 条 6 項）の違反は、6 か月以下の懲役又は 30 万円以下の罰金に処せられる（同法 119 条）。

　なお、36 条 1 項〜5 項に違反した場合は、違反した 36 協定が無効となり、無効の協定によって行わせた時間外・休日は労働基準法 32 条（法定労働時間の規制）または 35 条（法定休日）の違反として、法 119 条により、6 か月以下の懲役又は 30 万円以下の罰金に処せられる。

2　特別条項と健康福祉確保措置

　労働基準法の改正とそれに伴い改正された労働基準法施行規則において、特別条項を締結する際の健康福祉確保措置に関する規定が新設された。

① 健康福祉確保措置

　36 協定（特別条項）においては、限度時間※を超えて労働させる労働者に対する健康及び福祉を確保するための措置（健康福祉確保措置）を

協定しなければならない（労働基準法 36 条 2 項 5 号，規則 17 条 1 項 5 号）。

※限度時間 ＝ 36 協定に定めることができる時間外労働の限度時間（月 45 時間、年 360 時間－労働基準法 36 条 3 項。変形労働時間制は別）。

健康確保措置を協定するにあたっては、次に掲げるもののうちから協定することが望ましい。

① 労働時間が一定時間を超えた場合の医師による面接指導
② 深夜労働させる回数を 1 か月について一定回数以内とすること（深夜労働の回数制限）
③ 終業から始業までの休息時間の確保（勤務間インターバル）
④ 代償休日又は特別な休暇の付与
⑤ 労働者の勤務状況及びその健康状態に応じて、健康診断を実施すること
⑥ 年次有給休暇についてまとまった日数連続して取得することを含めてその取得を促進すること
⑦ 心とからだの相談窓口の設置
⑧ 必要な場合には適切な部署に配置転換をすること
⑨ 必要に応じて、産業医等による助言・指導を受け、又は労働者に産業医等による保健指導を受けさせること

② 記録の保存義務

事業主は、健康福祉確保措置の実施状況に関する記録を、当該 36 協定の有効期間中及び当該有効期間の満了後 5 年間保存しなければならない（労働基準法施行規則 17 条 2 項）。

3　特別条項と限度時間を超えて労働させる場合の手続

36 協定（特別条項）においては、限度時間を超えて労働させる場合における手続を協定しなければならない（労働基準法 36 条 2 項 5 号，規則 17 条 1 項 7 号）。

限度時間を超えて労働させる場合の手続きは、労使当事者（使用者及

58

び労働組合又は労働者の過半数を代表する者）が合意した協議、通告その他の所定の手続であり、1か月ごとに限度時間を超えて労働させることができる具体的事由が生じたときに必ず行わなければならない（H.30.9.7 基発第 0907 第 1 号）。

　この所定の手続を経ることなく、限度時間を超えて労働時間を延長した場合は、法違反となる（同上）。

4　36 協定指針

　長時間労働を是正するための労働基準法の改正にあわせて、厚生労働省から、「36 協定で定める時間外労働及び休日労働について留意すべき事項等に関する指針」（H.30.9.7 厚労省告示第 323 号）が告示された（本書では「３６協定指針」と呼ぶこととする）。36 協定指針は、時間外・休日労働協定（36 協定）で定める労働時間の延長及び休日の労働について留意すべき事項、当該労働時間の延長に係る割増賃金の率その他の必要な事項を定めることにより、労働時間の延長及び休日の労働を適正なものとすることを目的とするものである。

(1) 労使当事者の責務（2条）

・時間外・休日労働協定（３６協定）による労働時間の延長及び休日の労働は必要最小限にとどめられるべきであること。
・労働時間の延長は原則として限度時間を超えないものとされていることから、労使当事者は、これらに十分留意した上で時間外・休日労働協定をするように努めなければならないものであること。

(2) 使用者の責務（3条）

・使用者は、３６協定において定めた範囲内で時間外・休日労働を行わせた場合であっても、労働契約法５条の規定に基づく安全配慮義務を負うことに留意しなければならないこと。
　すなわち、36 協定の範囲内で労働させている場合でも、労働者の健康確保に配慮する使用者の義務が免除されるわけではない。
・使用者は「脳血管疾患及び虚血性心疾患等の認定基準について」（厚労

省 H.13.12.12 基発第 1063 号）の以下の記述に留意しなければならない。
（「脳血管疾患及び虚血性心疾患等の認定基準について」の記述）

> 長時間の過重労働と脳・心臓疾患の労災における業務関連性は、次のように評価できる
> ① 発症前 1 か月〜6 か月間平均で、月 45 時間を超える時間外労働が認められない場合は、業務と発症との関連性が弱い。
> ② 月 45 時間を超えて時間外労働時間が長くなるほど、業務と発症との関連性が強まる。
> ③ 発症前 1 か月間におおむね 100 時間　または発症前 2 か月間〜6 か月間平均で、月おおむね 80 時間を超える時間外労働が認められる場合は、業務と発症との関連性が強い。

　すなわち、使用者は、労働時間が長くなるほど、過労死との関連性が強まるということに留意しなければならない。
　なお、③が、いわゆる「過労死ライン」といわれるものである。③のラインに達している場合には、労災認定だけでなく、使用者の安全配慮義務違反の問題となる可能性が高いといえる。
　また、②にあてはまる場合は、例えば、休憩時間が形骸化しているような場合（休憩時間でも電話対応するなど、実際には労働していた疑いがある場合など）や、サービス残業が常態化しているような場合には、明確な労働時間が認定できなくても、使用者の安全配慮義務違反の問題となる可能性があるといえる。

(3) 業務区分の細分化 (4 条)
・時間外労働・休日労働を行う業務の区分を細分化し、業務の範囲を明確にしなければならないものであること

(4) 限度時間を超えて労働させる必要がある場合の具体化 (5 条)
・特別条項において、当該事業場における通常予見することのできない

業務量の大幅な増加等に伴い臨時的に限度時間を超えて労働させる必要がある場合を、できる限り具体的に定めなければならない。

したがって、「業務の都合上必要な場合」や「業務上やむを得ない場合」のような抽象的な定めにすることはできない。

・ 特別条項による時間外・休日労働の時間を、限度時間にできる限り近づけるよう努めなければならない。

(5) 休日労働の限定 (7条)

・ 休日労働の日数・時間数をできる限り少なくするように努めなければならない。

(6) 健康福祉確保措置として協定すること (8条)

・ 健康福祉確保措置を協定するにあたっては、次に掲げるもののうちから協定することが望ましい。

① 労働時間が一定時間を超えた場合の医師による面接指導

② 深夜労働させる回数を1か月について一定回数以内とすること(深夜労働の回数制限)

③ 終業から始業までの休息時間の確保 (勤務間インターバル)

④ 代償休日又は特別な休暇の付与

⑤ 労働者の勤務状況及びその健康状態に応じて、健康診断を実施すること

⑥ 年次有給休暇についてまとまった日数連続して取得することを含めてその取得を促進すること

⑦ 心とからだの相談窓口の設置

⑧ 必要な場合には適切な部署に配置転換をすること

⑨ 必要に応じて、産業医等による助言・指導を受け、又は労働者に産業医等による保健指導を受けさせること

第 3 節　年次有給休暇の確実な取得

1　有給休暇取得率の現状

(1) 年次有給休暇

　「年次有給休暇（有給休暇、年休）」は、労働者に対し、休日のほかに毎年一定日数の休暇を有給で保障する制度である（労働基準法 39 条）。

　一定期間勤続した労働者に対して、心身の疲労を回復しワーク・ライフ・バランス（仕事と生活の調和）を保障するために付与される。

(2) 有給休暇取得率

　2022 年 1 年間に企業が付与した年次有給休暇日数（繰越日数を除く）は、労働者 1 人平均 17.6 日であり、そのうち労働者が取得した日数は 10.9 日で、有給休暇取得率は 62.1% にとどまる（厚労省「令和 5 年就労条件総合調査の概況」）。

　三菱 UFJ リサーチ＆コンサルティングの個人調査（令和 4 年度「仕事と生活の調和」の実現及び特別な休暇制度の普及促進に関する意識調査報告書）によれば、年次有給休暇を取得する際に 4 割以上の労働者がためらいを感じると回答している。その理由をみると、「周囲に迷惑がかかると感じるから」が 51.2% でもっとも割合が高く、次いで「後で多忙になるから」が 36.0% となっている。

　なお、有給休暇取得率の政府目標は、70% 以上（2025 年）である。

(3) 年次有給休暇の取得促進のための取組み

　年次有給休暇に限らず、休暇の取得を促進することは、労働者にとっては長時間労働の改善による健康促進に資するだけでなく、ワーク・ライフ・バランスの確保にもつながる。

　また、企業にとっては、休暇を促進することで、次のような効果があり、業務の効率化、人材の育成につながり、企業影響に好影響をもたらすといわれる（厚生労働省「有給休暇ハンドブック」）。

①　休暇の取得に伴う業務の円滑な引継ぎのために、業務の内容、進め方などに関する棚卸しを行う過程で、業務の非効率な部分をチェ

ックすることができる。

② 代替業務をこなすために従業員の多能化促進の機会となる。

③ 交代要員が代替業務をこなすことができるかどうかの能力測定の機会となる。

④ 交代要員への権限委譲の契機となり、従業員の育成につながる。

⑤ 休暇の有効活用により、休暇取得者のキャリアアップを図ることができる。

厚生労働省は、ワーク・ライフ・バランス（仕事と生活の調和）のための年次有給休暇の活用の取組みとして、「仕事休もっ化計画」を推進している。

年次有給休暇の取得促進のために、次のような取組みが提案されている。

① プラスワン休暇の導入

　労使協調のもと、土日・祝日に年次有給休暇を組み合わせて、連休を実現する。

② 年次有給休暇の計画的付与制度の活用

③ 年次有給休暇の時間単位取得制度の活用

2　年次有給休暇制度

　「年次有給休暇（有給休暇、年休）」は、労働者に対し、休日のほかに毎年一定日数の休暇を有給で保障する制度である（労働基準法39条）。

　一定期間勤続した労働者に対して、心身の疲労を回復しワーク・ライフ・バランス（仕事と生活の調和）を保障するために付与される。

　年次有給休暇中の賃金（労働基準法39条7項）を支払わなかった使用者に対し、裁判所は、労働者の請求により、未払金と同一額まで付加金の支払いを命ずることができる（同法114条）。

　年次有給休暇の規定（同法39条。7項を除く）に違反した場合は、6か月以下の懲役または30万円以下の罰金に処せられる（同法119条）。

　なお、年次有給休暇の時季指定義務の規定（同法39条7項）に違反した場合は、30万円以下の罰金に処せられる（同法120条）。

(1) 年次有給休暇の成立要件と付与日数

　年次有給休暇は、①6か月間継続勤務し、②全労働日の8割以上出勤した労働者に対して、最低10日を付与しなければならない（労働基準法39条1項）。その後は、①継続勤務年数1年ごとに②その期間の全労働日の8割以上出勤した労働者に対して、一定日数を加算した日数を付与する。

　なお、具体的に付与される日数は、所定労働時間等によって異なる（労働基準法39条2項・3項）。

　すなわち、週所定労働時間が30時間以上または週所定労働日数が5日以上（1年間の所定労働日数が217日以上）の労働者は、雇入れ後6か月に10日を付与した後は、雇入れ後1年6か月で11日、2年6か月で12日というように付与し、6年6か月に20日を付与した以後は、毎年20日となる（下表）。

　これに対し、週所定労働時間が30時間未満で、かつ、週所定労働日数が4日以下（1年間の所定労働日数が48日から216日まで）の労働者については、年次有給休暇は比例的に付与される（下表）。

（付与される有給休暇の日数）

週所定労働時間	週所定労働日数	1年間の所定労働日数	雇入れ日から起算した継続勤務期間						
			6か月	1年6か月	2年6か月	3年6か月	4年6か月	5年6か月	6年6か月以上
30時間以上	5日	217日以上	10日	11日	12日	14日	16日	18日	20日
または									
30時間未満	4日	169日～216日	7日	8日	9日	10日	12日	13日	15日
	3日	121日～168日	5日	6日	6日	8日	9日	10日	11日
	2日	73日～120日	3日	4日	4日	5日	6日	6日	7日
	1日	48日～72日	1日	2日	2日	2日	3日	3日	3日
かつ									

[参考知識：継続勤務]
　「継続勤務」は、事業場における在籍期間を意味し、勤務の実態に即して実質的に判断される。臨時労働者の正社員への採用、定年退職者の嘱託としての再採用、短期労働契約の更新、在籍での出向、休職者の復職などは実態からみて「継続勤務」となりうる。
　「継続勤務」は在籍で足りるので、休業中や休職中も継続勤務となる。

　業務上の怪我や病気で休んでいる期間、法律上の育児休業や介護休業を取得した期間などは、出勤したものとみなす（労働基準法 39 条 8 項）。

(2) 年次有給休暇の繰越と時効

　年次有給休暇は与えた日から 2 年で時効にかかる（労働基準法 115 条）。

　したがって、与えた日から 1 年間で使い切れなかった有給休暇は翌年に繰り越し、新たに与えられた休暇日数に加算するが、さらに 1 年間使わなかったときは、時効により消滅する。

（一般の労働者で、有給休暇を全く使わなかった場合のイメージ）

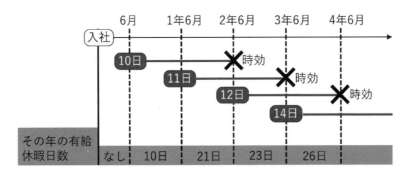

(3) 年休自由利用の原則と不利益取扱いの禁止

① 年休自由利用の原則

　裁判例は、「年次休暇の利用目的は労働基準法の関知しないところであり、休暇をどのように利用するかは、使用者の干渉を許さない労働者の自由である」としている。

　従って、使用者は年休の使途を指定することはできない。労働者は年休を請求する際に、その使途を申し出る必要はないし、申し出た使途と別の使途に年休を用いたとしても、なんら問題はない。

② 年休取得と不利益取扱いの禁止

使用者は、労働者が年次有給休暇を取得したことを理由として、賃金の減額その他不利益な取扱いをしないようにしなければならない（労働基準法附則第136条）。

例えば、年次有給休暇を取得したことを理由に、精勤手当、賞与の額の算定などに際して、年次有給休暇取得日を欠勤日扱いすることなどは許されない。

(4) 時季指定権

年次有給休暇の「時季指定権」とは、年次有給休暇をいつ取得するかを指定する権利である。

労働基準法では、年次有給休暇は、「労働者の請求する時季に与えなければならない」（労働基準法39条5項本文）と規定し、労働者に時季指定権を認めている。

従って、労働者が年休を取得する日の前日までに指定すれば、「時季変更権」が認められる場合を除き、年次有給休暇が無条件で与えられる。

(5) 時季変更権

年次有給休暇の「時季変更権」とは、有給休暇取得の時季を変更できる権利である。

労働基準法は、年休を与えることが「事業の正常な運営を妨げる場合」には、使用者が他の時季（日）に年休を与えることができるとし（労働基準法39条5項但書）、使用者に限定的に時季変更権を認めている。

(6) 年休の買上げ

年次有給休暇の買上げは、年休の本来の趣旨である「休むこと」を妨げるため、法律違反（労働基準法39条違反）となる。

ただし、退職時に結果的に残ってしまった年休に対し、残日数に応じた金銭を給付することは差し支えないとされている。

3 年休の活用

(1) 年次有給休暇の時間単位取得制度 (時間単位年休)

　「年次有給休暇の時間単位取得制度 (時間単位年休)」は、労使協定を締結することにより、1年につき5日の範囲内で年次有給休暇を時間単位で与えることができることとした制度である (労働基準法39条4項)。

　労働者の心身の疲労を回復させ、労働力の維持培養を図るという年次有給休暇制度の趣旨を踏まえつつ、仕事と生活の調和を図る観点から、年次有給休暇を有効に活用できるようにすることを目的として、2010年の労働基準法改正で導入された。

　なお、分単位など時間未満の単位までは認められていない。

　時間単位年休も年次有給休暇であるから、「事業の正常な運営を妨げる場合」は使用者による時季変更権が認められる (労働基準法39条5項但書)。ただし、日単位での請求を時間単位に変更することや、時間単位での請求を日単位に変更することまではできないと解されている。

【時間単位年休導入の手続】
　時間単位取得制度を導入するためには、過半数組合または過半数代表者との書面による協定が必要であり、労使協定に以下の事項を規定する必要がある (労働基準法39条4項)。
① 時間単位年休の対象労働者の範囲
② 時間単位年休の日数 (年につき5労働日以内に限る)
③ 時間単位年休1日の時間数
④ 1時間以外の時間を単位とする場合はその時間数この労使協定は、労働基準監督署に届け出る必要はない。

(2) 半日単位の年休

　時間単位年休の導入 (2010年改正法) の前から、労働者が希望して時季を指定し、使用者が同意すれば (労使協定を締結していなくても)、半日単位の年休取得は可能であるとされてきた。すなわち、半日単位の年休は、法律上の制度ではなく、任意の制度である。

　時間単位年休 (労使協定が必要) と半日単位の年休 (労使協定は不要) は別のものであり、半日単位の年休には時間単位年休のような5日以内という

制限はないし、半日単位の年休を取得しても時間単位年休を取得できる時間数に影響はないとされている。

　半日単位の年休は、労働者が希望して時季を指定し、使用者が同意することを要するとされている点に注意を要する。

　半日単位の年休については、「半日」の定義等が法律で定められていないことから、就業規則で明確にしておくべきである。

　「半日」は、一般的には、午前と午後で区分して、有給休暇 0.5 日とカウントする。この場合、午前は 3 時間（9 時-12 時）、午後は 5 時間（1 時-6 時）というように、時間的な不公平が生ずるが、制度運用上やむを得ないものと解されている。

4　年次有給休暇の計画的付与制度

(1) 計画年休制度とは

　「年次有給休暇の計画的付与制度（計画年休）」とは、労使協定を締結することにより、年次有給休暇のうち、1 年につき 5 日を超える分について、計画的に休暇取得日を割り振ることができることとする制度である（労働基準法 39 条 6 項）。

　年次有給休暇の日数のうち 5 日間は労働者が自由に取得できる日数として必ず残しておかなければならないから、年次有給休暇の付与日数が 10 日の労働者に対しては 5 日、20 日の労働者に対しては 15 日まで計画的付与の対象とすることができる。

(2) 年次有給休暇の計画的付与制度の活用方法

　計画的付与制度の活用方法として、次のような例が考えられる。

　① 企業もしくは事業場全体の休業による一斉付与方式

　企業、事業場全体を一斉に休みにできる、もしくは一斉に休みにした方が効率的な業態については、全従業員に対して同一の日に年次有給休暇を与えるという一斉付与方式の導入が考えられる。

　② 班・グループ別の交替制付与方式

流通・サービス業など、定休日を増やすことが難しい企業・事業場で活用されている。

③　年次有給休暇付与計画表による個人別付与方式

年次有給休暇を付与する日を個人別に決める方法である。

(3) 計画年休を付与する時季

計画年休を付与する時季については、次のような例が考えられる。

① 夏季、年末年始の大型連休化

盆（8月）や暮（年末年始）の休暇に計画的付与の年次有給休暇を組み合わせることで、大型連休とすることができる。

この方法は、企業もしくは事業場全体の休業による一斉付与方式、班・グループ別の交替制付与方式に多く活用されている。

② ブリッジホリデー

休日が飛び石となっている場合に、飛び石となっている合間に計画的年次有給休暇を取得させることで、休日の橋渡し（ブリッジ）をして大型連休とすることも考えられる。

この方法も、事業場全体の休業による一斉付与方式、班・グループ別の交替制付与方式に多く活用されている。

③ アニバーサリー（メモリアル）休暇

労働者の誕生日や結婚記念日、子どもの誕生日などを「アニバーサリー（メモリアル）休暇」とし、年次有給休暇の取得を促進することができる。

この方法は、年次有給休暇付与計画表による個人別付与方式に活用されている。

④ 閑散期に計画的付与日を設ける

業務の繁閑が定期的にある場合は、閑散期に年次有給休暇を計画的に付与することで、業務に支障をきたさないで年次有給休暇の取得率を向上させることができる。

5　年次有給休暇の時季指定義務

(1) 時季指定義務の原則

　事業主は、付与する有給休暇の日数が 10 日以上の労働者については、付与する日数のうち 5 日については、有給休暇を付与した日（基準日）から 1 年以内に、取得時季を指定して与えなければならない（労働基準法 39 条 7 項）。

　労働基準法 39 条 7 項違反は、30 万円以下の罰金に処せられる（労働基準法 120 条）。

（フルタイム労働者（週所定労働時間 30 時間以上かつ週所定労働日数 5 日）の場合のイメージ）

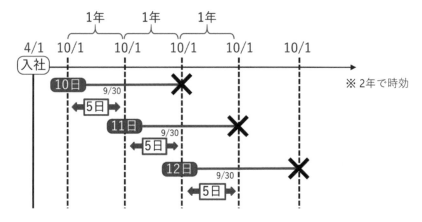

　なお、いわゆるパートタイム労働者（週所定労働時間 30 時間未満かつ週所定労働時間 4 日以下）であっても、10 日以上の有給休暇が付与される場合があり、その場合には時季指定義務の対象となる。

週所定労働時間	週所定労働日数	1年間の所定労働日数	雇入れ日から起算した継続勤務期間						
			6か月	1年6か月	2年6か月	3年6か月	4年6か月	5年6か月	6年6か月以上
30時間以上	5日	217日以上	10日	11日	12日	14日	16日	18日	20日
または									
30時間未満	4日	169日～216日	7日	8日	9日	10日	12日	13日	15日
	3日	121日～168日	5日	6日	6日	8日	9日	10日	11日
	2日	73日～120日	3日	4日	4日	5日	6日	6日	7日
	1日	48日～72日	1日	2日	2日	2日	3日	3日	3日
かつ									

(2) 5日から控除できる日数

　労働者の請求する時季に与えた日数（39条5項）と、計画的付与により与えた日数（39条6項）は、5日から控除することができる（その日数分は、時季を指定して与えることを要しない）。

　なお、時間単位年休（39条4項）は控除することができる日数に含まれていない。

（控除できる日数のイメージ）

5日から控除できる日数	時季指定して与えなければならない日数
労働者が自ら請求して2日取得した	3日指定（2日控除）
計画年休2日を付与した	3日指定（2日控除）
労働者が自ら請求して5日取得した	時季指定付与を要しない
計画年休2日を付与＋労働者が自ら3日を取得	時季指定付与を要しない

(3) 労働者の意見聴取義務

　年次有給休暇は、本来、労働者の請求する時季に与えなければならないものである（労働基準法39条5項）ことから、事業主は、労働基準法39条7項により時季を指定して年次有給休暇を付与する場合は、あらかじめ、年次有給休暇を与えることを当該労働者に明らかにした上で、その時季について当該労働者の意見を聴かなければならない（労働基準法施行規

則24条の6第1項)。

　そして、年次有給休暇の時季を定めるにあたっては、できる限り労働者の希望に沿った時季指定となるよう、聴取した意見を尊重するよう努めなければならない(同2項)。

(イメージ)

　年休が10日以上付与される労働者

　使用者

　時季の希望を聴取する

　希望を踏まえて時季を指定する

　○月○日に休んでください

　例えば、意見聴取のうえ年次有給休暇取得計画表に基づき付与(H30・9・7基発0907第1号)

(4) 年次有給休暇管理簿と年次有給休暇取得計画表

① 年次有給休暇管理簿

　年次有給休暇を与えたときは、時季、日数(取得日数)及び基準日を労働者ごとに明らかにした年次有給休暇管理簿を作成し、当該年次有給休暇を与えた当該期間の満了後5年間保存しなければならない(労働基準法施行規則24条の7)。

　なお、労働時間等設定改善指針では、事業主は、年次有給休暇管理簿の確認を行い、取得状況を労働者・指揮命令者に周知することとされている(労働時間等設定改善指針)。

② 年次有給休暇取得計画表

　労働時間等設定改善指針では、事業主は、業務量を正確に把握した上で、労働者ごとの基準日や年度当初等に聴取した希望を踏まえた個人別の年次有給休暇取得計画表の作成、年次有給休暇の完全取得に向けた取得率の目標設定の検討及び業務体制の整備を行うとともに、取得状況を把握することとされている(労働時間等設定改善指針)。

第4節　勤務間インターバル制度の導入

1　勤務間インターバルの現状

　勤務間インターバル制度とは、勤務終了後から一定時間以上のインターバル時間を設けることで、従業員の生活時間や睡眠時間を確保しようとするものである。

　2022年の勤務間インターバル制度の導入状況別の企業割合をみると、「導入している」が 6.0%「導入を予定又は検討している」が 11.8%、「導入予定はなく、検討もしていない」が 81.5%となっている（厚生労働省「就労条件総合調査の概況」）。

　検討もしていない理由（複数回答）別の企業割合をみると、「超過勤務の機会が少なく、当該制度を導入する必要性を感じないため」が 51.9%と最も高くなっている。

　また、「当該制度を知らなかったため」の全企業に対する企業割合は 19.2%となっている。

2　勤務間インターバル制度の導入により得られる効果

　勤務間インターバル制度の導入により、従業員がインターバル時間を確保できるようになれば、企業に下記のような効果がもたらされる。

　① 従業員の健康の維持・向上

　インターバル時間が短くなるにつれてストレス反応が高くなること、インターバル時間が 12 時間を下回ると起床時疲労感が残ることが明らかになっている。また、研究調査によれば、11 時間未満の休息時間となる日数が月に3回あると、翌月の病気休暇日数は 21%増加するという研究調査データもある。

　これらの研究データは、勤務間インターバル制度の導入による十分なインターバル時間の確保が、従業員の健康の維持・向上につながることを示唆している（厚生労働省「勤務間インターバル制度導入・運用マニュアル」）。

　② 従業員の確保・定着

　「日々のインターバル時間」を確保することにより、従業員はその時

間を「自分のためにつかう時間」、「家族や友人等と過ごす時間」等にあてることができ、ワーク・ライフ・バランスの充実が図られる。

　ワーク・ライフ・バランスを実現できる職場は従業員にとって働きやすく魅力的な職場であり、勤務間インターバル制度による十分なインターバル時間の確保は人材の確保・定着に大きく資するものと考えられる。

　③　生産性の向上

　勤務間インターバル制度の導入により、従業員は「仕事に集中する時間」と「プライベートに集中する時間」のメリハリをつけることができるようになるので、従業員の仕事への集中度が高まることが期待される。

　仕事への集中度が高まれば、製品・サービスの品質水準が向上するのみならず、生産性の向上にもつながる。

3　勤務間インターバル制度の内容

　事業主は、その雇用する労働者の労働時間等の設定の改善を図るため、業務の繁閑に応じた労働者の始業及び終業の時刻の設定、健康及び福祉を確保するために必要な終業から始業までの一定時間の設定、年次有給休暇を取得しやすい環境の整備その他の必要な措置を講ずるように努めなければならない (労働時間等設定改善法2条)。

　一定時間を設定するに際しては、労働者の通勤時間、交替制勤務等の勤務形態や勤務実態等を十分に考慮し、仕事と生活の両立が可能な実効性ある休息が確保されるよう配慮することとされている (労働時間等設定改善指針)。

　(勤務間インターバル導入のイメージ)

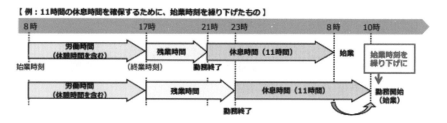

74

4　勤務間インターバル制度の導入・運用

　事業主が勤務間インターバル制度を導入し、運用するための具体的な取組は、次の図表に示すように、労使の話し合いを土台とし、そのうえで４つのフェーズに沿って PDCA サイクルを回しながら進めることが重要である。

　（勤務間インターバル制度の導入・運用に向けた取組の全体像）

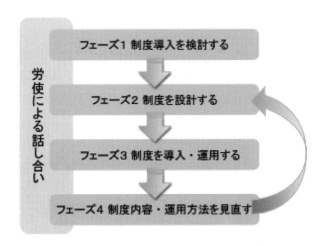

第５節　労働者が働きやすい職場環境の整備
1　総説

　労働者が健康に働くための職場環境を整備するためには、まず、労働時間管理の厳格化が求められる。

　それに加え、上司や同僚との良好な人間関係づくりや、産業医・産業保健機能の充実等も必要である。

2　「健康で働きやすい職場環境の整備」の具体的な施策
(1) 労働時間の状況の把握義務

　事業者は、労働安全衛生法で定める医師による面接指導を実施するた

め、労働安全衛生規則で定める方法により（後述する）、労働者の労働時間の状況を把握しなければならない（労働安全衛生法 66 条の 8 の 3）。

　労働安全衛生法 66 条の 8 の 3 の「労働者」は、高度プロフェッショナル制度の対象労働者を除く全労働者であり、管理監督者も裁量労働制の対象者も研究開発業務に従事する労働者も含まれる。

　なお、高プロ制度の対象者については、「健康管理時間」を把握する措置を講ずることが求められる（労働基準法 41 条の 2 第 1 項 3 号）。

　労働安全衛生法 66 条の 8 の 3 違反（労働時間の把握義務違反）の罰則はない。もっとも、医師による面接指導の実施義務違反の罰則はあるし（後述する）、労働時間把握義務違反の事実は安全配慮義務違反の判断に影響するといえる（例えば、労働時間把握義務に違反しつつ長時間労働させたために労働者が健康を害した場合などは、使用者に安全配慮義務（労働契約法 5 条）の違反が認められるとして、民事の損害賠償が認められる可能性が高まる）。

(2) 労働時間の状況を把握する方法

　労働時間の状況を把握するための労働安全衛生規則で定める方法は、次のとおりである（労働安全衛生規則 52 条の 7 の 3）。
・タイムカードによる記録、パーソナルコンピュータ等の電子計算機の使用時間の記録等の客観的な方法その他の適切な方法とする。
・把握した労働時間の状況の記録を作成して 5 年間保存しなければならない。

(3) 産業医への情報提供義務

　労働時間が 1 週間あたり 40 時間を超えた場合の超えた時間が月 80 時間を超えた労働者の情報を産業医に提供しなければならない（労働安全衛生法 13 条 4 項，労働安全衛生規則 14 条の 2 第 1 項）。

　なお、「労働時間が 1 週間あたり 40 時間を超えた場合の超えた時間」は、一般の労働者の場合、時間外・休日労働の時間に相当する。

　上記にしたがって事業主から情報提供を受けた産業医は、医師による面接指導の要件に該当する労働者に対して、医師による面接指導の申出を行うよう勧奨することができる（労働安全衛生規則 52 条の 3 第 4 項）。

(4) 長時間労働者に対する通知義務

　事業者は、労働時間が1週間あたり40時間を超えた場合の超えた時間が月80時間を超えた労働者に対し、速やかに、当該超えた時間に関する情報を通知しなければならない（労働安全衛生規則52条の2第3項）。

　ここにいう「労働者」は、①研究開発業務に従事する労働者および②高度プロフェッショナル制度の対象労働者で、医師による面接指導が義務付けられる者（後述(6)）を除く全労働者である（平成30.9.7基発第0907第2号）。

　この長時間労働者に対する通知義務があるため、事業者は、1月あたりの時間外・休日労働時間の算定を、毎月1回以上、一定の期日を定めて行う必要がある（H.30.12.28基発1228第6号）。

(5)　長時間労働者への医師による面接指導に関する規定等の拡充

　事業者は、労働時間が1週間あたり40時間を超えた場合の超えた時間が月80時間を超え、かつ疲労の蓄積が認められる労働者から申出が、あった場合は、遅滞なく、医師による面接指導を行わなければならない（労働安全衛生法66条の8，労働安全衛生規則52条の2・52条の3）。

　「疲労の蓄積が認められる」に関しては、医師による面接指導の申出の手続きをとった労働者については「疲労の蓄積が認められる」と取り扱うものとされている（平成18.2.24基発第0224003）。

(6)　労働者の申出がなくても医師による面接指導を要する場合

　長時間労働者の医師による面接指導は、原則として当該労働者の申し出をうけて実施される。

　しかし、次の場合には、労働者の申出がなくても、医師の面接指導を受けさせなければならない。当該労働者も面接指導を受ける義務がある。
・新たな技術、商品または役務の研究開発に係る業務に従事する労働者の労働時間が、1週間あたり40時間を超えた場合の超えた時間が月100時間を超えたとき（改正後安衛則52条の7の2）。
・高度プロフェッショナル制度の対象労働者であって、健康管理時間（事業場内に所在していた時間と事業場外で労働した時間の合計）が1週間あたり40時間を超えた場合におけるその超えた時間が月100時間を超える場合（労働安全衛生法66条の8の4）

第4章　柔軟な働き方がしやすい環境の整備

第1節　総説

　柔軟な働き方がしやすい環境を整備することは、長時間労働の是正、非正規雇用の処遇改善、育児・介護と仕事の両立を支援する取組とあいまって、各人が、育児や介護等、個々の状況に応じて働き続けることを可能とする。また、創造性の高い仕事で自律的に働く個人が、意欲と能力を最大限に発揮し、自己実現をすることを支援することにもなる。

　柔軟な働き方の例として、次のものがあげられる。

① テレワークの導入
② 限定正社員制度
③ 副業・兼業の許容
④ フレックスタイム制度
⑤ 裁量労働制
⑥ 高度プロフェッショナル制度
⑦ 雇用関係によらない働き方の促進

第2節　テレワーク

1　雇用型テレワーク

(1) 雇用型テレワークとは

　雇用型のテレワークとは、ICT 等を活用して、普段出勤して仕事を行う勤務先とは違う場所で仕事をすること、又は勤務先に出勤せず自宅その他の場所で仕事をすることをいう。

　雇用型のテレワークには、次の態様がある。

① 在宅勤務（在宅型）
労働時間の全部又は一部について、自宅で業務に従事するテレワークである。

② サテライトオフィス勤務（サテライト型）
労働者が属する部署があるメインのオフィスではなく、住宅地に近接

78

した地域にある小規模なオフィス、複数の企業や個人で利用する共同利用型オフィス、コワーキングスペース等で行うテレワークである。

③ モバイルワーク（モバイル型）

ノートパソコン、携帯電話等を活用して、顧客先・訪問先・外回り先、喫茶店・図書館・出張先のホテルまたは移動中に臨機応変に選択した場所で行うテレワークである。

（雇用型テレワークの態様）

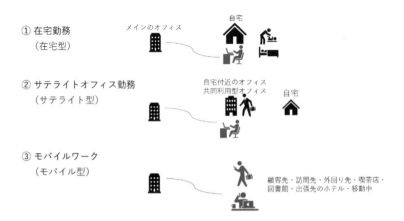

⑵ 雇用型テレワークの普及状況

国土交通省の調査によれば、雇用型就業者のテレワーカー（雇用型テレワーカー）の割合は、全国で約 26% であった。

一方、雇用型テレワーカーのうち、テレワークの継続意向がある者の割合は約 87% で、その理由としては「時間の有効活用」が約 40% と最も多く、次いで「通勤の負担軽減」の約 33% だった。

また、継続意向がある雇用型テレワーカーに、テレワーク実施希望頻度を調査したところ、約 6 割が、現状を上回る頻度でのテレワークの実施を希望している。日数としては、現状の実施頻度の平均は週 1.8 日だったが、希望は週 2.9 日であった（「令和 4 年度テレワーク人口実態調査」）。

⑶ 雇用型テレワークにおける労働関係法令の適用

　テレワークを行う労働者は、労働者であることに変わりはないから、労働基準法、労働契約法、最低賃金法、労働安全衛生法、労働者災害補償保険法等の労働関係法令が適用される。

　労働基準法上注意すべき点は、次のとおりである。

　① 労働条件の明示

　労働契約を締結する者に対し在宅勤務を行わせることとする場合においては、労働契約の締結に際し、就業の場所として、労働者の自宅であることを書面（労働条件通知書等）で明示しなければならない（同法施行規則5条2項）。

　② 労働時間

　テレワークでも通常の労働時間制（1日8時間、週40時間）が適用される（同法32条）。

　ただし、変形労働時間制やフレックスタイム制（同法32条の2〜4）、裁量労働制（同法38条の3,4）を活用することができる。また、事業場外みなし労働時間制（同法38条の2）も利用できる。

　③ 就業規則の定め等

　テレワークを行う労働者について、通常の労働者と異なる賃金制度等を定める場合には、当該事項について就業規則を作成・変更し、届け出なければならない（同法89条2号）。

　テレワークを行う労働者に情報通信機器等、作業用品その他の負担をさせる定めをする場合には、当該事項について就業規則に規定しなければならない（同法89条5号）。

　テレワーク勤務を行う労働者について、社内教育や研修制度に関する定めをする場合には、当該事項について就業規則に規定しなければならない（同法89条7号）。

労働契約法上注意すべき点は、次のとおりである。

・テレワークを導入する場合は、できる限り書面により確認するものとする（労働契約法4条2項）。

労働安全衛生法上注意すべき点は、次のとおりである

・通常の労働者と同様に、テレワークを行う労働者についても、その健康保持を確保する必要があり、必要な健康診断を行うとともに（同法66条1項）、テレワークを行う労働者を雇い入れたときは、必要な安全衛生教育を行う必要がある（同法59条1項）。

労働者災害補償保険法上注意すべき点は、次のとおりである。

・労働者災害補償保険においては、自宅であっても、業務が原因である災害については、業務上の災害として保険給付の対象となる。

2　自営型テレワーク

(1)　自営型テレワークとは

　自営型テレワークとは、ICT 等を活用して、自宅で仕事をすること、又は、普段自宅から通って仕事を行う仕事場とは違う場所で仕事をすることをいう。

(2)　自営型テレワークの現状

　時間と場所の制約を受けない働き方である自営型テレワークは、仕事と家庭の両立をはじめ、通勤負担の軽減、ゆとりの創出等、より柔軟かつ多様な働き方の実現のための手段として、社会的な期待や関心も大きい。

　自営型テレワークを始めとする雇用契約によらない働き方については、ICT の進展により、クラウドソーシング（インターネットを通じた仲介事業）が急速に拡大し、仕事の機会が増加している。

　国土交通省の調査によれば、自営型就業者のうち、テレワークを実施している人（自営型テレワーカー）の割合は、26.6％であった（令和4年度テレワーク人口実態調査）。

(3)　自営型テレワークに関する施策

　厚生労働省では、自営型テレワーカーが安心してテレワークを行えるよう、自営型テレワークについて、以下の施策を実施している。

①「自営型テレワークの適正な実施のためのガイドライン」策定

自営型テレワークの契約に係る紛争を未然に防止し、かつ、自営型テレワークを良好な就業形態とするために必要な事項を示すことを目的として、2018年に公表された。

②「ホームワーカーズウェブ」運営その他の「在宅就業者支援事業」

「ホームワーカーズウェブ」において自営型テレワーカーの再就職・就業に役立つ情報や発注者に向けた情報を提供するとともに、各種支援事業を実施する。

※「自営型テレワークの適正な実施のためのガイドライン」に示されている事項のポイントは、次のとおりである。

・「自営型テレワーク」は、

「請負」だけでなく準委任契約等の「役務の提供」も含む

「自宅」だけでなく、「自宅に準じた自ら選択した場所」での就労も含む

・「注文者」に求められるルールを規定

・募集に関する事項（募集内容の明示、募集内容に関する問合せへの対応、取得した提案等の取扱い（応募者に無断で使用しない等）、「コンペ式」の場合、納品後に成果物の大幅な修正指示等過大な要求をすることは望ましくないこと等）

・契約条件の文書明示等

・契約条件の変更等（十分協議の上、文書を交付する、テレワーカーに不利益が生ずるような変更をテレワーカーに強要しない，契約解除に関する事項を定める）

・「仲介事業者」に求められるルールを規定

・注文者が適切に募集内容を明示するための支援等、仲介手数料等を徴収する場合には、事前に明示してから徴収すること等、テレワーカーや応募者の個人情報の取扱いに関する事項、苦情処理体制の整備に関する事項など規定

第3節 限定正社員制度

1 意義等

　「限定正社員」とは、職種や勤務地、労働時間等が限定された正社員である。

　限定正社員は、優秀な人材の確保、従業員の定着を図る（モチベーションアップ）、仕事と育児や介護の両立といった目的で導入される。

　限定正社員制度には、次のような態様がある。

　① 一般職社員

　主に事務を担当し、非管理職層として勤務することを前提としたキャリアコースが設定された正社員（金融・保険業に多い）

　② 職種限定正社員

　運輸業や医療福祉のように資格を必要とする業務に従事する正社員

　③ 勤務地限定正社員

　特定の事業所において、または転居しないで通勤可能な範囲にある事業所においてのみ就業することを前提に雇用する正社員

　④ 短時間正社員

　　後述する。

　⑤ 勤務時間限定社員

　所定勤務時間のみ就業することを前提に雇用している正社員

2 短時間正社員

(1) 意義等

　短時間正社員制度は、働き方が多様化する中で、自らのライフスタイルやライフステージに応じた働き方を実現するとともに、これまで様々な制約から就業継続ができなかった人や就業の機会を得られなかった人たちの就業継続や就業を可能とする働き方である。

　「短時間正社員」とは、①期間の定めのない労働契約（無期労働契約）を締結し、②時間当たりの基本給及び賞与・退職金等の算定方法等がフルタイム正社員と同等であるが、フルタイム正社員と比較して、1週間の

所定労働時間が短い労働者である。

　「フルタイム正社員」は、1週間の所定労働時間が40時間程度（1日8時間・週5日勤務等）で、期間の定めのない労働契約を締結した正社員である。

　近年、育児や介護、病気の治療等を理由に、働く時間に制約のある人だけでなく、学び直しやボランティア活動等に取り組む人、さらには高齢者や、管理職の中にも様々な理由からフルタイム勤務ではない働き方を希望する人が増えている。このため企業等では、これまで以上に働く人の視点に立って、個々の事情に応じた多様で柔軟な働き方を選択可能とする職場作りが求められている。

　短時間正社員制度は、働く時間に制約のある人たちや、フルタイム勤務ではない働き方を希望する人たちに働きやすい環境を提供することを通じて、企業等が直面する、人材の確保や定着等の人材活用上の課題を解決するための方策の一つになり得る。同時に、短時間正社員制度の導入は、意欲と能力のあるパートタイム労働者・有期雇用労働者の正社員化と活躍推進にもつながる。

(2) 短時間正社員制度の導入・利用状況

　短時間正社員制度（育児・介護のみを理由とする短時間・短日勤務は除く）がある事業所の割合は、16.8％である（厚労省「令和4年度雇用均等基本調査」）。

　短時間正社員制度の規定がある事業所において、2021年10月1日から2022年9月30日までの間に制度を利用した者の割合は3.4％であった。男女別にみると、女性は5.1％、男性は1.5％となっている。また、制度の利用者の男女比は、女性78.1％、男性21.9％であった（同調査）。これらのデータから、短時間正社員制度の導入企業は多くなく、導入企業でも利用者は極めて少ないうえ、利用者の多くが女性であることがわかる。

(3) 短時間正社員制度導入によるメリット

　短時間正社員制度を導入・運用することは、企業等に様々なメリットをもたらす。

企業等にとってのメリット

◆人材の確保　　　　　　　　◆働きやすい職場のアピール
◆人材の定着　　　　　　　　◆採用競争力の強化
◆モチベーションの向上　　　◆職場全体の働き方の見直し
◆採用できる人材の幅の拡大　◆柔軟な働き方への対応（育児や介護、病
　　　　　　　　　　　　　　　気の療養、学び直し、副業・兼業等）
　　　　　　　　　　　　　　　　　　　　　　　　　　　　　　　等

　また、人材の確保・定着が促進されることで、長期的にみれば、提供する製品・サービスの質の向上も期待できる。
　さらに、短時間正社員制度は、企業等だけではなく、制度利用者にとっても様々なメリットをもたらす。

制度利用者にとってのメリット

◆ワーク・ライフ・バランスの実現
◆長期的な視点でのキャリア形成の実現
◆処遇の改善（※非正規雇用労働者から短時間正社員へ転換する場合）
◆自身の希望に応じた働き方の実現（育児や介護、病気の療養、学び直し、
　副業・兼業等）
　　　　　　　　　　　　　　　　　　　　　　　　　　　　　　　等

(4) 短時間正社員促進のための施策

　厚生労働省は、「短時間正社員制度」を企業が導入・活用することを促進し、企業の人材活用上の課題を解決するとともに、時間に制約がある人材が、ワーク・ライフ・バランスを実現しつつ、生き生きと能力を発揮できる職場環境の整備につなげるため、次の施策を講じている。
　①「短時間正社員制度導入支援マニュアル」の策定・公表
　②「多様な働き方の実現応援サイト（短時間正社員をふくむ）」の運用

(5) 短時間正社員制度を導入と周知

　短時間正社員制度を円滑に運用するためには、制度導入の際に、職場全体に制度を周知し、社員に十分理解してもらうことが重要である。

（制度を周知する際の主なポイント）

制度対象者・利用者	管理職（現場責任者）	フルタイム正社員、非正規雇用労働者
①制度導入の目的 ②制度内容 ③利用に当たっての留意点 ・キャリア形成について考える必要性 ・働き方の効率化 ・管理職（現場責任者）や周囲の社員との積極的なコミュニケーション ④制度利用の際の事務手続き	①制度導入の目的 ②制度内容 ③マネジメント上の留意点 ・仕事の効率化 ・適正な仕事配分 ・適正な人事評価 ④制度利用の際の事務手続き	①制度導入の目的 ②制度内容

第4節　副業・兼業

1　副業・兼業の原則自由化

「副業・兼業」とは、労働者が、勤務時間外において、他の会社等の業務に従事することである。

「働き方改革」では、副業や兼業を、柔軟な働き方に位置づけて、「新たな技術の開発、オープンイノベーションや起業の手段、そして第2の人生の準備として有効である」とし、その普及を図っていくことが重要であるとしている。

かつては、副業・兼業は禁止とする企業が多かった。すなわち、2014年の中小企業における副業・兼業の取扱いをみると、副業・兼業容認企業は全体の 14.7%にすぎなかった（中小企業庁「副業・兼業に係る取組み実態調査事業」（2014 年））。

そこで、2018 年に「副業・兼業の促進に関するガイドライン」（厚生労働省）が公表され、「裁判例では、労働者が労働時間以外の時間をどのように利用するかは、基本的には労働者の自由であり、各企業においてそれを制限することが許されるのは、労務提供上の支障となる場合、企業秘密が漏洩する場合、企業の名誉・信用を損なう行為や信頼関係を破壊する行為がある場合、競業により企業の利益を害する場合と考えられる」

とし、副業・兼業を原則自由することが明確にされた（同ガイドラインの概要については、後述する）。

　また、厚生労働省が公表している「モデル就業規則」を改定して、それまでのモデル就業規則における労働者の遵守事項の「許可なく他の会社等の業務に従事しないこと。」という規定が削除された。

　しかし、副業・兼業が原則自由であるとしても、労務提供上の支障や企業秘密の漏洩等がないか、また、長時間労働を招くものとなっていないか確認する観点から、モデル就業規則のように、副業・兼業の内容等を労働者に申請・届出させ、一定の場合に副業・兼業を禁止・制限することは可能である。

2　兼業・副業を認める人事制度の状況

　リクルートの調査によれば、従業員の兼業・副業を認める人事制度がある企業の割合は、51.8％であった。従業員の兼業・副業を認める人事制度がない企業に「従業員の兼業・副業を認める人事制度の導入予定」を聞いたところ、63.1％の企業が、「制度導入の検討はしていない」と答えた（「兼業・副業に関する動向調査データ集2022」）。

　さらに、「制度導入の検討はしていない」と答えた企業に対し、従業員の兼業・副業を禁止する理由について聞いたところ、「従業員の長時間労働・過重労働を助長するため」（51.0％）が最も多く、次いで「従業員には本業に集中してもらいたいため」（46.8％）、「労働時間の管理・把握が困難なため」（43％）、「情報漏えいのリスクがあるため」（36.9％）となっている。

3　副業・兼業の促進に関するガイドライン

　「副業・兼業の促進に関するガイドライン」（厚生労働省2018年）は、副業・兼業に関わる現行の法令や解釈をまとめたガイドラインである。

　同ガイドラインでは、労働者が労働時間以外の時間をどのように利用するかは、基本的には労働者の自由であり、各企業においてそれを制限することが許されるのは、労務提供上の支障となる場合、企業秘密が漏

洩する場合、企業の名誉・信用を損なう行為や信頼関係を破壊する行為
がある場合、競業により企業の利益を害する場合と考えられるとする裁
判例を踏まえ、原則、副業・兼業を認める方向とした。

　したがって、副業・兼業を禁止したり一律許可制にしている企業は、
副業・兼業が自社での業務に支障をもたらすものかどうかを今一度精査
したうえで、そのような事情がなければ、労働時間以外の時間について
は、労働者の希望に応じて、原則、副業・兼業を認める方向で検討する
ことが求められる。

　その上で、同ガイドラインは、留意すべき事項として、以下の諸点を
あげている。

・副業・兼業を認める場合、労務提供上の支障や企業秘密の漏洩等がな
　いか、また、長時間労働を招くものとなっていないか確認する観点から、
　副業・兼業の内容等を労働者に申請・届出させることも考えられる。

・労働基準法 38 条では「労働時間は、事業場を異にする場合において
　も、労働時間に関する規定の適用については通算する。」と規定されて
　おり、「事業場を異にする場合」とは事業主を異にする場合をも含む(労
　働基準局長通達（昭和 23 年 5 月 14 日基発第 769 号))。

　このため、事業主は、当該労働者が他の事業場で労働していることを
確認した上で契約を締結すべきである。時間外労働に関する義務の適用
は、次のとおりである。

　① 原則として、時間的に後から労働契約を締結した使用者が、時間外
　　労働に関する義務（36 協定の締結，割増賃金支払）を負う。

　（1 日の法定労働時間の例）

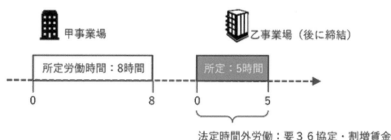

（週の法定労働時間の例）

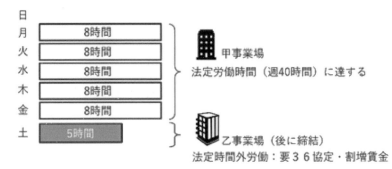

② 通算した所定労働時間が既に法定労働時間に達していることを知りながら労働時間を延長するときは、先に労働契約を締結していた使用者も含め、延長させた各使用者が時間外労働に関する義務を負う。

第5節　フレックスタイム制度

1　意義

「フレックスタイム制」とは、一定の清算期間における総所定労働時間（「総労働時間」）を定めておき、労働者がその範囲内で始業と終業の時刻を選択して働くことができる制度である（労働基準法32条の3）。通常は、出退勤のなされるべき時間帯（フレキシブルタイム）が定められる。また、全員が必ず勤務すべき時間帯（コアタイム）を定めるものが多い。

フレックスタイム制では、コアタイムを除き、使用者は、労働者に対して、ある時刻までの出勤や居残りを命じることはできず、労働者の同意を得なければできない。

フレックスタイム制の導入は、労働時間を効率的に配分することが可能となり、労働生産性の向上につながるだけではなく、仕事と生活の調和を図りやすい職場になることによって、労働者に長く職場に定着してもらえるようになるなど、使用者にとってもメリットがある。

（フレックスタイムのモデル例）

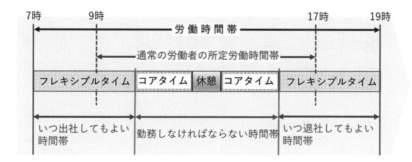

2　フレックスタイム制の基本的なルール

フレックスタイム制の要件は次のとおりである（労働基準法32条の3）。

(1) 就業規則等への規定

フレックスタイム制を導入するためには、就業規則その他これに準ずるものにより、始業及び終業の時刻を労働者の決定に委ねる旨を定める必要がある。

(2) 労使協定で所定の事項を定めること

フレックスタイム制の導入に当たっては、労使協定の締結が必要となり、清算期間が1か月を超える場合には、所轄の労働基準監督署長に届け出る必要がある。

事業場の過半数組合または過半数代表者との書面による協定（労使協定）で次の事項を定める。

① フレックスタイム制をとる労働者の範囲
　・対象となる労働者の範囲は、各人ごと、課ごと、グループごと等様々な範囲が考えられる。
　・労使で十分話し合い、協定で対象となる労働者の範囲を明確にする。
② 3か月以内の「清算期間」
　・清算期間を定めるに当たっては、その長さに加えて、清算期間の起算日を定める。
③ 清算期間における総労働時間

・清算期間における総労働時間は、清算期間において労働者が労働すべき総所定労働時間である。

・総労働時間は、清算期間を通じて1週間あたりの平均が週の法定労働時間を超えない範囲内でなければならない。これを言い換えれば、総労働時間は、当該清算期間における法定労働時間の総枠を超えない範囲内で設定しなければならない。

$$清算期間における総労働時間 \leq \frac{清算期間の暦日数}{7日} \times \frac{1週間の法定労働時間}{(40時間)} \text{(※)}$$

④ 標準となる1日の労働時間

・標準となる1日の労働時間とは、年次有給休暇を取得した際に支払われる賃金の算定基礎となる労働時間の長さを定めるものである。清算期間における総労働時間を、期間中の所定労働日数で割った時間を基準として定める。

・フレックスタイム制の対象労働者が年次有給休暇を1日取得した場合には、その日については、標準となる1日の労働時間を労働したものとして取り扱う必要がある。

⑤ コアタイムを定める場合はその開始・終了時刻

・コアタイムは、労働者が1日のうちで必ず働かなければならない時間帯である。必ず設けなければならないものではないが、これを設ける場合には、その時間帯の開始・終了の時刻を協定で定める必要がある。

・コアタイムの時間帯は協定で自由に定めることができる。

・日によって異なる時間帯を定めることが出来る。

⑥ フレキシブルタイムを定める場合はその開始・終了時刻

・フレキシブルタイムは、労働者が自らの選択によって労働時間を決定することができる時間帯のことである。

・フレキシブルタイムも必ず設けなければならないものではないが、これを設ける場合には、その時間帯の開始・終了の時刻を協定で定める必要がある。

・フレキシブルタイムの時間帯も協定で自由に定めることができる。

3　フレックスタイム制における時間外労働

　フレックスタイム制においては、清算期間を通じて1週間あたりの平均所定労働時間が週の法定労働時間を超えない範囲内であれば、特定の週または特定の日について、法定労働時間を超えて労働しても法定時間外労働にはならない。

　これを言い換えれば、当該清算期間における総所定労働時間（総労働時間）を、当該清算期間における法定労働時間の総枠（例えば、31日の月では177.1時間、30日の月では171.4時間）を超えないように設定し、その範囲内で労働する限り、特定の日、特定の週に法定労働時間を超えて労働することがあっても、時間外労働にはならない。

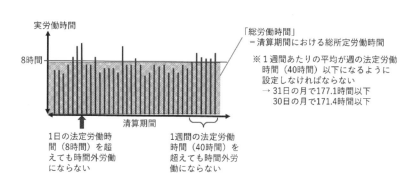

　フレックスタイム制をとる労働者が当該清算期間における法定労働時間の総枠を超過して労働する場合は、時間外労働となり、３６協定の締結・届出（労働基準法36条）や割増賃金の支払（労働基準法37条）が必要になる。

4　フレックスタイム制における労働時間の過不足の取扱い

　フレックスタイム制において、当該清算期間における総所定労働時間（総労働時間）に比べて、実際に労働した実労働時間に過不足が生じた

場合には、次のとおり、当該清算期間内で労働時間及び賃金を清算するのが原則である。

(1) 総労働時間を超えて労働した場合

当該清算期間における総所定労働時間（総労働時間）を超えて労働した場合は、所定時間外労働または法定時間外労働の賃金が発生する（前述）。

［参考知識］

この場合の超過分の賃金については、「賃金の全額払の原則」（労働基準法 24 条）が適用されるから、その清算期間内に支払わなければならず、超過分の労働時間を労働者の「貸し時間」として次の清算期間に持ち越して、当該清算期間では超過分の賃金を支払わないという処理をすることは許されない（S63.1.1 基発第 1 号）。

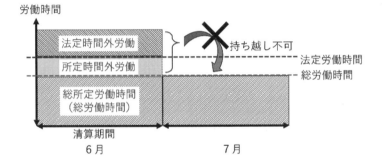

(2) 実労働時間が総労働時間を超えなかった場合

実際の労働時間が当該清算期間における総所定労働時間（総労働時間）に足りない場合は、不足分は欠勤時間として取り扱われる。

この場合は、次のいずれかの方法をとることができる。

① その清算期間内で清算（不足分の賃金カット）をする。

② 当該清算期間では所定の賃金を支払い、不足の時間分を翌月の総労働時間に加算して労働させる。この場合に加算できる限度は法定労働時間の総枠の範囲内となる。

［参考知識］

超過分の場合と異なって不足分の持ち越し（②）ができるのは、不足分の場合は賃金の全額払の原則（労働基準法 24 条）の問題がないからである。

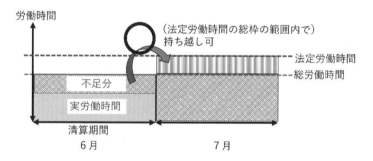

5　清算期間が 1 か月を超える場合

　清算期間が 1 か月を超え、3 か月以内となる場合に、当該清算期間で過重労働することになって労働者の健康が害されることを防ぐため、以下の規制が定められた。

- ・清算期間が 1 か月を超える場合は、各月で、週平均労働時間が 50時間（※時間外労働が月 45 時間弱となる時間に相当）を超えない範囲内でなければならない（労働基準法 32 条の 3 第 2 項）。
- ・清算期間が 1 か月を超える場合は、各月の労働時間数の実績を対象労働者に通知等することが望ましい（H30・9・7 基発 0907 第 1 号）。
- ・清算期間が 1 か月を超える場合は、労使協定の届出が必要（労働基準法 32 条の 3 第 4 項）

（イメージ）

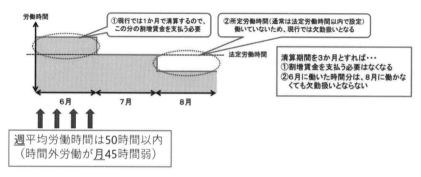

※【「労働基準法等の一部を改正する法律案について」（労政審）を参照し作成】

第6節　裁量労働制

1　みなし労働時間制

「みなし労働時間制」には、①事業場外みなし労働時間制、②専門業務型裁量労働制、③企画業務型裁量労働制がある。

労働基準法では、労働時間、休日、深夜業等について規定を設けていることから、その規定の範囲内で労働者が働いているかどうか、使用者には労働時間を適切に把握し、管理する責任がある。

しかし、使用者がその時間を把握できない外勤の営業職等の場合（事業場外みなし労働時間制）や、業務の性質上その業務の遂行方法や時間の配分などを大幅に労働者の裁量に任せる必要がある場合（裁量労働制）に、例外的に、一定の時間労働したものとみなす「みなし労働時間制」が認められている。

2　事業場外みなし労働時間制

(1) 意義

「事業場外みなし労働時間制」とは、労働者が事業場外（会社外や出張など）で労働し、その労働時間の算定が困難な場合に、使用者の労働時間に係る算定義務を免除し、一定の時間労働したものとみなす制度である（労働基準法 38 条の 2）。

事業場外みなし労働時間制の適用要件は、①労働者が労働時間の全部または一部を事業場外で労働した場合で、②使用者の具体的な指揮監督が及ばず、労働時間を算定することが困難なときである。

取材記者や外勤営業のように常態的な事業場外労働のほか、出張のように臨時的な事業場外労働に適用されることが多い。

しかし、事業場外における労働であっても、複数の労働者が事業場外で労働を行う場合で、その中に労働時間を管理する者（上司等）がいて、その者の具体的指示を受けて業務を行い、帰社する場合などは、労働時間の算定が困難とはいえないから（要件②を欠く）、みなし労働時間制は適用できない。また、営業職やセールス職でも、携帯電話等により随時

使用者の指示を受ける場合や、訪問先や帰社時刻などにつき具体的な指示を受けてその指示どおりに業務を行い、その後事業場に戻る場合などは、要件②を欠き、みなし労働時間制は適用できないとされている。

(2) みなし労働時間を適用する場合の労働時間

・みなし労働時間制度を適用する場合は、所定労働時間労働したものとみなすのが原則である（労働基準法38条の2第1項本文）。

・所定労働時間を超えて事業場外で労働することが必要となる場合には、「当該業務の遂行に通常必要とされる時間」をみなし時間とすることができる（労働基準法38条の2第1項但書）。

・「通常必要とされる時間」の判断が難しい場合もあるので、過半数組合または過半数代表者との書面による労使協定によりみなし時間を定めることもできる（労働基準法38条の2第2項）。この労使協定は届出を要する（同条3項）。

(3) みなし労働時間適用の効果

　事業場外みなし労働時間制は、労働時間の「算定」に関する特例であるから、休憩、休日、時間外・休日労働、深夜労働の法規制は適用される。従って、みなし労働時間数と事業場内の業務に従事した時間の合計が法定労働時間を超える場合には、36協定の締結・届出と、法定労働時間を超える部分の割増賃金の支払いが必要である。また、休日労働、深夜労働をすれば、休日労働・深夜労働の割増賃金を支払わなければならない。

3　裁量労働制
(1) 意義

　「裁量労働制」は、業務の遂行方法が大幅に労働者の裁量に委ねられる一定の業務に携わる労働者について、労働時間の計算を実労働時間ではなく、労使の合意で定めた労働時間数を労働したものとみなす制度である。

　例えば、1日のみなし労働時間を8時間と設定した場合は、実労働時間が5時間でも9時間でも8時間労働したものとみなされる。

　裁量労働制は、労働基準法により次の2つの態様が認められている。

① 専門業務型裁量労働制（労働基準法38条の3）

　専門的な職種の労働者について労使協定により適用するみなし時間制

② 企画業務型裁量労働制（労働基準法38条の4）

　経営の中枢部門で企画・立案・調査・分析業務に従事する労働者に関し、労使委員会の決議によって認めるみなし時間制

⑵ 裁量労働制の注意

　裁量労働制のもとでは、出退勤を含めた業務遂行の方法は労働者の裁量に委ねられるから、始業時間・終業時間の指定やコアタイムの設定は認められない。

　また、裁量労働制は、労働時間の「算定」に関する特例であるから、休憩、休日、時間外・休日労働、深夜労働の法規制は適用される。

　従って、法定労働時間を超えるみなし労働時間数を設定する場合には、36協定の締結・届出と、法定労働時間を超える部分の割増賃金の支払いが必要である。また、休日労働、深夜労働をすれば、休日労働・深夜労働の割増賃金を支払わなければならない。

　例えば、1日のみなし労働時間を「9時間」（法定労働時間8時間+1時間）と労使で決めた場合は、実労働時間が7時間でも10時間でも、時間外割増賃金は1時間分となる。

⑶ 専門業務型裁量労働制

① 意義と対象業務

　「専門業務型裁量労働制」は、①業務の性質上、業務遂行の手段や方法、時間配分等を大幅に労働者の裁量にゆだねる必要がある業務として定められた20業務の中から、対象となる業務を労使協定で定めて実施するみなし時間制である。

　専門業務型裁量労働制の対象となる業務は、「業務の性質上その遂行の方法を大幅に当該業務に従事する労働者の裁量にゆだねる必要があるため、当該業務の遂行の手段及び時間配分の決定等に関し使用者が具体的な指示をすることが困難なものとして厚生労働省令で定める業務」（労働基準法38条の3第1項1号）に限られている。

[参考知識：対象20業務]

① 新商品若しくは新技術の研究開発または人文科学若しくは自然科学に関する研究の業務
② 情報処理システムの分析または設計の業務
③ 新聞若しくは出版の事業における記事の取材若しくは編集の業務または放送番組の制作のための取材若しくは編集の業務
④ 衣服、室内装飾、工業製品、広告等の新たなデザインの考案の業務
⑤ 放送番組、映画等の制作の事業におけるプロデューサーまたはディレクターの業務
⑥ 広告、宣伝等における商品等の内容、特長等に係る文章の案の考案の業務（コピーライターの業務）
⑦ 事業運営において情報処理システムを活用するための問題点の把握またはそれを活用するための方法に関する考案若しくは助言の業務（システムコンサルタントの業務）
⑧ 建築物内における照明器具、家具等の配置に関する考案、表現または助言の業務（インテリアコーディネーターの業務）
⑨ ゲーム用ソフトウェアの創作の業務
⑩ 有価証券市場における相場等の動向または有価証券の価値等の分析、評価またはこれに基づく投資に関する助言の業務（証券アナリストの業務）
⑪ 金融工学等を用いて行う金融商品開発の業務
⑫ 大学における教授研究の業務
⑬ 銀行又は証券会社における顧客の合併及び買収に関する調査又は分析及びこれに基づく合併及び買収に関する考案及び助言の業務（いわゆるM&Aアドバイザーの業務）
⑭ 公認会計士の業務
⑮ 弁護士の業務
⑯ 建築士（一級建築士、二級建築士及び木造建築士）の業務
⑰ 不動産鑑定士の業務
⑱ 弁理士の業務
⑲ 税理士の業務
⑳ 中小企業診断士の業務

②　専門業務型裁量労働制の導入手続

　専門業務型裁量労働制の導入に当たっては、原則として次の事項を労使協定により定めた上で、所轄労働基準監督署長に届け出ることが必要である（労働基準法38条の3）。

【労使協定で定めるべき事項】

① 制度の対象とする業務

② 労働時間としてみなす時間（みなし労働時間）

③ 対象業務の遂行の手段や時間配分の決定等に関し、使用者が対象労働者に具体的な指示をしないこと

④ 対象労働者の労働時間の状況に応じて実施する健康・福祉を確保するための措置

⑤ 対象労働者からの苦情の処理のため実施する措置

⑥ 制度の適用に当たって労働者本人の同意を得ること

⑦ 制度の適用に労働者が同意をしなかった場合に不利益な取扱いをしないこと

⑧ 制度の適用に関する同意の撤回の手続

⑨ 労使協定の有効期間

⑩ 労働時間の状況、健康・福祉確保措置の実施状況、苦情処理措置の実施状況、同意及び同意の撤回の労働者ごとの記録を協定の有効期間中及びその期間満了後5年間保存すること

(4)　企画業務型裁量労働制

①　意義

　「企画業務型裁量労働制」は、「事業の運営に関する事項についての企画、立案、調査及び分析の業務であって、当該業務の性質上これを適切に遂行するにはその遂行の方法を大幅に労働者の裁量にゆだねる必要があるため、当該業務の遂行の手段及び時間配分の決定等に関し使用者が具体的な指示をしないこととする業務」に、「対象業務を適切に遂行するための知識、経験等を有する労働者」が就く場合に、対象労働者について、実

際の労働時間と関係なく、労使委員会の決議で定めた時間労働したものとみなす制度である（労働基準法 38 条の 4）。

　企画業務型裁量労働制は、事業活動の中枢にある労働者が創造的な能力を十分に発揮できるよう、仕事の進め方や時間配分に関し自律的で自由度の高い柔軟な働き方を実現するために導入された制度である。

　ただし、濫用のおそれがあるため、労使協定ではなく労使委員会における 5 分の 4 以上の多数決による決議を要するなど、専門業務型に比べて要件が厳しい。

② 企画業務型裁量労働制を導入できる事業場

　企画業務型裁量労働制は、いかなる事業場においても導入できるわけではなく、「対象業務が存在する事業場」である。

　企画型裁量労働制は、個別の製造等の作業や当該作業に係る工程管理のみを行っている事業場や、本社・本店または支社・支店等である事業場の具体的な指示を受けて、個別の営業活動のみを行っている事業場では、導入することができない。

③ 企画業務型裁量労働制の導入手続と導入後の手続
a　導入の手続

「対象業務が存在する事業場」に企画業務型裁量労働制を導入するためには、使用者及び当該事業場の労働者を代表する者を構成員とする労使委員会を設置し、次の事項を労使委員会で決議した上で、労働基準監督署長に決議を届け出ることが必要である（労働基準法 38 条の 4）。これにより、対象労働者については、実際の労働時間と関係なく、決議で定めた時間労働したものとみなされる。

【労使委員会の決議と決議事項】

　労使委員会で、労使委員会の委員の 5 分の 4 以上の多数により、以下の①～⑪の事項を決議しなければならない。

　① 制度の対象とする業務

　② 対象労働者の範囲

③ 労働時間としてみなす時間（みなし労働時間）

④ 対象労働者の労働時間の状況に応じて実施する健康・福祉を確保するための措置

⑤ 対象労働者からの苦情の処理のため実施する措置

⑥ 制度の適用に当たって労働者本人の同意を得ること

⑦ 制度の適用に労働者が同意をしなかった場合に不利益な取扱いをしないこと

⑧ 制度の適用に関する同意の撤回の手続

⑨ 対象労働者に適用される賃金・評価制度を変更する場合に、労使委員会に変更内容の説明を行うこと

⑩ 労使委員会の決議の有効期間

⑪ 労働時間の状況、健康・福祉確保措置の実施状況、苦情処理措置の実施状況、同意及び同意の撤回の労働者ごとの記録を決議の有効期間中及びその期間満了後５年間保存すること

【労使委員会に説明すべき事項】

・対象労働者に適用される賃金・評価制度の内容についての使用者から労使委員会に対する説明に関する事項を労使委員会の運営規程に定める必要がある。

・対象労働者に適用される賃金・評価制度を変更する場合に、労使委員会に変更内容の説明を行うことを労使委員会の決議に定める必要がある。

b　導入後の手続

・使用者は、健康及び福祉を確保するための措置や苦情の処理のための措置などの決議で定めた措置を実施しなければならない。

・労使委員会は制度の実施状況の把握と運用改善を行う。

・労使委員会は６か月以内ごとに１回開催する。

・労使委員会の決議の有効期間の始期から起算して初回は６か月以内に１回、その後１年以内ごとに１回になる。

4　高度プロフェッショナル制度

(1)　高度プロフェッショナル制度」とは

　「高度プロフェッショナル制度」とは、高度の専門的知識等を必要とし、その性質上従事した時間と従事して得た成果との関連性が通常高くないと認められる対象業務に就く労働者について、一定の要件のもと、労働時間、休憩、休日、深夜の割増賃金等の規定の適用除外とできる制度である（労働基準法41条の2第1項）。

(2)　対象業務

　高度プロフェッショナル制度は、労働時間、休憩、休日、深夜の割増賃金等の規定の適用除外とできる特別な制度であるから、対象業務が以下の業務に限定されている（労働基準法施行規則34条の2第3項）。

・金融工学等の知識を用いて行う金融商品の開発の業務
・金融ディーラー
・アナリスト
・コンサルタント
・研究開発（新たな技術、商品又は役務の研究開発の業務）

(3)　対象労働者の要件

　高度プロフェッショナル制度の対象労働者の要件も限定されており、①使用者との間の合意に基づき職務が明確に定められており、しかも②年収が基準年間平均給与額の3倍を相当程度上回る水準として厚労省令で定める額（年収 1,075 万円以上）でなければならない（労働基準法41条の2第1項第2号）。

(4)　健康管理時間

　高度プロフェッショナル制度の対象労働者の業務は、その性質上従事した時間と従事して得た成果との関連性が通常高くないものであるから、「労働時間」という概念になじまず、時間外割増賃金等の適用対象外でもあるから、事業主が労働時間を把握する必要性は高くない。

　ただし、対象労働者の健康を確保する必要性はあるから、「労働時間」

ではなく、事業場内にいた時間と事業場外において労働した時間との合計の時間である「健康管理時間」を事業主が把握することにして、対象労働者の健康確保が図られるように配慮されている（後述する）。

(5) 導入の要件

高度プロフェッショナル制度の導入の要件は、次のとおりである（労働基準法41条の2第1項）。

① 労使委員会の設置と同委員会の委員の5分の4以上の多数による決議
② 労使委員会による決議の労働基準監督署への届出
③ 対象労働者の書面による同意

(6) 導入後に事業主が対応すべきこと

高度プロフェッショナル制度を導入した事業主は、労働基準監督署に実施状況を6か月以内ごとに定期報告しなければならない（労働基準法41条の2第2項）。

また、健康管理時間（事業場内にいた時間と事業場外において労働した時間との合計の時間）が、1週間あたり40時間を超えた場合におけるその超えた時間が月100時間を超える場合には、医師による面接指導を受けさせなければならない（労働安全衛生法66条の8の4）。

(7) 健康確保措置を講ずる義務

労使委員会による決議では、以下の事項を定めなければならないので、事業主は、これらの事項を実施しなければならない。

① 健康管理時間を把握する措置を講ずること
② 年間104日以上かつ4週で4日以上の休日を確保すること
③ 選択的健康確保措置を講ずること
　　③の「選択的健康管理措置」は、以下のイないしニのいずれかの措置である。
　　　イ. 11時間以上の勤務間インターバル確保+月4回以内とする深夜業制限

ロ．健康管理時間の上限措置（1週間あたりの健康管理時間が40時間を超えた場合におけるその超えた時間が月あたり100時間または3か月あたり240時間を超えない範囲内とする）

ハ．1年に1回以上連続した2週間の休日（年休を除く）を与える

ニ．臨時の健康診断実施（1週間あたりの健康管理時間が40時間を超えた場合におけるその超えた時間が月あたり80時間を超えたこと又は対象労働者から申出があった場合）

第5章　病気の治療、子育て・介護等と仕事の両立、障害者就労の推進
第1節　病気の治療と仕事の両立
1　病気の治療と仕事の両立の現状等

　近年、労働環境の変化などにより脳・心臓疾患や精神疾患などを抱える労働者が増加していることや、医療技術の進歩によりこれまで予後不良とされてきた疾患の生存率が向上していることなどを背景に、治療をしながら仕事を続けることを希望する労働者のニーズが高くなっている。我が国では、罹患しながら働く人数が 2,007 万人（2013 年）あり、労働人口の約 3 人に 1 人が何らかの疾病を抱えながら働いている。また、病気を抱える労働者の就業希望は 92.5%（2013 年度）に及ぶ。

　しかし、疾患を抱える労働者に働く意欲や能力があっても、治療と仕事の両立に向けた柔軟な休暇制度・勤務制度の整備が進んでおらず、治療しながら就業を継続したり、休職後に復職することが困難な状況にある。常用雇用者 30 人以上の民営企業における病気休暇制度のある企業割合は 22.4%（2012 年）、常用雇用者 50 人以上の民営企業における病気休業からの復帰支援プログラムのある企業割合も 11.5%（2012 年）にとどまっている。

　このため、治療と仕事を両立できない労働者は多く、治療のため離職した人の割合（がん）は約 34%（うち依願退職 30%、解雇 4%）にのぼる（2013 年）。がん罹患後に離職した主な理由は、仕事を続ける自信の喪失、職場に迷惑をかけることへの抵抗感があげられている（2013 年）。

　このため、治療と仕事が両立できる雇用環境の整備や、病気によって就労が困難になった際の主治医や会社と連携したコーディネータによる支援体制、病院とハローワークの連携による身近な相談支援体制の整備などが望まれている。

2　治療と仕事の両立に向けたトライアングル型支援などの推進

　病気を治療しながら仕事をする者は労働人口の 3 人に 1 人と多数いるが、病気を理由に仕事を辞めざるを得ない者や、仕事を続けていても職場の理解が乏しいなど、治療と仕事の両立が困難な状況に直面している

者は多い。

　そこで、働き方改革実行計画は、この問題の対応策として、「治療と仕事の両立に向けたトライアングル型支援などの推進」を掲げ、今後の対応の方向性を次のように説明する。

　がん等の病気を抱える患者や不妊治療を行う夫婦が活躍できる環境を整備する。治療状況に合わせた働き方ができるよう、患者に寄り添いながら継続的に相談支援を行い、患者・主治医・会社間を調整する両立支援コーディネーターを配置し、主治医、会社とのトライアングル型サポート体制を構築する。あわせて会社、労働者向けの普及・啓発を行い、企業文化の抜本改革を促す。

　そして、働き方改革実行計画は、次の具体的な施策を掲げている。

　① トライアングル型サポート体制の構築

　② 不妊治療と仕事の両立に関する相談支援の充実

　③ 企業文化の抜本改革

　④ 労働者の健康確保のための産業医・産業保健機能の強化

3　トライアングル型サポート体制

　「トライアングル型サポート体制」（トライアングル型支援）は、治療と仕事の両立に向けて、主治医、会社・産業医と、患者に寄り添う両立支援コーディネーターのトライアングル型のサポート体制である。

　働き方改革実行計画は、トライアングル型サポート体制の構築として、以下の取組を進めるとしている。

　① 主治医と会社の連携の中核となり、患者に寄り添いながら、個々の患者ごとの治療・仕事の両立に向けた治療と仕事両立プランの作成支援などを行う両立支援コーディネーターを育成・配置する。

　② 治療と仕事両立プランの記載内容・作成方法等の具体化を進め、主治医、会社、産業医が効果的に連携するためのマニュアルの作成・普及を行う。

　③ がん・難病・脳卒中・肝疾患等について、疾患ごとの治療方法や症

状（倦怠感、慢性疼痛やしびれなどを含む）の特徴や、両立支援に当たっての留意事項等を示した、会社向けの疾患別サポートマニュアル等の作成・普及を行う。

（トライアングル型サポート体制のイメージ）

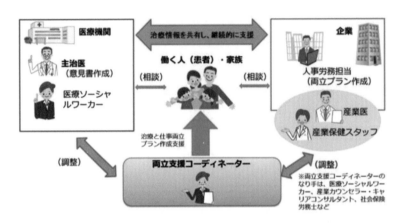

※【働き方改革実行計画 p.21「図２」より】

4　治療と仕事の両立支援の規定

　労働者が業務によって疾病を増悪させることなく治療と仕事の両立を図るために、事業者が一定の就業上の措置や治療に対する配慮を行うことは、労働者の健康確保という意義があることは当然である。使用者による治療と仕事の両立支援には、それだけでなく、継続的な人材の確保、労働者の安心感やモチベーションの向上による人材の定着・生産性の向上、健康経営の実現、多様な人材の活用による組織や事業の活性化、組織としての社会的責任の実現、労働者のワーク・ライフ・バランス（仕事と生活の調和）の実現といった意義もある。

　事業者による労働者の治療と仕事の両立支援に関連して、労働安全衛生法・労働安全衛生規則には、各種の規定がある。

　① 労働者の健康確保対策の具体的な措置として、健康診断の実施（既

往歴、業務歴、自覚症状及び他覚症状の有無の検査や、血圧等の各
種検査の実施）及び医師の意見を勘案し、その必要があると認める
ときは就業上の措置（就業場所の変更、作業の転換、労働時間の短
縮、深夜業の回数の減少等）の実施を義務付けるとともに、日常生
活面での指導、受診勧奨等を行うよう努めるものとされている。

② 事業者は、「心臓、腎臓、肺等の疾病で労働のため病勢が著しく増
悪するおそれのあるものにかかった者」については、その就業を禁
止しなければならないとされている。

③ 事業者は、その就業に当たって、中高年齢者等の特に配慮を必要と
する者については、これらの者の心身の条件に応じて適正な配置を
行うように努めなければならないこととされている。

5　事業場における治療と職業生活の両立支援のためのガイドライン

「事業場における治療と職業生活の両立支援のためのガイドライン」
は、事業場が、がん、脳卒中などの疾病を抱える労働者に対して、適切
な就業上の措置や治療に対する配慮を行い、治療と職業生活が両立でき
るようにするため、事業場における取組などをまとめたガイドラインで
ある（厚生労働省が2016年に策定・公表）。

本ガイドラインでは、職場における意識啓発のための研修や治療と職
業生活を両立しやすい休暇制度・勤務制度の導入などの環境整備、治療
と職業生活の両立支援の進め方に加え、特に「がん」について留意すべ
き事項をとりまとめている。

第2節　子育てと仕事の両立

1　仕事と育児の両立の現状

　妊娠・出産、育児と仕事の両立は大きな問題である。少子高齢化が進み労働力人口の減少が予測される中、育児と仕事を両立できる雇用環境の整備や結婚等で退職した女性が再就職できる支援体制の整備等により、女性が活躍しやすい全員参加型社会を構築していくことが必要である。

　全世帯の約3分の2が共働き世帯となる中で、未婚女性が考える「理想のライフコース」は、出産後も仕事を続ける「両立コース」が「再就職コース」を上回って最多となっているが、実際には女性の正規雇用における「L字カーブ」の存在など、理想とする両立コースを阻む障壁が存在している。

　実際の若者の声としても「女性にとって子育てとキャリアを両立することは困難」、「フルタイム共働きで子育ては無理があるかもしれない」といった声が挙がっている。

　一方で、男性について見ると、正社員の男性について育児休業制度を利用しなかった理由を尋ねた調査では、「収入を減らしたくなかった（39.9％）」が最も多かったが、「育児休業制度を取得しづらい職場の雰囲気、育児休業取得への職場の無理解 22.5％）」、「自分にしかできない仕事や担当している仕事があった（22.0％）」なども多く、制度はあっても利用しづらい職場環境が存在している（厚生労働省「こども 未来戦略方針」）。

2　育児休業の取得状況

　育児休業取得率（2022年）は、女性：80.2％に対し、男性：17.3％となっており、育児休業の取得は圧倒的に女性が多い状況にある。

　別のデータでは、令和2年10月1日から令和3年9月30日までの1年間に、在職中に出産した女性がいた事業所に占める女性の育児休業者がいた事業所の割合は86.7％であったのに対し、同時期に配偶者が出産した男性がいた事業所に占める男性の育児休業者がいた事業所の割合は24.2％でしかなかった（厚労省「令和4年度雇用均等基本調査」）。

　このように、男性の育児への関わりが進んでいない現状がある。

3　仕事と育児の両立のための支援制度

　仕事と育児を両立するために、育児・介護休業法により、次の制度・措置が定められている。

　① 育児休業制度（5 条〜10 条）
　② 子の看護休暇制度（16 条の 2〜16 条の 3）
　③ 育児のための所定外労働の制限（16 条の 8）
　④ 育児のための時間外労働の制限（17 条）
　⑤ 育児のための深夜業の制限（19 条）
　⑥ 育児休業に関連してあらかじめ定めるべき事項等（21 条）
　⑦ 所定労働時間の短縮措置（短時間勤務制度。23 条 1 項）
　⑧ 育児休業制度に準ずる措置又は始業時間変更等の措置（23 条 2 項）
　⑨ 小学校就学前の子を養育する労働者に関する措置（24 条 1 項）
　⑩ ハラスメントの防止措置（25 条）
　⑪ 労働者の配置に関する配慮（26 条）
　⑫ 再雇用特別措置等（27 条）
　⑬ 不利益取扱いの禁止（10 条等）

(1) 育児休業

　「育児休業」とは、労働者が、原則として 1 歳未満の子を養育するためにする休業である。

　申出の回数は、特別の事情がない限り 1 人の子につき、1 歳までの育児休業は 2 回、1 歳 6 か月及び 2 歳までの育児休業は各 1 回である。

　事業主は、育児休業の申出がなされたときは、育児休業開始予定日及び育児休業終了予定日等を労働者に速やかに通知しなければならない。

(2) 有期契約労働者の育児休業取得要件

・子が 1 歳 6 か月に達する日までの間に労働契約（更新された場合は更新後のもの）が満了することが明らかでないこと

　なお、2 歳までの育児休業の延長を申し出る場合には、「子が 2 歳に達する日までに労働契約（更新される場合には、更新後の契約）の期間が満了することが明らかでないこと」となる。

4　パパ・ママ育休プラス

　「パパ・ママ育休プラス」は、父母の労働者がともに育児休業を取得する場合には、育児休業可能期間が、子が１歳２か月に達するまでに延長されるという制度である（育児・介護休業法９条の２）。

　要件は、①配偶者（典型的には母親）が、子が１歳に達するまでに育児休業を取得していること、②本人（典型的には父親）の育児休業開始予定日が子の１歳の誕生日以前であること、③本人の育児休業開始予定日は配偶者がしている育児休業の初日以降であることである。

　パパ・ママ育休プラスでも、１人あたりの育休取得可能最大日数が１年であることは、原則と同じである。

（パパ・ママ育休プラスのイメージ）

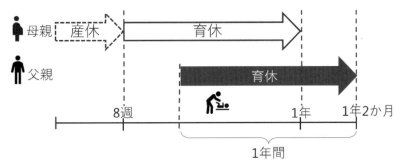

5　産後パパ育休

　「産後パパ育休」の正式名称は「出生時育児休業」で、子どもの出生後８週間以内に、父親が２回までに分割して最長４週間の育児休業を取得できる制度である。労使協定を結ぶことによって育休中の就業が認められるため、男性従業員が育休を取得しやすくなる。

　「産後パパ育休」を取得する場合は、原則として、休業の２週間前までに申し出なければならない。２回に分けて取得する場合は、最初にまとめて申し出る必要がある。

【産後パパ育休をすることができる有期雇用労働者の範囲】

　子の出生日又は出産予定日のいずれか遅い方から起算して8週間を経過する日の翌日から6か月を経過する日までに労働契約（更新される場合には、更新後の契約）の期間が満了し、更新されないことが明らかでない有期労働者である。

6　育児休業期間の延長

(1) 育休の延長の申出

　1歳以上1歳6か月に達するまでの子を養育する労働者は、次のいずれにも該当すれば、子が1歳6か月に達するまでの連続した1つの期間を特定して、育児休業の申出をすることができる（育児・介護休業法5条3項、同法施行規則6条）。

① 自己または配偶者が子の1歳到達日に育児休業をしている。

② 保育所等に入所を希望しているが、入所できないとき、または1歳到達日以後に養育を行う予定だった配偶者が死亡、傷病等の事情により子を養育することが困難になった。

(2) 育休の再延長の申出

　1歳6か月以上2歳に達するまでの子を養育する労働者は、次のいずれにも該当すれば、子が2歳に達するまでの連続した1つの期間を特定して、育児休業の申出をすることができる（育児・介護休業法5条4項、同法施行規則7条）。

① 自己または配偶者が子の1歳6か月到達日に育児休業をしている。

② 保育所等に入所を希望しているが、入所できないとき、または1歳6か月到達日以後に養育を行う予定だった配偶者が死亡、傷病等の事情により子を養育することが困難になった。

　これにより、例えば、1歳6か月時点では待機児童で保育所に入れられないが、年度初めになれば保育所に入れられる場合に、年度末まで育児休業を再延長するといった対応ができるようになった。

（再延長のイメージ）

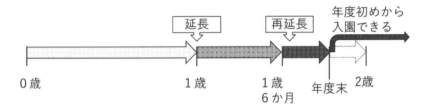

7　子の看護休暇

　「子の看護休暇」は、小学校就学前の子を養育する労働者が、けがや病気をした子の看護や子に予防接種等をうけさせるために取得できる休暇である。

　小学校就学前の子を養育する労働者は、申し出ることのできる休暇であり、1年に5日（養育する小学校就学前の子が2人以上の場合は10日）を限度として、負傷し、または疾病にかかった子の看護または子に予防接種・健康診断をうけさせるために取得することができる（育児・介護休業法16条の2第1項）。

　子の看護休暇は、介護休業と異なり、休暇が取得できる負傷や疾病の種類や程度に特段の制限はないので、短期間で治癒する傷病であっても申出ができる。

　子の看護休暇は、半日単位（1日の所定労働時間の2分の1。労使協定によりこれと異なる時間数を半日と定めた場合には、その半日。）で取得することができる（同法施行規則34条）。ただし、1日の所定労働時間が4時間以下の労働者は、半日単位での取得はできない（同法施行規則33条）。

8　育児のための所定外労働の制限

　事業主は、満3歳に達しない子を養育する労働者が請求した場合には、事業の正常な運営を妨げる場合を除き、所定労働時間をこえて労働させてはならない（育児・介護休業法16条の8第1項）。

　育児のための所定外労働の制限は、請求できる回数に制限はなく、制限の期間は1回の請求につき1か月以上1年以内の期間である。

9　育児のための時間外労働の制限

　事業主は、小学校就学前の子を養育する労働者が請求したときは、事業の正常な運営を妨げる場合を除き、1月24時間、1年150時間をこえて労働時間を延長してはならない（育児・介護休業法17条1項）。

　育児のための所定外労働の制限は、請求できる回数に制限はなく、制限の期間は1回の請求につき1か月以上1年以内の期間である。

10　育児のための深夜業の制限

　事業主は、小学校就学前の子を養育する労働者（男女を問わない）が請求した場合には、事業の正常な運営を妨げる場合を除き、深夜（午後10時から午前5時まで）に労働させてはならない（育児・介護休業法19条1項）。育児のための深夜業の制限は、請求できる回数に制限はなく、制限の期間は1回の請求につき1か月以上6か月以内の期間である。

11　育児のための所定労働時間短縮の措置

　事業主は、育児休業を取得せずに3歳までの子を養育する労働者が希望する場合には、労働者の申出に基づき、1日の所定労働時間を原則として6時間とする短時間勤務制度を設けなければならない（育児・介護休業法23条1項）。次のいずれかの措置を講じなければならない。

12　育児休業等の期間中の労働者の待遇

(1) 意義

　育児休業や子の看護休暇を取得した日や、所定労働時間の短縮措置により短縮した時間分の賃金については、ノーワーク・ノーペイの原則により無給・減給とすることができる。

　また、退職金や賞与の算定に当たり、現に勤務した日数を考慮する場合に、休業した期間を日割りで算定対象期間から控除しても、不利益な取扱いには該当しないと解されている。

(2) 育児休業等と年休の要件

産前産後休業や育児休業の期間は、年次有給休暇の要件のうえでは、出勤したものとみなされる。

13 育児休業等の期間中の経済的支援制度

育児休業等の取得については、次の経済的支援制度がある。

・産前産後休業中や育児休業中は、申し出により、健康保険料・厚生年金保険料が免除される。

・産前産後休業中や育児休業中に給与が支給されない場合は、雇用保険料の負担はない。

・育児休業給付（雇用保険）

育児休業をした場合に、一定の要件を満たすと、休業開始前賃金の一定割合が「育児休業給付金」として支給される。

育児休業給付は非課税とされている。

第3節 次世代育成対策推進法

1 意義

「次世代育成支援対策推進法」は、我が国における急速な少子化の進行等を踏まえ、子どもが健やかに生まれ、かつ、育成される環境の整備を図るため、次世代育成支援対策について、基本理念を定めるとともに、国による行動計画策定指針並びに地方公共団体及び事業主による行動計画の策定等の次世代育成支援対策を迅速かつ重点的に推進するために必要な措置を講ずる法律である。2015 年 3 月 31 日までの 10 年間の時限立法であったが、2014 年の改正により 2025 年 3 月 31 日までに有効期限が延長された。

2 くるみん認定

「くるみん認定」は、次世代育成支援対策推進法に基づき、子育てしやすい企業を厚生労働大臣が認定する制度である。

同法に基づき、一般事業主行動計画を策定した企業のうち、計画に定めた目標を達成し、一定の基準を満たした企業は、申請を行うことによって、

「子育てサポート企業」として、くるみん認定を受けることができる。認定を受けた企業の証が、「くるみんマーク」である。

　くるみん認定を既に受け、相当程度両立支援の制度の導入や利用が進み、高い水準の取組を行っている企業を評価しつつ、継続的な取組を促進するため、「プラチナくるみん認定」も実施されている。

　くるみん認定・プラチナくるみん認定を受けた企業は、くるみんマーク・プラチナくるみんマークを広告等に表示して、取組みを行っていることをアピールできる。

　（くるみんマーク、プラチナくるみんマーク）

3　イクメン

　「イクメン」とは、子育てを楽しみ、自分自身も成長する男性、または、将来そのような人生を送ろうと考えている男性のことである。

　厚生労働省は、働く男性が、育児をより積極的にすることや、育児休業を取得することができるよう、2010 年から、社会の気運を高めることを目的としたプロジェクトである「イクメンプロジェクト」を推進している。

4　イクボス

　「イクボス」とは、部下が育児と仕事を両立できるよう配慮したり、育休取得や短時間勤務などを行っても業務を滞りなく進めるために業務効率を上げ、自らも仕事と生活を充実させている上司（経営者・管理職）である。

　女性活躍や男性の育児参加を推進するためには、定時退社や育児休暇取得などに対する上司の理解や働きかけが重要である。そこで、厚生労働省では、イクボスとしての宣言を対外的に行う「イクボス宣言」を推奨している。

第4節　介護と仕事の両立

1　仕事と介護の両立の現状

　仕事と介護の両立も問題であり、「介護離職」が社会問題になっている。

　高齢者人口の増加とともに、要支援・要介護認定者数は増加している。介護者は、とりわけ働き盛り世代で、企業の中核を担う労働者であることが多く、企業において管理職として活躍する者や職責の重い仕事に従事する者も少なくない。そうした中、介護は育児と異なり突発的に問題が発生することや、介護を行う期間・方策も多種多様であることから、仕事と介護の両立が困難となることも考えられる。

　総務省の調査によれば、2022年に介護をしている者に占める有業者の割合についてみると、58.0%であった。男女別にみると、男性が67.0%で、女性が52.7%となっている。

　また、家族の介護・看護のために前職を離転職した雇用者は、10万人を超えている（総務省「令和4年就業構造基本調査」）。

　別の資料によれば、2021年4月1日から2022年3月31日までの間に介護休業を取得した者がいた事業所の割合は1.4%でしかなかった（厚生労働省「令和4年度雇用均等基本調査」）。

　このように、介護を続けながら仕事を続ける環境が整っているとは言い難い現状がある。

2　ダブルケア問題

　晩婚化・晩産化等を背景に、育児期にある者（世帯）が、親の介護も同時に担う、いわゆる「ダブルケア」問題が指摘されている。

　ダブルケアを行う者の人口は、約25万人と推計され（女性約17万人、男性約8万人）、ダブルケアを行う者は、30代〜40代が多く、男女ともに全体の約8割がこの年代である（「育児と介護のダブルケアの実態に関する調査」（内閣府））。

3　仕事と介護の両立のための支援制度

　仕事と介護を両立するために、育児・介護休業法により、次の制度・

措置が定められている。

① 介護休業制度（11 条〜16 条）

② 介護休暇制度（16 条の 5〜16 条の 7）

③ 介護のための所定外労働の制限（16 条の 9）

④ 介護のための時間外労働の制限（18 条）

⑤ 介護のための深夜業の制限（20 条）

⑥ 介護休業に関連してあらかじめ定めるべき事項等の規定(21 条の 2)

⑦ 介護のための所定労働時間の短縮等の措置（23 条 3 項）

⑧ 家族の介護を行う労働者に対する措置（24 条 2 項）

⑨ ハラスメントの防止措置（25 条）

⑩ 労働者の配置に関する配慮（26 条）

⑪ 再雇用特別措置等（27 条）

⑫ 不利益取扱いの禁止（16 条等）

(1) 介護休業

　「介護休業」とは、労働者が、「要介護状態」にある配偶者、父母等の「対象家族」を介護するための休業である。

　介護休業は、対象家族 1 人につき、要介護状態に至るごとに通算 93日を限度として、3 回まで、取得することができる（育児・介護休業法 11 条・12 条・15 条）。

(2) 要介護状態・対象家族

　介護休業の要件としての「要介護状態」とは、負傷、疾病または身体上もしくは精神上の障害により、2 週間以上の期間にわたり常時介護を要する状態をいう（育児・介護休業法 2 条 3 号、同法施行規則 2 条）。

　介護休業の要件としての「対象家族」は、配偶者（婚姻の届出をしていないが、事実上婚姻関係と同様の事情にある者を含む。）、父母、子、祖父母、兄弟姉妹、孫、配偶者の父母である。

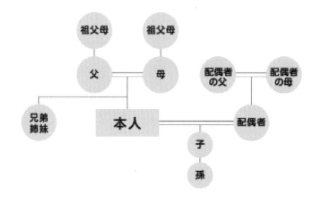

⑶　介護休業をすることができる有期雇用労働者の範囲

　介護休業開始予定日から 93 日経過する日から 6 か月を経過する日までに、労働契約（更新される場合には、更新後の契約）の期間が満了し、更新されないことが明らかでない有期労働者である。

4　介護休暇

　労働者は、要介護状態にある対象家族の介護、または対象家族の介護・通院等の付添・介護サービスの手続の代行その他の必要な世話をするために、事業主に申出ることによって、1 年度において 5 日（要介護の家族が 2 人以上の場合は 10 日）を限度として、当該世話をするための休暇（介護休暇）を取得できる（育児・介護休業法 16 条の 5、同法施行規則 40 条・41 条 1 項）。

　介護休暇は、半日単位（1 日の所定労働時間の 2 分の 1。労使協定によりこれと異なる時間数を半日と定めた場合には、その半日。）で取得することができる（同法施行規則 40 条）。ただし、1 日の所定労働時間が 4 時間以下の労働者は、半日単位での取得はできない（同法施行規則 39 条）。

5　介護のための所定外労働の制限

　事業主は、要介護状態にある対象家族を介護する労働者が請求した場合には、事業の正常な運営を妨げる場合を除き、1 回の請求につき、1 か月以上 1 年以内の期間、所定労働時間をこえて労働させてはならない（育児・介護休業法 16 条の 9）。

介護のための所定外労働の制限は、請求できる回数に制限はなく、制限の期間は1回の請求につき1か月以上1年以内の期間である。

6　介護のための時間外労働の制限

事業主は、36協定により労働時間を延長できる場合でも、要介護状態にある対象家族を介護する労働者が請求したときは、事業の正常な運営を妨げる場合を除き、1月24時間、1年150時間をこえて労働時間を延長してはならない（育児・介護休業法18条）。

介護のための時間外労働の制限は、請求できる回数に制限はなく、制限の期間は1回の請求につき1か月以上1年以内の期間である。

7　介護のための深夜業の制限

事業主は、要介護状態にある対象家族を介護する労働者が請求した場合には、事業の正常な運営を妨げる場合を除き、深夜（午後10時から午前5時まで）に労働させてはならない（育児・介護休業法20条）。

介護のための深夜業の制限は、請求できる回数に制限はなく、制限の期間は1回の請求につき1か月以上6か月以内の期間である。

8　介護のための所定労働時間短縮等の措置

事業主は、要介護状態にある対象家族を介護する労働者であって介護休業をしていない者に関して、利用開始の日から3年以上の期間で、2回以上利用可能な次のいずれかの措置を講じなければならない（育児・介護休業法23条3項、同法施行規則74条）。

・1日の所定労働時間を短縮する措置
・フレックスタイム制度
・始業・終業時刻の繰上げ、繰下げ（時差出勤の制度）
・労働者が利用する介護サービスの費用の助成等制度

9　介護休業等の期間中の労働者の待遇
⑴　意義

介護休業や介護休暇を取得した日や、所定労働時間の短縮措置により短縮した時間分の賃金については、ノーワーク・ノーペイの原則により無給・減給とすることができる。

　また、退職金や賞与の算定に当たり、現に勤務した日数を考慮する場合に、休業した期間を日割りで算定対象期間から控除しても、不利益な取扱いには該当しないと解されている。

(2) 介護休業と年休の要件

　介護休業の期間は、年次有給休暇の要件のうえでは、出勤したものとみなされる（労働基準法 39 条 10 項）。

10　介護休業等の期間中の経済的支援制度

介護休業等の取得については、次の経済的支援制度がある。
・介護休業中に給与が支給されない場合は、雇用保険料の負担はない。
・介護休業給付（雇用保険）
　介護休業をした場合に、一定の要件を満たすと、休業開始前賃金の一定割合が「介護休業給付金」として支給される。
　介護休業給付は非課税とされている。

11　トモニン

　「トモニン」は、「仕事と介護を両立できる職場環境」の整備促進のためのシンボルマークである。
　仕事と介護を両立できる職場環境の整備促進に取り組んでいる企業は、「両立支援のひろば」（厚生労働省サイト）に仕事と介護の両立に関する取組を登録すれば、トモニンを使用することができ、トモニンを活用して、企業の取組をアピールすることができる。

（トモニン）

第 5 節　障害者雇用の推進

1　障害者雇用の現状

民間企業では、令和 5 年時点で、雇用障害者数 (約 64 万 2178 人)、実雇用率 (2.33%で前年比 0.04 ポイント上昇) ともに、過去最高を更新している。

法定の障害者雇用率達成企業割合も 50.1% (前年比 1.8 ポイント上昇) となっており、障害者雇用は進展している (厚生労働省「令和 5 年度障害者雇用状況の集計結果」)。

しかし、依然として、障害者の雇用義務がある企業の約 3 割が障害者を全く雇用していない。

2　障害者等の希望や能力を活かした就労支援の推進

障害者等に対する就労支援を推進するにあたっては、時間、空間の制約を乗り越えて、障害者の意欲や能力に応じた仕事を提供するなど、障害者等が希望や能力、適性を十分に活かし、障害の特性等に応じて活躍できることが普通の社会、障害者と共に働くことが当たり前の社会を目指していく必要がある。

近年、障害者の雇用環境は改善してきているが、依然として雇用義務のある企業の約 3 割が障害者雇用ゼロとなっているほか、経営トップを含む社内理解や作業内容の改善等にも課題が残されている。また、就労に向けた関係行政機関等の更なる連携も求められている状況にある。

そこで、働き方改革実行計画は、障害者等が希望や能力、適性を十分に活かし、障害の特性等に応じて最大限活躍できることが普通になる社会を目指すとしている。このため、長期的寄り添い型支援の重点化等により、障害者雇用ゼロ企業を減らしていくとともに、福祉就労の場を障害者がやりがいをより感じられる環境に変えていき、また、特別な支援を必要とする子供について、初等中等・高等教育機関と福祉・保健・医療・労働等の関係行政機関が連携して、就学前から卒業後にわたる切れ目ない支援体制を整備することとしている。

そして、次の具体的な施策を掲げている。

・長期的寄り添い型支援の重点化
・障害者の一般就労に向けた在学中からの一貫した支援
・在宅就業支援制度の活用促進
・農業と福祉の連携強化

3　障害者雇用の支援策を強化

(1) 障害者の法定雇用率の段階的な引上げ

障害に関係なく、希望や能力に応じて、誰もが職業を通じた社会参加のできる「共生社会」実現の理念の下、全ての事業主に、法定雇用率以上の割合で障害者を雇用する義務がある。

法定雇用率の引上げ予定は下記の通りである。

	令和5年度	令和6年4月	令和8年7月
民間企業の法定雇用率	2.3%　⇒	2.5%　⇒	2.7%
対象事業主の範囲	43.5人以上	40.0人以上	37.5人以上

(2)障害者の算定方法の変更

精神障害者の算定特例（週所定労働時間が 20 時間以上 30 時間未満の精神障害者について、当分の間、雇用率上、雇入れからの期間等に関係なく、1 カウントとして算定）の延長に加えて、2024 年 4 月からは、週所定労働時間が 10 時間以上 20 時間未満の精神障害者、重度身体障害者及び重度知的障害者について、雇用率上、0.5 カウントとして算定できるようになる。

(3) 障害者雇用のための事業主支援を強化

①雇入れやその雇用継続に関する相談支援、加齢に伴う課題に対応する助成金を新設
・障害者雇用に関する相談援助を行う事業者から、原則無料で、雇入れやその雇用継続を図るために必要な一連の雇用管理に関する相談援助を受けることができるようになる。

・加齢により職場への適応が難しくなった者に、職務転換のための能力開発、業務の遂行に必要な者の配置や、設備・施設の設置等を行った場合に、助成が受けられるようになった。

②既存の障害者雇用関係の助成金を拡充

障害者介助等助成金（障害者の雇用管理のための専門職や能力開発担当者の配置、介助者等の能力開発への経費助成の追加）や職場適応援助者助成金（助成単価や支給上限額、利用回数の改善等）の拡充、職場実習・見学の受入れ助成の新設など、事業主の皆様の障害者雇用の支援を強化している。

4　障害者雇用促進法

「障害者雇用促進法」（障害者の雇用の促進等に関する法律）は、障害者の雇用促進等のための措置や障害者と障害者でない者との均等な機会及び待遇の確保等の措置を総合的に講じ、障害者の職業の安定を図ることを目的とする法律である。

(1) 障害者に対する差別の禁止

事業主は、募集・採用において、障害者に対して障害者でない者と均等な機会を与えなければならない（障害者雇用促進法34条）。

また、事業主は、賃金・教育訓練・福利厚生その他の待遇について、障害者であることを理由に障害者でない者と不当な差別的取扱いをしてはならない（同法35条）。

厚生労働省は、障害者差別禁止指針（「障害者に対する差別の禁止に関する規定に定める事項に関し、事業主が適切に対処するための指針」）を策定し、障害者雇用促進法34条、35条の規定に定める事項に関し、事業主が適切に対処することができるよう、これらの規定により禁止される措置を具体的に明らかにしている。

(2) 雇用の分野における障害者と障害者でない者との均等な機会の確保等を図るための措置

事業主は、労働者の募集及び採用について、障害者と障害者でない者との均等な機会の確保の支障となっている事情を改善するため、労働者

の募集及び採用に当たり障害者からの申出により当該障害者の障害の特性に配慮した必要な措置を講じなければならない(障害者雇用促進法36条の2)。

　また、事業主は、障害者である労働者について、障害者でない労働者との均等な待遇の確保または障害者である労働者の有する能力の有効な発揮の支障となっている事情を改善するため、その雇用する障害者である労働者の障害の特性に配慮した職務の円滑な遂行に必要な施設の整備、援助を行う者の配置その他の必要な措置を講じなければならない(同法36条の3)。

　但し、上記いずれも、事業主に対して過重な負担を及ぼすこととなるときは、適用されない（同法36条の2但書、36条の3但書）。

第 6 章　女性活躍の推進

第 1 節　働く女性の状況

　2022 年の日本における女性の労働力人口は 3,096 万人で、労働力人口総数に占める女性の割合は 44.9%となった。

　また、女性雇用者数は 2,765 万人で、雇用者総数に占める女性の割合は 45.8%となった。

　産業別では、女性雇用者が最も多いのは「医療、福祉」で 669 万人、「卸売業、小売業」が 516 万人であった。「医療、福祉」と「サービス業（他に分類されないもの）」は、女性雇用者数だけではなく、増加者数においても、最も多い産業であった。

　短時間雇用者は 1,931 万人であったが、うち、女性の割合は 66.0%であった（厚生労働省「令和 4 年版働く女性の実情」）。

　これらのデータは、女性の労働市場への参加が増加していること、特に医療や福祉分野で女性の雇用が増えていること、そして女性の労働力率の上昇を示している。しかし、全体的な労働力人口はわずかに減少しており、短時間雇用者の割合も高い状態である。これらの変化は、日本の労働市場の特性や働き方の多様化、さらには女性の社会進出の進展を反映している。

第 2 節　女性活躍推進の取組

1　女性活躍と経済成長の好循環の実現に向けた取組の推進

　政府は、社会全体で女性活躍の機運を醸成し、多様性を確保していくことは、男女ともに自らの個性と能力を最大限に発揮できる社会の実現のために不可欠であるとともに、イノベーションの創出と事業変革の促進を通じて企業の持続的な成長、ひいては日本経済の発展に資することを踏まえ、女性の活躍をけん引するため、下記のような施策を講じるとしている（内閣府「女性版骨太の方針 2023」）。

⑴　プライム市場上場企業を対象とした女性役員比率に係る数値目標の設定等

　令和 5 年中に、取引所の規則に以下の内容の規定を設けるための取組を進める。

① 2025 年を目途に、女性役員を 1 名以上選任するよう努める。

② 2030 年までに、女性役員の比率を 30％以上とすることを目指す。

③ ①と②の目標を達成するための行動計画の策定を推奨する。

あわせて、企業経営を担う女性リーダー研修の更なる充実、リスキリングによる能力向上支援、好事例の横展開など、女性の育成・登用を着実に進め、管理職、更には役員へという女性登用のパイプラインの構築に向けた取組の支援を行う。

(2) 女性起業家の育成・支援

ロールモデルとなる女性起業家の創出・育成支援のため、政府機関と民間が集中支援を行うプログラム（J-Startup）において、女性起業家の割合を 20％以上とすることを目指す。

あわせて、女性起業家のためのネットワークの充実、女性起業家による資金調達への支援等を行う。

2　女性の所得向上・経済的自立に向けた取組の強化

男女が家事・育児等を分担して、ともにライフイベントとキャリア形成を両立できる環境づくりに向けて、また、女性に多い非正規雇用労働者や経済的に厳しいひとり親世帯の現状等を踏まえ、女性の所得向上・経済的自立に向けた取組をあらゆる観点から進めることとし、下記のような施策を講じる。また、仕事と健康の両立による女性の就業継続を支援する（内閣府「女性版骨太の方針 2023」）。

(1) 平時や育児期を通じた多様で柔軟な働き方の推進

① 長時間労働慣行の是正、投資家の評価を利用した両立支援の取組の加速、多様な正社員制度の普及促進等に取り組む。

② 「男性育休は当たり前」になる社会の実現に向けて、制度面と給付面の両面からの対応を抜本的に強化する。

(2) 女性デジタル人材の育成などリスキリングの推進

デジタルスキル標準やＩＴパスポート試験の活用促進、女性デジタル人材育成プランの実行等に取り組むなど、リスキリングのための環境を整備する。

第3節　女性活躍推進の法整備

　労働者が性別により差別されることなく、また、働く女性が母性を尊重されつつ、その能力を十分に発揮できる雇用環境を整備することが重要であり、そのために以下のような法整備が行われている。

① 女性活躍推進法
② 男女雇用機会均等法

1　女性活躍推進法

(1) 意義

　「女性活躍推進法」（「女性の職業生活における活躍の推進に関する法律」）は、女性の職業生活における活躍の推進について、事業主等の責務を明らかにする等により、女性の職業生活における活躍を推進することを目的とする法律である。

　女性活躍推進法は、2016 年4月に施行され、2026 年3月までの 10年間の時限立法である。

　同法8条により、常時雇用する労働者 101 人以上の事業主は、次の義務を負う（100 人以下の事業主は努力義務）。

① 一般事業主行動計画の策定
② 一般事業主行動計画の都道府県労働局への届出
③ 一般事業主行動計画の労働者への周知と公表
④ 自社の女性の活躍に関する情報の公表

(2) 一般事業主行動計画
① 一般事業主行動計画の策定

　一般事業主（「国・地方公共団体以外の事業主」）であって常時雇用する労働者が 100 人を超えるものは、「一般事業主行動計画」を定めなければならない（女性活躍推進法8条1項）。

　常時 100 人以下の労働者を雇用する一般事業主は、努力義務とされている（同法8条7・8項）。

② 届出

一般事業主であって常時雇用する労働者が 100 人を超えるものは、策定した一般事業主行動計画を厚生労働大臣に届け出なければならない（女性活躍推進法8条1項）。具体的には、都道府県労働局に届け出る。

③ 周知・公表

一般事業主は、「一般事業主行動計画」を定め、または変更したときは、これを労働者に周知させるための措置を講じなければならず、また公表しなければならない（同法8条4・5項）。

(3) えるぼしマーク

厚生労働大臣は、「一般事業主行動計画」を届け出た一般事業主からの申請に基づき、省令の定めるところにより、当該事業主について、女性の職業生活における活躍の推進に関する取組みについて、当該取組みの実施の状況が優良なものであること、その他政令で定める基準に適合するものである旨の認定を行うことができる（女性活躍推進法9条）。

女性活躍推進の取組みに優れた事業主としての認定を受けた事業主には、「えるぼし」マークの使用が認められる。

（えるぼしマーク）

(4) 自社の女性の活躍に関する情報の公表

常時 100 人を超える労働者を雇用する一般事業主は、厚労省令で定めるところにより、職業生活を営みまたは営もうとする女性の職業選択に資するよう、その事業における女性の職業生活における活躍に関する情報を定期的に公表しなければならない（女性活躍推進法16条1項）。

常時 100 人以下の労働者を雇用する一般事業主については、努力義務とされる（16条2項）。

2　男女雇用機会均等法
⑴　意義

「男女雇用機会均等法」（雇用の分野における男女の均等な機会及び待遇の確保等に関する法律）は、雇用の分野における男女の均等な機会及び待遇の確保を図るとともに、女性労働者の就業に関して妊娠中及び出産後の健康の確保を図る等の措置を推進することを目的とする法律である。

男女雇用機会均等法の主な規定は次の通りである。

① 性別を理由とする差別の禁止
・募集・採用の差別の禁止（5条）
・配置・昇進・降格・教育訓練等の差別の禁止（6条）
・間接差別の禁止（7条）
・女性労働者に係る措置に関する特例（8条。ポジティブ・アクション）
② 婚姻、妊娠・出産等を理由とする不利益取扱いの禁止等（9条）
③ セクシュアルハラスメント対策（11条）
④ 職場における妊娠・出産等に関するハラスメント対策（11条の2）
⑤ 母性健康管理措置（12条・13条）

⑵　性別を理由とする差別の禁止の内容
①　募集・採用の差別の禁止

事業主は、労働者の募集および採用について、その性別にかかわりなく均等な機会を与えなければならない（男女雇用機会均等法5条）。

②　配置・昇進・降格・教育訓練等の差別の禁止

事業主は、次の点について、労働者の性別を理由として、差別的取扱いをしてはならない（男女雇用機会均等法6条1項）。

・労働者の配置（業務の配分および権限の付与を含む）、昇進、降格
・一定範囲の福利厚生（厚生労働省令で定めるもの）
・職種、雇用形態の変更

・退職の勧奨、定年、解雇、労働契約の更新

③　間接差別の禁止

「間接差別」とは、①性別以外の事由を要件とする措置であって、②当該要件を満たす男性および女性の比率を勘案すると実質的に性別を理由とする差別となるおそれがあると考えられるものを、③合理的な理由がある場合でないときに講ずることである。

これに対して、女性であるがゆえの伝統的な差別は、直接差別または意図的差別と呼ばれる。

間接差別については、男女雇用機会均等法により、労働者の性別以外の事由を要件とする措置のうち、実質的に性別を理由とする差別となるおそれがあるものとして厚生労働省令で定める措置について、合理的な理由がない場合は、これを講ずることが禁止されている（同法7条）。

「厚生労働省令で定める措置」は次のとおりである。

・労働者の募集または採用にあたり、労働者の身長、体重または体力を要件とすること
・労働者の募集もしくは採用、昇進、または職種の変更に関する措置であって、労働者の住居の移転を伴う配置転換に応じることができることを要件とするもの
・労働者の昇進にあたり、労働者が勤務する事業場と異なる事業場に配置転換された経験があることを要件とするもの

④　女性労働者に係る措置に関する特例（ポジティブ・アクション）

「ポジティブ・アクション」とは、雇用の場で男女労働者間に事実上生じている格差を解消することを目的として行う、女性のみを対象とした取扱いや女性を優遇する取扱いである。

男女雇用機会均等法8条はポジティブ・アクションを許容している。

(3)　禁止される差別に関する指針

厚生労働省は、男女雇用機会均等法により禁止される差別の内容を具

体的に示した指針である「労働者に対する性別を理由とする差別の禁止等に関する規定に定める事項に関し、事業主が適切に対処するための指針」（平成 18 年厚生労働省告示第 614 号）を策定・公表している。

(4) 実効性を確保するための制度

男女雇用機会均等法には、その実効性を確保するために、次の制度が定められている。

① 苦情の自主的解決（同法 15 条）

事業主は、男女雇用機会均等法に定める事項に関し、労働者から苦情の申出を受けたときは、事業主の代表者及び労働者の代表者により構成される苦情処理機関に苦情の処理をゆだねる等その自主的な解決を図るように努めなければならない。

② 都道府県労働局長による紛争解決の援助（同法 17 条）

都道府県労働局長は、男女雇用機会均等法に定める事項に関する紛争について、当該紛争の当事者（労働者・事業主）の双方または一方からその解決につき援助を求められた場合には、当該紛争の当事者に対し、必要な助言、指導または勧告をすることができる。

③ 調停制度（同法 18 条・19 条）

男女雇用機会均等法に定める事項に関する紛争について、当事者（労働者・事業主）の双方または一方から申請があった場合で、都道府県労働局長がその紛争の解決に必要と認めた場合、学識経験者などの専門家で構成される第三者機関である「紛争調整委員会」に調停を行わせることができる。

④ 報告徴収・勧告等（同法 29 条）

厚生労働大臣が男女雇用機会均等法の施行に関し必要と認めるときは、事業主に対する報告徴収、助言、指導、勧告をすることができる。

⑤ 企業名公表制度（同法 30 条）

厚生労働大臣は、男女雇用機会均等法の規定に違反している事業主に対する勧告に事業主が従わない場合には、企業名を公表できる。

⑥ 過料（同法 33 条）

　厚生労働大臣による報告徴収に対し、報告をしない場合または虚偽の報告をした者は 20 万円以下の過料に処せられる。

　なお、男女雇用機会均等法は、労働基準法のような個別規定に違反した場合の罰則はない。

3　労働基準法における母性保護の規定

(1) 母性機能に有害な業務への就業制限

　使用者は、妊産婦（妊娠中の女性および産後 1 年を経過しない女性）を、重量物を取り扱う業務、有害ガスを発散する場所における業務その他妊産婦の妊娠・出産・保育などに有害な業務に就かせてはならない（労働基準法 64 条の 3 第 1 項）。

　これらの就業禁止業務のうち、女性の妊娠・出産機能に有害な業務については、妊産婦以外の女性にも準用される（同条 2 項）。

　有害業務の範囲及び就業禁止を準用される者の範囲は、厚生労働省（女性労働基準規則 2 条）で定められている。

　労働基準法 64 条の 3 に違反した者は、6 か月以下の懲役または 30 万円以下の罰金に処せられる（同法 119 条）。

(2) 産前産後休業

① 産前休業

　使用者は 6 週間（多胎妊娠の場合は 14 週間）以内に出産する予定の女性が休業を請求した場合には、その者を就業させてはならない（産前休業・労働基準法 65 条 1 項）。

　産前休業は、出産予定日の 6 週間前（多胎妊娠の場合は 14 週間）から、請求すれば取得でき、出産日は産前休業に含まれる。

　出産が予定より早ければそれだけ産前休業は短縮され、予定日より遅れればその遅れた期間も産前休業として取り扱われる。

② 産後休業

　使用者は、産後 8 週間を経過しない女性を就業させてはならない。ただし、産後 6 週間を経過した女性が請求した場合において、その者

について医師が支障ないと認めた業務に就かせることはさしつかえない（産後休業・同条2項）。

　産後休業は、実際の出産日の翌日から始まり、6週間経過までは強制休業である。

　産後休業の「出産」とは、妊娠4か月以上の分娩をいい、「死産」や「流産」も含まれる。

③ 罰則

　労働基準法65条に違反した者は、6か月以下の懲役または30万円以下の罰金に処せられる（同法119条）。

（産前産後休業と育児休業の概念図）

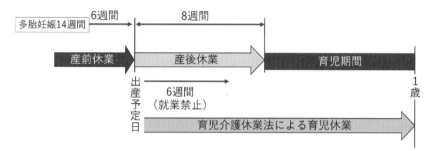

④ 産前産後休業と解雇の禁止

　産前産後休業の期間およびその後の30日間は、使用者は当該女性労働者を解雇してはならない（労働基準法19条1項）。

　違反者は、6か月以下の懲役または30万円以下の罰金に処せられる（同法119条）。

(3) 妊娠中の軽易業務への転換

　使用者は、妊娠中の女性が請求した場合には、他の軽易な業務に転換させなければならない（労働基準法65条3項）。

　軽易業務の種類などについては特に規定はなく、原則として女性が請求した業務に転換させる趣旨であるとされている。

　また、業務内容の転換だけでなく、労働時間帯の変更も含むと解されている。

　労働基準法65条に違反した者は、6か月以下の懲役または30万円以下の罰金に処せられる（同法119条）。

(4) 妊産婦の労働時間、休日労働等の制限 （労働基準法66条）

　妊産婦が請求した場合は、時間外・休日労働、深夜業をさせてはならない。変形労働時間制を採用していても、法定労働時間を超えて労働させてはならない。

　労働基準法66条に違反した者は、6か月以下の懲役または30万円以下の罰金に処せられる （同法119条）。

(5) 育児時間

　使用者は、1歳未満の子を育てる女性が請求したときは、法定の休憩時間のほか、1日2回それぞれ少なくとも30分の育児時間を与えなければならない （労働基準法67条）。

　育児時間中は、労働協約や就業規則で有給と規定されないかぎりは無給である。

　労働基準法67条に違反した者は、6か月以下の懲役または30万円以下の罰金に処せられる （同法119条）。

第 7 章　高齢者の就業促進

1　高齢者の就業状況

　2022 年における高齢者の就業率は、60〜64 歳が 73%、65〜69 歳が 50.8%、70〜74 歳が 33.5%、75 歳以上では 11.0%であった。このデータから 60 代後半でも全体の半数以上が働いていることがわかる。

　役員を除く雇用者のうち非正規の職員・従業員の比率を男女別に見ると、男性の場合、55〜59 歳で 11.0%であるが、60〜64 歳で 45.3%、65〜69 歳で 67.3%と、60 歳を境に大幅に上昇している。また、女性の場合も、55〜59 歳で 58.9%、60〜64 歳で 74.4%、65〜69 歳で 84.3%となっており、男性と比較して上昇幅は小さいものの、60 歳以降、特に非正規の職員・従業員の比率は上昇している。

　現在収入のある仕事をしている 60 歳以上の者については約 4 割が「働けるうちはいつまでも」働きたいと回答しており、70 歳くらいまでまたはそれ以上との回答と合計すれば、約 9 割が高齢期にも高い就業意欲を持っている様子がうかがえる (内閣府「令和 5 年高齢社会白書」)。

　今後、少子高齢化の進展に伴い労働力人口が本格的に減少していくことが見込まれる中、将来にわたり安心して暮らせる活力ある社会を実現するためには、就業率・就業者数を上昇させ、持続可能な全員参加型社会を構築していくことが必要である。労働力人口 (または就業者数) の減少を克服するためには、限られた人材がその能力を発揮し、誰もが活躍できる社会を構築することが重要である。そして、高齢者については、その数の増加が見込まれるから、高齢者の活躍が期待されている。

2　高年齢者雇用安定法

　「高年齢者雇用安定法」(高年齢者等の雇用の安定等に関する法律) は、高年齢者の安定した雇用の確保の促進等の措置を総合的に講じ、高年齢者等の職業の安定等を図ることを目的とする法律である。

(1) 高年齢者と中高年齢者

　高年齢者雇用安定法における「高年齢者」とは、55 歳以上の者をいう (同法 2 条 1 項・同法施行規則 1 条)。

高年齢者雇用安定法における「中高年齢者」とは、45歳以上である求職者をいう（同法2条2項1号・同法施行規則2条）。

なお、「高齢者」については、明確な定義はない。

⑵　高年齢者の雇用に関するルール

高年齢者の雇用については、次のルールがある。

①　65歳までの雇用機会の確保

ⅰ）60歳以上定年

事業主が定年の定めをする場合には、「当該定年は、60歳を下回ることができない」（高年齢者雇用安定法8条）。

もし、事業主がこの規定に反して60歳を下回る定年年齢を定めた場合は、その定めは無効となり、定年の定めがないことになる。

ⅱ）高年齢者雇用確保措置

65歳未満の定年の定めをしている事業主は、その雇用する高年齢者の65歳までの安定した雇用を確保するため、以下の（1）～（3）のいずれか（「高年齢者雇用確保措置」）を講じなければならない（同法9条）。

（1）65歳まで定年年齢を引き上げる

（2）希望者全員を対象とする、65歳までの「継続雇用制度」を導入する

　※「継続雇用制度」とは、雇用している高年齢者を、本人が希望すれば定年後も引き続いて雇用する、「再雇用制度」などの制度をいう。

（3）定年制を廃止する

②　70歳までの就業機会の確保

定年年齢を65歳以上70歳未満に定めている事業主又は継続雇用制度（70歳以上まで引き続き雇用する制度を除く。）を導入している事業主は以下のいずれかの措置を講ずるよう努める必要がある（高年齢者雇用安定法10条の2）。

※ただし、創業支援等措置（4.5）については過半数組合・過半数代表者の同意を得て導入する必要がある。

・70 歳まで定年年齢を引き上げ
・70 歳までの継続雇用制度（再雇用制度・勤務延長制度等）を導入（他の事業主によるものを含む）
・定年制を廃止
・70 歳まで継続的に業務委託契約を締結する制度の導入
・70 歳まで継続的に以下の事業に従事できる制度の導入
　　a．事業主が自ら実施する社会貢献事業
　　b．事業主が委託、出資（資金提供）等する団体が行う社会貢献事業

(3) 中高年齢離職者に対する再就職の援助

① 中高年齢者の再就職援助

事業主は、解雇等により離職が予定されている 45 歳以上 65 歳未満の従業員が希望するときは、求人の開拓など本人の再就職の援助に関し必要な措置を講ずるように努めなければならない（高年齢者雇用安定法 15 条）。

② 求職活動支援書の交付

事業主は、解雇等により離職が予定されている 45 歳以上 65 歳未満の従業員が希望するときは、「求職活動支援書」を作成し、本人に交付しなければならない（同法 17 条）。

Ⅲ　働き方に関する労働法の理解

第1章　労働法の意義等

1　労働法の意義

「労働法」は、労働関係に関するルールを定める法律である。

もっとも、「労働法」という名前の法律があるわけではない。労働基準法、労働組合法、男女雇用機会均等法、最低賃金法など、労働市場、個別的労働関係および団体的労使関係に関する法律を総体として「労働法」と呼んでいる。

労働者が労働に従事し、使用者がこれに対してその報酬を支払う契約である「雇用契約」（民法623条）は、労働条件等の契約内容を使用者と労働者の合意で決めるのが基本である（契約自由の原則）。

しかし、契約自由の原則を放任すると、立場の弱い労働者が、雇ってもらうために、低賃金や長時間労働などの劣悪な労働条件での契約を締結せざるを得ないことがありうる。労働法は、そのようなことにならないよう、労働条件について種々の規制を設けて労働者を保護している。

そこで、労働法では、労働者と使用者の契約について、「労働契約」という用語を用いている（労働契約法6条、労働組合法16条等。もっとも、一般的には「雇用契約」と「労働契約」は明確に区別せず用いられており、裁判例も同様である）。

2　日本型雇用慣行の特徴

日本型雇用は、「メンバーシップ型」であるといわれる。大企業の正社員で典型的にみられる形態として、長期雇用、年功賃金を前提として、職務や勤務地が原則無限定という雇用慣行である。賃金は勤続年数や能力を基準に決定され、定期昇給もある。事業撤退等により職務が消滅しても配置転換等により雇用が維持されやすい。

これに対し、欧州（アジア諸国も）は「ジョブ型」といわれる。職務や勤務地が原則限定され、賃金は職務ごとに決定され、定期昇給はない。職務が消滅すれば金銭的な補償等の上で解雇されやすい。

　日本型雇用は、中高齢期に多くの支出が必要となる労働者の生活に適合した賃金体系である、職務が消滅しても雇用が維持され雇用安定に資するといったメリットがある。他方で、職務が無限定のため長時間労働になりがちである、女性、中小企業の労働者、非正規労働者は日本型雇用の恩恵にあずかりにくいといったデメリットが指摘されている。

第2章　労働関係の当事者

1　労働者

　「労働者」の定義は、次のように、個別法でそれぞれ定められている。

・労働基準法

　「職業の種類を問わず、事業又は事務所に使用される者で、賃金を支払われる者」（労働基準法9条）

・労働契約法

　「使用者に使用されて労働し、賃金を支払われる者」（労働契約法2条1項）

・労働組合法

　「職業の種類を問わず、賃金、給料その他これに準ずる収入によって生活する者」（労働組合法3条）

　労働法全体で考えると、労働法の保護を受ける「労働者」には、雇われて働いている人は全て含まれ、正社員、契約社員（労働契約にあらかじめ契約期間が定められている労働者）、パートタイム労働者（1週間の所定労働時間が、同じ事業所の通常の労働者（正社員）と比べて短い労働者）、アルバイトのほか、派遣社員（派遣会社と労働契約を結んだ上で、別の会社に派遣され、その指揮命令下で働く労働者）も、「労働者」として労働法の適用を受ける。

　他方で、「業務委託」や「請負」に基づく働き方をする「事業主」（個人事業者）は、基本的に労働法の保護を受けない。

2　労働基準法・労働契約法等における労働者の判断基準

　労働基準法や労働契約法、最低賃金法が適用される「労働者」は、使用者に使用されて労働し、賃金を支払われる者である。

140

　「使用者に使用されて労働し、賃金を支払われている」といえるか（＝労働者性の判定）について、労働基準法に関連する監督行政や裁判例では、労働提供の形態等の諸事情を総合的に判断し、使用従属関係（使用従属性）が認められるか否かにより判断され、使用従属関係が認められる場合には、「労働者」に該当するというのが確立した判断方法となっている。

　つまり、請負や委任契約による労務供給者が労働法の適用がない「個人事業者」か、それとも「労働者」といえるかは、契約の形式（文言）によって決められるのではない。形式的には請負契約・委任契約等によっていても、労働関係の実態において使用従属関係（使用従属性）が認められれば、「労働者」といえる。

　「労働者」に該当するとされる場合は、労働基準法・最低賃金法・労働契約法が適用されるから、労働時間の規制や時間外労働・休日労働等の割増賃金、年次有給休暇などの適用があり、「報酬」は最低賃金を遵守しなければならず、解約・解任等の契約関係の解消も解雇権濫用法理等が適用されることになるので、「労働者」性の判断が事業主に及ぼす影響は大きい。

3　使用従属関係（使用従属性）の判断要素

　使用従属関係（使用従属性）の判断における判断要素としては、次のものをあげるのが一般である。

　（主要な判断要素）
① 仕事の依頼への諾否の自由
② 業務遂行上の指揮監督
③ 時間的・場所的拘束性
④ 代替性
⑤ 報酬の算定・支払方法
　（補充的な判断要素）
⑥ 機械・器具の負担、報酬の額等に現れた事業者性
⑦ 専属性等

4　労働組合

「労働組合」とは、労働者が主体となって自主的に労働条件の維持改善その他経済的地位の向上を図ることを主たる目的として組織する団体またはその連合団体である（労働組合法2条）。

労働組合は、労働者が主体となって自主的に組織するものでなければならないから、使用者が労働者に命じて組織させた場合などは労働組合とはいえない。

5　使用者

労働契約法における「使用者」は、その使用する労働者に対して賃金を支払う者をいう（労働契約法2条2項）。一般に「使用者」という場合は、労働契約法における「使用者」と同じ意味で用いられることが多い。

これに対し、労働基準法では、労働契約法上の「使用者」に相当する者を「事業主」（労働基準法10条）と定めている。男女雇用機会均等法、育児・介護休業法、労働災害補償保険法、労働者派遣法なども、「事業主」を義務の主体としている。

なお、労働基準法では、「使用者」は、事業主のために行為をする全ての者と定められている（労働基準法10条）。この場合の使用者は、工場長や部課長などを指す。

第3章　労働契約と権利義務

1　労働契約

　「労働契約」は、労働者が使用者に使用されて労働し、使用者がこれに対して賃金を支払うことについて、労働者及び使用者が合意することによって成立する契約である（労働契約法6条）。

　労働契約を締結することにより、基本的な権利義務関係として、労働者は労務を提供する義務などを負い、使用者は約束した賃金を支払うなどの義務を負うこととなる。

2　使用者の権利・義務

(1) 労務指揮権・業務命令権

　「労務指揮権」は、労働者の労務提供義務の遂行について使用者が有する指揮命令の権限である。

　「業務命令権」は、使用者が、労務の指揮にとどまらず、業務の遂行全般について労働者に対し必要な指示・命令を発する権限である。この業務命令が就業規則の合理的な規定に基づく相当な命令であるかぎり、就業規則の労働契約規律効（労働契約法7条）によって、労働者は、その命令に従う義務を負う。

(2) 人事権

　「人事権」とは、広義には、労働者を企業組織の構成員として受け入れ、組織のなかで活用し、組織から放逐する一切の権限を指し、狭義には、採用、配置、異動、人事考課、昇進、昇格、降格、求職、解雇など、企業組織における労働者の地位の変動や処遇に関する使用者の決定権限を指すとされている。

　人事権は、法律で定義されている権限ではないが、使用者は、労働契約に基づき、人事権を有していると解されている。

　人事権は、労働契約に基づく権限であるから、労働協約、就業規則、個別の合意などに沿って行使しなければならない。また、人事権がある

といっても、権利の濫用は禁止されており（労働契約法3条5項）、具体的には、解雇権濫用法理、均等待遇原則、女性の機会平等、不当労働行為の禁止、短時間労働者に対する差別待遇の禁止等の法規制がある。

(3) 安全配慮義務

「安全配慮義務」とは、「使用者は、労働契約に伴い、労働者がその生命、身体等の安全を確保しつつ労働することができるよう、必要な配慮をするものとする」義務である（労働契約法5条）。

使用者が、労働契約に基づいて、本来の債務である賃金支払義務を負うが、このほかに、労働契約に定めがなくても、付随義務として安全配慮義務を負うと解されてきたことから、労働契約法に規定された。

「生命、身体等の安全」には、心身の健康も含まれる。

「必要な配慮」については、使用者に特定の措置を求めるものではないが、労働者の職種、労務内容、労務提供場所等の具体的な状況に応じて、必要な配慮をすることが求められるとされている。

なお、労働安全衛生法をはじめとする労働安全衛生関係法令において、事業主の講ずべき具体的な措置が規定されている。

3　労働者の義務
(1) 職務専念義務・誠実労働義務

労働者は、使用者に労務を提供する義務を負い、この義務を債務の本旨に従って履行しなければならない（民法493条）。

このため、労働者は、労務提供義務の履行にあたって、職務に専念する義務（職務専念義務）を負い、誠実に労働しなければならない（誠実労働義務）。

(2) 秘密保持義務
① 在職中の秘密保持義務

労働者は、労働契約の存続中は、信義誠実の原則（労働契約法3条4項）に基づく付随義務として、使用者の営業上の秘密を保持する義務を負う。

在職中の労働者が秘密保持義務に違反したときは、就業規則の規定に従って、懲戒処分、解雇、債務履行・不法行為に基づく損害賠償請求などがなされうる。

② 退職後の秘密保持義務

労働関係の終了後は、就業規則の規定や個別的な特約によって営業秘密保持の合意がある場合には、その合意が公序良俗違反とされない限り、損害賠償請求等が可能とされている（東京地判 H14・8・30 等）。

(3) 競業避止義務

労働者は、労働契約の存続中は、信義誠実の原則（労働契約法 3 条 4 項）に基づく付随義務として、使用者の利益に著しく反する競業行為を差し控える義務がある（競業避止義務）。

したがって、そのような行為がなされた場合には、就業規則の規定に従った懲戒処分や損害賠償請求がなされうる。

(4) 労働者の損害賠償責任

労働者が労働義務または付随的義務に違反して使用者に損害を与えた場合、債務不履行に基づく損害賠償責任を負う（民法 415 条・416 条）。

労働者の行為が不法行為（民法 709 条）の要件を満たせば、損害賠償責任を負う。

また、労働者が第三者に損害を及ぼしたときに、使用者が使用者責任（民法 715 条 1 項）により損害賠償した場合は、使用者による労働者に対する求償権行使（同条 3 項）も認められる。

第4章　労働契約の内容の決定

1　合意の原則

　「合意の原則」とは、労働契約の内容は、当事者である労働者と使用者との合意によって決定されるという原則である。

　労働者の合意により契約が成立することは契約の一般原則であり（私的自治の原則）、労働契約法1条及び6条は、この「合意の原則」が労働契約についてもあてはまることを確認している。

　但し、労働者と使用者は力関係に差があるため、合意の原則は、労働法規の規定や裁判例によって、多くの修正が行われている。

　労働法規の規定の多くは強行法規であり、これに違反する合意は無効となる。

　なお、労働基準法や最低賃金法などの労働法規は行政監督と罰則により法の遵守を確保しているが、労働契約法は行政監督・罰則ではなく労使での解決を基本としている。

2　労働協約

　「労働協約」とは、労働組合と使用者またはその団体との間の労働条件その他に関する協定であって、書面に作成され、両当事者が署名または記名押印したものである（労働組合法14条）。

　「労働条件その他の労働者の待遇に関する基準」を定めた労働協約については、これに反する労働契約の定めはその部分については無効となり、無効となった部分は労働協約の基準がこれに代わることとされており、「労働契約に定めがない場合」も同様とされている（労働組合法16条）。従って、労働協約の「労働者の待遇」に関する定めはそのまま労働契約上の合意と同じ意義を有することになる（「規範的効力」）。

　労働協約は労働組合と使用者との協定であるから、その効力は、原則として労働組合に所属する労働組合員に限られる。ただし、工場事業場単位の労働協約において、同種の労働者の4分の3以上が1つの労働協約の適用を受けるに至った場合には、残りの同種の労働者も当該労働協約の適用を受ける（労働組合法17条。「一般的拘束力」）。

146

3 就業規則

「就業規則」とは、労働者の賃金や労働時間などの労働条件や、職場内の規律などについて定めた職場における規則集である。

我が国においては、個別合意である労働契約では詳細な労働条件は定められず、就業規則によって統一的に労働条件を設定することが広く行われている。

労働者が安心して働ける明るい職場を作るためは、あらかじめ就業規則で労働時間や賃金をはじめ、人事・服務規律など、労働者の労働条件や待遇の基準を明確に定め、個別労使関係紛争が生じないようにしておくことが大切である。

4 労使協定

「労使協定」とは、労働者の過半数で組織される労働組合（過半数組合）がある場合は過半数組合、過半数組合がない場合は労働者の過半数を代表する者（過半数代表者）と使用者との書面による協定である。

労使協定は、変形労働時間（労働基準法32条の2・4・5）・フレックスタイム（同法32条の3）、休憩時間の一斉付与の例外（同法34条2項但書）、時間外労働（同法36条1項。36協定）、事業場外みなし労働時間（同法38条の2）、専門型裁量労働（同法38条の3第1項）、時間単位年休（同法39条4項）、計画年休（同法39条6項）などの制度を導入するために締結される。

法定労働時間（労働基準法32条）、休憩時間（同法34条）等の労働基準法による規制の多くは罰則を伴い、また強行法規（違反する合意は無効）であるから、過半数組合または過半数代表者との書面の合意によることを条件として、時間外労働などの本来は労働基準法による規制に抵触する制度を導入できることとしたのである。

労働協約の効力は原則として労働組合に所属する労働組合員に限られるのに対し、労使協定は事業場の全労働者に効力が及ぶ。

5 労使慣行

「労使慣行」とは、労働条件、職場規律、組合活動などについて、就業規則、労働協約などの成文の規範に基づかない一般的な取扱いの慣行がある場合に、それが使用者と労働者にとって事実上の規範として機能するようになったものである。

IV　雇用関係法

第 1 章　労働基準法と労働契約法

第 1 節　労働基準法と関連事項

1　意義

「労働基準法」は、労働条件の原則や決定について、労働条件の最低基準を定める法律である。

労働基準法が定める基準は、正社員だけでなく、契約社員（有期契約労働者）、アルバイトやパートタイマーなどの短時間労働者、派遣労働者に対しても、適用される。

労働基準法が定める労働条件の最低基準については、その実効性を担保するために、罰則が定められているほか、労働基準監督官による監督指導の対象となる。

2　労働基準法の効力

労働基準法は、「この法律で定める基準に達しない労働条件を定める労働契約は、その部分については無効とする。この場合において、無効となった部分は、この法律で定める基準による」（13条）と定めている。

労働基準法の定める基準に達しない労働条件を定める労働契約の該当部分を無効とする効力を「強行的効力」という。また、無効になった部分を労働基準の定める基準に置き換える効力を「直律的効力」という。

強行的効力と直律的効力により、労働基準法は、労働条件の最低基準を定める法律であるということになる。

また、労働基準法は、その実効性を確保するために、労働基準監督官による監督指導の規定や個別条項違反の罰則が定められている。

第2節　労働契約法
1　意義
　「労働契約法」は、個別的労働関係紛争の解決について予測可能性を高めるために、労働契約に関する民事的なルールを明らかにする法律である。

　労働契約法には、これまでに蓄積され形成されてきた判例法理が成文化されている。

　　労働契約法は民法の特別法と位置付けられており、雇用契約に関する民法のルールを補充・修正する法律である。

　　報道基準法と同じく、労働契約法の規定の多くは強行法規であり、これに違反する合意は無効となる。

　　しかし、労働基準法とは異なり、労働契約法には労働基準監督官による監督指導や罰則は定められておらず、労使間での民事的な解決を原則としている。

第3節　労働契約における原則
1　労働契約における5原則
　労働基準法や労働契約法により、労働契約に関して以下の5原則がさだめられている。

① 労使対等の原則（労働基準法2条1項，労働契約法3条1項）

② 均衡考慮の原則（労働契約法3条2項）

③ 仕事と生活の調和への配慮の原則（労働契約法3条3項）

④ 信義誠実の原則（労働基準法2条2項，労働契約法3条4項）

⑤ 権利濫用の禁止の原則（労働契約法3条5項）

2　労使対等の原則
　「労使対等の原則」とは、労働契約は、労働者および使用者が対等な立場での自主的交渉において合意することによって締結し、変更されな

ければならないという原則である（労使対等の原則。労働基準法2条1項，労働契約法3条1項）。

　当事者の合意により契約が成立し、変更されることは、契約の一般原則であるが（私的自治の原則）、個別の労働者と使用者には力関係に差がある。そこで、労働基準法及び労働契約法は、労働契約における労使対等の基本原則を確認している。

　すなわち、労働条件は、労働者と使用者が、対等の立場において決定すべきものである（労働基準法2条1項）。また、労働契約は、労働者及び使用者が対等の立場における合意に基づいて締結し、または変更すべきものである（労働契約法3条1項）。

3　均衡考慮の原則

　「均衡考慮の原則」とは、「労働契約は、労働者及び使用者が、就業の実態に応じて、均衡を考慮しつつ締結し、又は変更すべきものとする」という原則である（労働契約法3条2項）。

4　仕事と生活の調和への配慮の原則

　「仕事と生活の調和への配慮の原則」とは、「労働契約は、労働者及び使用者が仕事と生活の調和にも配慮しつつ締結し、又は変更すべきものとする」という原則である（労働契約法3条3項）。

　ワーク・ライフ・バランスの重要性の認識を促す原則である。

5　信義誠実の原則

　「信義誠実の原則」とは、「権利の行使及び義務の履行は、信義に従い誠実に行わなければならない」という原則である。

　信義誠実の原則は、もともと民法1条2項に定められており、労働契約にも適用される一般原則である。この信義誠実の原則は、個別労働関係紛争を防止するために重要な原則であることから、労働基準法及び労働契約法においても、信義誠実の原則を確認している。

すなわち、「労働者及び使用者は、労働協約、就業規則及び労働契約を遵守し、誠実に各々その義務を履行しなければならない」（労働基準法2条2項）。また、「労働者及び使用者は、労働契約を遵守するとともに、信義に従い誠実に、権利を行使し、及び義務を履行しなければならない」（労働契約法3条4項）。

信義誠実の原則は、労働協約、就業規則及び労働契約の合理的解釈の根拠とされることがある。

6　権利濫用の禁止の原則

「権利濫用の禁止の原則」とは、当事者が契約に基づく権利を濫用してはならないという契約の一般原則である。

権利濫用の禁止については、民法1条3項に「権利の濫用は、これを許さない」として定められており、労働契約にも適用される。個別的労働関係紛争の中には、使用者が優越的な立場で権利濫用に該当する指揮命令などを行うことがみられることから、労働契約法は、「権利濫用の禁止の原則」を確認している。

すなわち、「労働者及び使用者は、労働契約に基づく権利の行使に当たっては、それを濫用することがあってはならない」（労働契約法3条5項）。

なお、労働契約法では、出向命令権、懲戒権、解雇権の濫用法理について、それぞれ特別に権利濫用の禁止を規定しているから（14条・15条・16条）、出向命令、懲戒、解雇については、同法14条・15条・16条の権利濫用の禁止が適用される。

配転命令権、指揮命令権、業務命令権、人事考課権などについては、個別の権利濫用の禁止規定がないので、労働契約法3条5項の権利濫用の禁止規定が適用される。

第2章　憲法上の人権規定

1　勤労の権利

「勤労の権利」とは、憲法27条1項「すべて国民は、勤労の権利を有し、義務を負ふ」と定められた基本的人権である。勤労権・労働権ともいう。

勤労権には、勤労の自由を侵害されないという自由権的側面と就労の機会を与えられるという社会権的側面とがある。社会権的側面については、職のない国民が国に対して就労の機会を求める具体的権利まで認めるものではなく、国に対して、国民に就労の機会が与えられるように立法・行政上の施策を講じる政治的義務を課したものにすぎないと解するのが一般である。

勤労権の趣旨を具体化する法律として、職業安定法、職業能力開発促進法、雇用保険法、雇用対策法等が制定されている。

2　勤労の義務

憲法27条1項には、「すべて国民は・・・勤労の義務を負う」と定めている。この勤労の義務は、国は労働意欲のない者のために生存を確保するための施策を講ずる必要がないことを表明したものであるとされている。

3　勤労条件の基準の法定

憲法27条2項は、「賃金、就業時間、休息その他の勤労条件に関する基準は、法律でこれを定める」としている。この規定に基づき、労働基準法、労働者災害補償保険法、船員法、最低賃金法、じん肺法、労働安全衛生法、賃金の支払いの確保等に関する法律、労働契約法などが制定されている。

第3章　労働者の人権保障

第1節　労働基準法が規定する人権擁護規定

1　男女同一賃金の原則

① 意義

「男女同一賃金の原則」とは、「使用者は、労働者が女性であることを理由として、賃金について、男性と差別的取扱いをしてはならない」（労働基準法4条）という原則である。

② 労働基準法4条違反の効果

労働基準法4条に違反した者は、6か月以下の懲役または30万円以下の罰金に処せられる（労働基準法119条）。

労働基準法4条に違反する取扱いが法律行為（解雇、配置転換、懲戒処分等）であれば、無効となる。また、同条違反の差別的取扱いは、不法行為として損害賠償責任を生じる。

2　不当な人身拘束の禁止

(1) 内容

労働基準法は、使用者が労働者を不当に人身拘束することを防ぐために、以下の規制を定めている。

・強制労働の禁止（5条）

・違約金・賠償予定の禁止（16条）

・前借金相殺の禁止（17条）

・強制貯金の禁止（18条）

・寄宿舎における私生活の自由の保障等（94条）

(2) 強制労働の禁止

「強制労働の禁止」とは、使用者は、暴行、脅迫、監禁その他精神または身体の自由を不当に拘束する手段によって、労働者の意思に反して労働を強制してはならないという規制である（労働基準法5条）。

封建的な強制労働（いわゆる「タコ部屋」など）を禁止するものであり、違反者には労働基準法の中で最も重い刑罰（1年以上10年以下の懲役または20万円以上300万円以下の罰金）が科される（同法117条）。

(3) 違約金・賠償予定の禁止

「違約金・賠償予定の禁止」とは、使用者は、労働契約の不履行について違約金を定め、または損害賠償額を予定する契約をしてはならないという規制である（労働基準法 16 条）。

民法上は、債務不履行について賠償額の予定や違約金の定めが認められている（民法 420 条）。しかし、違約金や賠償額の予定が労働者の足止めに利用される等の危険があることから、労働関係における違約金・賠償予定が禁止された。

従って、「途中で退職したら違約金を支払う」「会社に損害を与えたら○○円を支払う」といった合意は無効となる。しかし、現実に労働者の責任によって使用者に発生した損害について賠償を請求することまでは禁止されていない。

労働基準法 16 条に違反した者は、6 か月以下の懲役または 30 万円以下の罰金に処せられる（労働基準法 119 条）。

(4) 前借金相殺の禁止

「前借金（ぜんしゃくきん）相殺の禁止」とは、使用者は、前借金その他労働することを条件とする前貸の債権と賃金とを相殺してはならないという規制である（労働基準法 17 条）。

労働基準法 17 条に違反した者は、6 か月以下の懲役または 30 万円以下の罰金に処せられる（労働基準法 119 条）。

(5) 強制貯金の禁止

「強制貯金の禁止」とは、使用者は、労働契約に付随して、貯蓄の契約をさせ、また貯蓄金を管理する契約をしてはならないという規制である（労働基準法 18 条 1 項）。

労働基準法 18 条 1 項に違反した者は、6 か月以下の懲役または 30 万円以下の罰金に処せられる（労働基準法 119 条）。

3　中間搾取の排除

「中間搾取の排除」は、何人も、法律に基づいて許される場合の外、業として他人の就業に介入して利益を得てはならないとする原則である（労働基準法 6 条）。いわゆる「ピンハネ」の排除である。

違反した者は、1年以下の懲役または50万円以下の罰金に処せられる（同法118条）。

なお、職業安定法の規定により厚生労働大臣の許可を得て行う有料職業紹介業、委託募集および労働者供給事業は、「法律に基づいて許される場合」に該当し、労働基準法6条違反とならない。

人材派遣業による派遣は、派遣元が派遣労働者と労働契約を締結し、派遣先と派遣労働者との間の関係に介入するわけではないから、労働基準法6条違反には該当しない。

4　公民権行使の保障

使用者は、労働者が労働時間中に、選挙権その他公民としての権利を行使し、または公の職務を執行するために必要な時間を請求した場合においては、拒んではならない。ただし、権利の行使または公の職務の執行に妨げがないかぎり、請求された時刻を変更することができる（労働基準法7条）。

第2節　募集・採用における年齢差別の禁止
1　募集・採用における年齢にかかわりない均等な機会の確保

高年齢者や年長フリーターなど、一部の労働者の応募機会が閉ざされている状況にあったことを受けて、労働者一人一人に、より均等な働く機会が与えられるよう、募集及び採用における年齢制限は禁止されている。

すなわち、事業主は、労働者がその有する能力を有効に発揮するために必要であると認められるときは、労働者の募集・採用について、原則として、その年齢にかかわりなく均等な機会を与えなければならない（雇用対策法10条）。

このため、労働者の募集及び採用の際には、例外事由に該当しない限り、年齢を不問としなければならない。

雇用対策法10条違反の場合は、助言、指導、勧告等の対象となるとともに（雇用対策法33条）、ハローワークや職業紹介事業者において求人の受理を拒否されることがある（職業安定法5条の5但書）。

第4章 職場におけるハラスメント対策

　職場におけるハラスメントを一言でいうと、職場における労働者の就業環境を著しく害する発言や行動である。そのような言動が性的なものであればセクハラ、妊娠・出産・育休等に関するものであればマタハラ、男性労働者の育休等に関するものであればパタハラ、介護休業等に関するものであればケアハラ、優越的な関係を背景としたものであればパワハラとなる。

　職場におけるハラスメントが許されないのは、人権尊重の理念に反するからである。態様が悪質なハラスメント（あからさまなハラスメント）は、ハラスメントを受ける人の人格権、性的自由、身体的自由といった人権を侵害する行為であり、違法行為でもある。したがって、企業は人権尊重の理念に反する従業員の言動を許すべきではない。

　なお、企業が職場におけるハラスメント対策に取り組まなければならない直接の法的根拠は、男女雇用機会均等法 11 条・11 条の 3 や育児・介護休業法 25 条、労働施策総合推進法 30 条の 2 が、職場におけるハラスメント問題に関する雇用管理上の措置を講じることを事業主に義務付けていることにある。しかし、職場におけるハラスメントが許されないことの根本的理由が人権尊重の理念にあることを忘れてはならない。

第1節 職場におけるセクシュアルハラスメント

1 セクシュアルハラスメントとは

　「職場におけるセクシュアルハラスメント（セクハラ）」とは、職場において行われる性的な言動に対するその雇用する労働者の対応により、当該労働者がその労働条件につき不利益を受け、又は当該性的な言動により当該労働者の就業環境が害されることである（男女雇用機会均等法 11 条 1 項）。

　厚生労働省のセクハラ措置指針は、セクハラを次の 2 類型に分けている。

① 対価型セクシュアルハラスメント

　職場において行われる労働者の意に反する性的な言動に対する労働者の対応により、当該労働者が解雇、降格、減給等の不利益を受けること

② 環境型セクシュアルハラスメント

　職場において行われる労働者の意に反する性的な言動により労働者の就業環境が不快なものとなったため、能力の発揮に重大な悪影響が生じる等当該労働者が就業する上で看過できない程度の支障が生じること

2　セクシュアルハラスメントの要件

(1) 職場

　男女雇用機会均等法が規定するセクシュアルハラスメントは、「職場において行われる」性的な言動によるものである。

　「職場」は、事業主が雇用する労働者が業務を遂行する場所を指す。労働者が通常就業している場所以外の場所であっても、取引先の事務所や顧客の自宅、出張先等、労働者が業務を遂行する場所であれば「職場」に含まれる (セクハラ措置指針)。

　［「職場」に該当する場合の例］

・取引先の事務所

・取引先と打合せをするための飲食店

・顧客の自宅等であるが、当該労働者が業務を遂行する場所

　なお、勤務時間外の「宴会」などであっても、実質上職務の延長と考えられるものは「職場」に該当するが、その判断に当たっては、職務との関連性、参加者の範囲、参加が強制的か任意かといったことを考慮して個別に行う必要がある。

　事業主が対応すべき「職場」におけるハラスメントかどうかの判断にあたっては、使用者責任 (民法 715 条) に関する裁判例が、職務（事業）と密接な関連性がある行為であれば、使用者の「事業の執行について」行われたと判断していることが参考になる。

(2) 性的な言動

　職場におけるセクシュアルハラスメントの要件である「性的な言動」とは、性的な内容の発言及び性的な行動を指す。

① 性的な内容の発言

「性的な内容の発言」には、性的な事実関係を尋ねること、性的な内容の情報を意図的に流布すること等が含まれる (セクハラ措置指針)。

［該当例］
- ●「スリーサイズはいくつ？」「恋人はいるの？」などと執拗に尋ねる。
- ●恋愛経験を執拗に尋ねる。
- ●性的な発言をしばしば口にする。
- ●執拗に性的な内容のメールを送信する。

② 性的な行動の内容

「性的な行動」には、性的な関係を強要すること、必要なく身体に触ること、わいせつな図画を配布すること等が含まれる (セクハラ措置指針)。

なお、被害労働者が拒否の姿勢を明確にしていなくても、客観的に見て「性的な言動」といえる言動があれば、セクハラに該当しうる。

職場におけるセクハラ行為については、被害者が内心でこれに著しい不快感や嫌悪感等を抱きながらも、職場の人間関係の悪化等を懸念して、加害者に対する抗議や抵抗ないし会社に対する被害の申告を差し控えたり、躊躇したりすることが少なくないからである (最高裁 H.27.2.26 判決参照)。

(3) 労働者

職場におけるセクシュアルハラスメントの対象である「労働者」は、事業主が雇用する労働者のすべてをいい、いわゆる非正規労働者も含む。

なお、派遣労働者については、派遣元事業主のみならず、労働者派遣の役務の提供を受ける者 (派遣先事業主) も、その指揮命令の下に労働させる派遣労働者を雇用する事業主とみなされるため(労働者派遣法47条の2)、自ら雇用する労働者と同様に、セクシュアルハラスメントに関し事業主が雇用管理上講ずべき措置を講ずる必要がある。

なお、セクハラの対象となる「労働者」は女性に限らないから、女性だけでなく男性も対象となり、同性に対するものも含まれる。従って、例えば、宴会で男性に裸踊りをさせることもセクハラとなりうる。

3　対価型セクシュアルハラスメントの例

「対価型セクシュアルハラスメント」は、職場において行われる労働者の意に反する性的な言動に対する労働者の対応により、当該労働者が解雇、降格、減給等の不利益を受けることである。

対価型セクシュアルハラスメントの状況は多様であるが、典型的な例として、次のものがあげられる（セクハラ措置指針）。

① 事務所内において事業主が労働者に対して性的な関係を要求したが、拒否されたため、当該労働者を解雇すること

② 出張中の車中において上司が労働者の腰、胸等に触ったが、抵抗されたため、当該労働者について不利益な配置転換をすること

③ 営業所内において事業主が日頃から労働者に係る性的な事柄について公然と発言していたが、抗議されたため、当該労働者を降格すること

4　環境型セクシュアルハラスメントの例

環境型セクシュアルハラスメントは、職場において行われる労働者の意に反する性的な言動により労働者の就業環境が不快なものとなったため、能力の発揮に重大な悪影響が生じる等当該労働者が就業する上で看過できない程度の支障が生じることである。

対価型セクシュアルハラスメントの状況も多様であるが、典型的な例として、次のものがあげられる（セクハラ措置指針）。

① 事務所内において上司が労働者の腰、胸等に度々触ったため、当該労働者が苦痛に感じてその就業意欲が低下していること

② 同僚が取引先において労働者に係る性的な内容の情報を意図的かつ継続的に流布したため、当該労働者が苦痛に感じて仕事が手につかないこと

③ 労働者が抗議をしているにもかかわらず、事務所内にヌードポスターを掲示しているため、当該労働者が苦痛に感じて業務に専念できないこと

第2節　職場における妊娠・出産、育児休業等に関するハラスメント

1　職場における妊娠・出産等に関するハラスメントとは

「職場における妊娠・出産等に関するハラスメント」とは、職場において行われる、妊娠・出産したことや育児休業・介護休業等の利用に関する上司・同僚からの言動により、妊娠・出産した女性労働者や育児休業・介護休業等を申出・取得した男女労働者等の就業環境が害されることである。

職場における妊娠、出産等に関するハラスメントには、①男女雇用機会均等法 11 条の2により規制される女性労働者に対する「職場における妊娠・出産等に関するハラスメント」と、②育児・介護休業法 25 条により規制される男女労働者に対する「育児休業等に関するハラスメント」がある。

両者を合わせて、「職場における妊娠・出産・育児休業等に関するハラスメント」と呼ぶこともある。

厚生労働省の指針では、職場における妊娠、出産等に関するハラスメントを次の2類型に分けている。

① 制度等の利用への嫌がらせ型

雇用する男女労働者による男女雇用機会均等法が対象とする制度・措置（産前休業、母性健康管理措置、育児時間等）又は育児・介護休業法が対象とする制度・措置（育児休業、子の看護休暇、所定労働時間の制限等）の利用に関する言動により、就業環境が害されるもの。

② 状態への嫌がらせ型

雇用する女性労働者の妊娠又は出産に関する事由に関する言動により就業環境が害されるもの。

2　職場における妊娠・出産等に関するハラスメントの要件

(1) 職場

職場における妊娠・出産等に関するハラスメントは、「職場において行われる」言動によるものである。

「職場」は、事業主が雇用する労働者が業務を遂行する場所を指す。

　労働者が通常就業している場所以外の場所であっても、取引先の事務所や顧客の自宅、出張先等、女性労働者が業務を遂行する場所であれば「職場」に含まれる。

　なお、「職場」についての解釈は、セクシュアルハラスメントの要件である「職場」と同じなので、セクハラの項を参照されたい。

(2) 労働者

　職場における妊娠・出産等に関するハラスメントの対象となる「労働者」は、事業主が雇用する労働者のすべてをいい、いわゆる非正規労働者も含む。

　派遣労働者については、派遣元事業主のみならず、労働者派遣の役務の提供を受ける者（派遣先事業主）も、その指揮命令の下に労働させる派遣労働者を雇用する事業主とみなされるため（労働者派遣法47条の2）、自ら雇用する労働者と同様に、職場における妊娠・出産等に関するハラスメントに関し事業主が雇用管理上講ずべき措置を講ずる必要がある。

3　制度等の利用への嫌がらせ型
(1) 制度等の利用への嫌がらせ型の対象

　制度等の利用への嫌がらせ型の対象となる労働者は、妊娠・出産に関する制度を利用する（利用しようとする）女性労働者と、育児・介護に関する制度等を利用する（利用しようとする）男女労働者である。

　制度等の利用への嫌がらせ型の対象となる「制度等」は、次のものである（妊娠・出産等ハラスメント措置指針、育児・介護休業等ハラスメント措置指針）。

［男女雇用機会均等法が対象とする制度又は措置 (同法施行規則 2 条の 3)］

①	妊娠中及び出産後の健康管理に関する措置 (母性健康管理措置·同法 12 条, 13 条)
②	坑内業務の就業制限及び危険有害業務の就業制限 (労働基準法 64 条の 2 第 1 号)
③	産前休業・産後休業 (労働基準法 65 条 1 項・2 項)
④	軽易な業務への転換 (妊娠中·労働基準法 65 条 3 項)
⑤	変形労働時間制がとられる場合における法定労働時間を超える労働時間の制限、時間外労働及び休日労働の制限並びに深夜業の制限 (妊産婦·労働基準法 66 条)
⑥	育児時間 (1 歳未満·労働基準法 67 条)

［育児介護休業法が対象とする制度又は措置 (同法施行規則 76 条)］

①	育児休業 (同法 5 条)
②	介護休業 (同法 11 条)
③	子の看護休暇 (小学校就学前·同法 16 条の 2)
④	介護休暇 (同法 16 条の 5)
⑤	所定外労働の制限 (3 歳未満の育児·同法 16 条の 8, 介護·同法 16 条の 9)
⑥	時間外労働の制限 (小学校就学前·同法 17 条, 介護·同法 18 条)
⑦	深夜業の制限 (小学校就学前·同法 19 条, 介護·同法 20 条)
⑧	育児のための所定労働時間の短縮措置 (法 23 条 1 項)
⑨	始業時刻変更等の措置 (法 23 条 2 項)
⑩	介護のための所定労働時間の短縮等の措置 (法 23 条 3 項)

(2) 制度等の利用への嫌がらせ型の例

　制度等の利用への嫌がらせ型の状況は多様であるが、典型的な例として、次のものがあげられる。

① 解雇その他不利益な取扱いを示唆するもの

　労働者が、制度等の措置の求め、請求又は申出（「制度等の利用の請求等」）をしたい旨を上司に相談したこと、制度等の利用の請求等をしたこ

と、又は制度等の利用をしたことにより、上司がその労働者に対し、解雇その他不利益な取扱いを示唆すること。

② 制度等の利用の請求等又は制度等の利用を阻害するもの

客観的にみて、言動を受けた労働者の制度等の利用の請求等又は制度等の利用が阻害されるものが該当する。

(イ) 労働者が制度等の利用の請求等をしたい旨を上司に相談したところ、上司が当該労働者に対し、当該請求等をしないよう言うこと。

(ロ) 労働者が制度等の利用の請求等をしたところ、上司が当該労働者に対し、当該請求等を取り下げるよう言うこと。

(ハ) 労働者が制度等の利用の請求等をしたい旨を同僚に伝えたところ、同僚が当該労働者に対し、繰り返し又は継続的に当該請求等をしないよう言うこと（当該労働者がその意に反することを当該同僚に明示しているにもかかわらず、更に言うことを含む。）。

(ニ) 労働者が制度等の利用の請求等をしたところ、同僚が当該労働者に対し、繰り返し又は継続的に当該請求等を取り下げるよう言うこと（当該労働者がその意に反することを当該同僚に明示しているにもかかわらず、更に言うことを含む。）。

③ 制度等の利用をしたことにより嫌がらせ等をするもの

客観的にみて、言動を受けた労働者の能力の発揮や継続就業に重大な悪影響が生じる等当該労働者が就業する上で看過できない程度の支障が生じるようなものが該当する。

・労働者が制度等の利用をしたことにより、上司又は同僚が当該労働者に対し、繰り返し又は継続的に嫌がらせ等（嫌がらせ的な言動、業務に従事させないこと又は専ら雑務に従事させることをいう。）をすること（当該労働者がその意に反することを当該上司又は同僚に明示しているにもかかわらず、更に言うことを含む。）。

4　状態への嫌がらせ型

(1) 状態への嫌がらせ型の対象

　状態への嫌がらせ型の対象となる労働者は、妊娠等した女性労働者である。

　また、状態への嫌がらせ型の対象となる「妊娠又は出産に関する事由」（状態）は、次の事由である（男女雇用機会均等法施行規則2条の3）。

①	妊娠したこと
②	出産したこと
③	妊産婦の坑内業務の就業制限／危険有害業務の就業制限の規定により業務に就くことができないこと／これらの業務に従事しなかったこと（労働基準法64条の2第1号，64条の3第1項等）
④	産後の就業制限の規定により就業できないこと／産後の就業制限の規定による休業をしたこと（労働基準法65条1項・2項）
⑤	妊娠又は出産に起因する症状により労務の提供ができないこと若しくはできなかったこと又は労働能率が低下したこと（同規則2条の3第9号） ※　「妊娠又は出産に起因する症状」とは、つわり、妊娠悪阻、切迫流産、出産後の回復不全等、妊娠又は出産をしたことに起因して妊産婦に生じる症状をいう。

(2)　状態への嫌がらせ型の例

　状態への嫌がらせ型の状況も多様であるが、典型的な例として、次のものがあげられる（妊娠・出産等ハラスメント措置指針）。

①　解雇その他不利益な取扱いを示唆するもの

　女性労働者が妊娠等したことにより、上司が当該女性労働者に対し、解雇その他不利益な取扱いを示唆すること。

②　妊娠等したことにより嫌がらせ等をするもの

　客観的にみて、言動を受けた女性労働者の能力の発揮や継続就業に重大な悪影響が生じる等当該女性労働者が就業する上で看過できない程度の支障が生じるようなものが該当する。

・女性労働者が妊娠等したことにより、上司又は同僚が当該女性労働者に対し、繰り返し又は継続的に嫌がらせ等をすること（当該女性労働者がその意に反することを当該上司又は同僚に明示しているにもかかわらず、更に言うことを含む。）。

第3節　職場におけるパワーハラスメント

1　パワーハラスメントとは

　「職場におけるパワーハラスメント」とは、職場において行われる優越的な関係を背景とした言動であって、業務上必要かつ相当な範囲を超えたものにより、その雇用する労働者の就業環境が害されることである。

　厚生労働省は、パワハラ情報総合サイト「あかるい職場応援団」を運営するほか、「パワーハラスメント対策導入マニュアル」（パワハラ対策マニュアル）を公表して、企業がパワーハラスメント対策の基本的な枠組みを構築するにあたって参考となるツール・情報等を提供している。

2　パワーハラスメントの要件

(1) 職場

　「職場」とは、社員等が業務を遂行する場所をいう。通常就業している場所以外の場所であっても、業務を遂行する場所は職場に含み、勤務時間外であっても、実質上職務の延長であるものは、職場に該当すると解されている。

　なお、「職場」についての解釈は、セクシュアルハラスメントの要件である「職場」と同じなので、セクハラの項を参照されたい。

(2) 優位性を背景に

　「優位性を背景に」とは、行為を受ける者が行為者に対して抵抗・拒絶できない蓋然性が高い関係に基づいて行われることである。

上司から部下のような「職務上の地位」に限らず、人間関係や専門知識、経験などの様々な関係による優位性が含まれる。

　例えば、同僚・部下からの集団による行為で、行為者が業務上必要な知識・経験を有し、行為者の協力を得なければ業務の円滑な遂行を行うことが困難である場合も、優位性を背景にしたといえる。

(3)　業務の適正な範囲を超えて

　「業務の適正な範囲を超えて」とは、社会通念に照らし、当該行為が明らかに業務上の必要性がない、又はその態様が相当でないものであることをいう。

　例えば、上司は、自らの職位・職能に応じて権限を発揮し、部下に対して業務上の指揮監督や教育指導を行い、上司としての役割を遂行することが求められるから、業務上の必要な指示や注意・指導が相当な範囲で行われている場合には、叱責等があったとしても必ずパワーハラスメントにあたるわけではない。

(4)　身体的もしくは精神的な苦痛を与えること、または就業環境を害すること

　「身体的もしくは精神的な苦痛を与えること、または就業環境を害すること」とは、行為を受けた者が身体的もしくは精神的に圧力を加えられ負担と感じること、又は行為を受けた者の職場環境が不快なものとなったため、能力の発揮に重大な悪影響が生じる等、当該労働者が就業する上で看過できない程度の支障が生じることである。

　その判断にあたっては、「平均的な労働者の感じ方」を基準とする。

3　パワーハラスメントの行為類型

　パワハラ対策マニュアルは、パワーハラスメントの主な行為類型として、6類型をあげている。

　これら6類型が職場におけるパワーハラスメントのすべてを網羅するものではなく、これ以外の言動は問題ないということではないことに留意しなければならない。

① 身体的な攻撃（暴行・傷害）

［該当例］

- 指示に従わない部下を殴打する。
- 不手際のあった部下の頭を丸刈りにする。

② 精神的な攻撃（脅迫・名誉棄損・侮辱・ひどい暴言等）

［該当例］

- 部下を何度も大声で怒鳴る、激しい叱責を執拗に繰り返す等により、恐怖を感じさせる。
- ミスの目立つ部下に対し、「新入社員以下だ」「なんでわからない。お前は馬鹿だ」「役立たず」「給料泥棒」「死ね」等の人格否定、名誉感情をいたずらに害するような発言を繰り返す。
- ミスをした部下を同僚の目の前で執拗に叱責したり、同僚も宛先に含めてメールで繰り返し罵倒する。

③ 人間関係からの切り離し（隔離・仲間はずし・無視）

［該当例］

- 意に沿わない部下をプロジェクトから外し、長期間にわたり、別室に隔離したり自宅研修させたりする。

④ 過大な要求（業務上明らかに不要なことや遂行不可能なことの強制、仕事の妨害）

［該当例］

- 1年以上にわたり、他の従業員より高いノルマを課し、達成できないことに対して人前で叱責する。
- 退職させるため、本人の希望や具体的な業務の必要性を考慮せず、十分な指導を行わないまま、過去に経験のない業務に配転し、些細なミスを叱責する。
- 販売目標未達成の罰として、研修会にコスチュームを着用して参加することを実質的に強要する。

⑤ 過小な要求（業務上の合理性なく、能力や経験とかけ離れた程度の低い仕事を命じることや仕事を与えない）

［該当例］

● 管理職である部下を退職させるため、誰でも遂行可能な受付業務を行わせる。

● 内部通報した社員を新入職員と同じ職務に配置転換する。

● 事務職なのに倉庫業務だけを命じられる。

⑥ 個の侵害（私的なことに過度に立ち入る）

［該当例］

● 学歴や容姿に言及しつつ、執拗に笑い者にする。

● アルコール耐性が弱い部下に対し、出張先のホテルで、「少しぐらいなら大丈夫だろ」「俺の酒は飲めないのか」などと語気を荒げ、執拗に飲酒を要求する（いわゆる「アルコールハラスメント」の事案である）。

● 社員旅行への参加を強要する。

● 部下に上司の私用を繰り返しやらせる。

● リフレッシュ休暇取得後間もない時期に年次有給休暇取得の申請をしたことに対して、「そんなに休むと、上は必要ない人間だと言う」などの発言をし、休暇申請取下げに至らしめる。

● 特定の政党の党員であることを理由として、職場内外で継続的に監視したり、他の従業員に接触しないよう働きかけたり、ロッカー等を無断で開けて私物の写真撮影をしたりする。

第4節　ハラスメントと法的責任

1　行為者の法的責任

⑴　民事責任

職場におけるハラスメントは、それが被害者の身体的自由、性的自由、人格権などを侵害する場合は、当該言動は不法行為となり、行為者は被害者に対し、不法行為責任として損害賠償義務を負う（民法709条）。

不法行為に基づく損害賠償の内容は、主に慰謝料であるが、被害者が

退職した場合などには、逸失利益（退職後1年分の賃金相当額、退職後再就職までの賃金相当額など）まで認められることもある。被害者が自殺してしまった場合には数千万円の損害賠償が認められるケースもある。

(2) 刑事責任

　職場におけるハラスメント行為を犯罪とする法律はないが、職場におけるハラスメントが犯罪行為に該当する場合がある。

　なお、職場におけるハラスメントは、事業者による相談対応や自主的解決の努力等により刑事事件になることは多くないと思われる。しかし、社外の者が被害者となる場合は、加害者従業員が逮捕されて報道されることも多い。

2　会社の法的責任

(1) 使用者責任

　ある事業のために他人を使用する者は、被用者が「その事業の執行について第三者に加えた損害を賠償する責任を負う」(民法715条本文)。すなわち、従業員や役員の言動が不法行為に該当する場合には、当該言動が「その事業の執行について」行われたものである場合には、会社（使用者）は、従業員や役員と連帯して損害賠償責任を負うことになる。この責任を「使用者責任」という。

　注意しなければならないのは、裁判例が、被害者保護の見地から、「その事業の執行について」の意味を緩やかに解していることである。すなわち、勤務時間外・業務外であっても、職務（事業）と「密接な関連性がある行為」であれば、使用者の「事業の執行について」行われたとして、会社の使用者責任を認めている。

　例えば、会社の忘年会におけるわいせつな言動が「職務と密接な関連性がある」として、会社の使用者責任が認められた裁判例がある。また、人事権を有する役員が勤務時間外に女性従業員宅を訪問して行ったわいせつ行為が役員の地位を利用して行われた「職務と密接な関連性がある」行為であるとして、会社の使用者責任が認められた裁判例もみられる。

(2) 会社固有の損害賠償責任

　会社は、使用者責任（行為者の言動が不法行為に該当することが前提）だけでなく、固有の責任として損害賠償義務を負うことがある。

　すなわち、会社は、労働者の生命、身体等の安全に必要な配慮をする義務（「安全配慮義務」。労働契約法5条）や、信義則上、労働者が働きやすい職場環境を整備し保つように配慮すべき義務（「職場環境配慮義務」）等を負い、義務違反があるときは、会社は、固有の責任として損害賠償義務を負う。

　これらの義務を怠ってハラスメント行為を放置するなどした場合には、使用者は、被害者に対し、使用者責任とは別に、損害賠償義務を負う。

　なお、会社固有の責任は、行為者の言動が不法行為に該当するか否かは問わないから、行為者の言動が不法行為とはいえない場合であっても、損害予防のための対応を怠った会社には固有の責任が認められる可能性がある。

第5節　雇用管理上講ずべき措置等

1　事業主の方針等の明確化及びその周知・啓発

　会社は、職場におけるハラスメントに起因する問題に関して、当該労働者からの相談に応じ、適切に対応するために必要な体制の整備その他の雇用管理上必要な措置を講じなければならない（男女雇用機会均等法11条1項・11条の3 第1項、育児・介護休業法25条、労働施策総合推進法30条の2 第1項）。

　そこで、会社は、リスク管理（リスクマネジメント）として、ハラスメントを防止（予防）するための周知・啓発活動をしたり、相談・苦情に適切に対応するために必要な社内体制を整備し運用することが求められる。

　さらに、ハラスメント事案が生じた場合には、危機対応（相談・苦情への対応）として、迅速な事実確認と、事実確認に基づく相談者に対す

る必要な援助や行為者に対する適正な措置の実施、そして再発防止に向けた措置の実施などが求められる。

　なお、厚生労働省の指針（パワハラ指針、セクハラ措置指針、マタハラ措置指針及び育介指針）は、事業主に義務付けられているハラスメント問題に関する雇用管理上の措置として、次の（1）～（5）の措置を講ずることを求めている。

　　（1）事業主の方針等の明確化及びその周知・啓発
　　（2）相談・苦情に応じ、適切に対応するために必要な体制の整備
　　（3）職場におけるハラスメントに係る事後の迅速かつ適切な対応
　　（4）職場における妊娠・出産・育児休業等に関するハラスメント
　　　　の原因や背景となる要因を解消するための措置
　　（5）各措置と併せて講ずべき措置
　（1）～（4）は、「リスクマネジメントシステム」の考え方に従ったリスク対策の一環である。

2　相談・苦情に応じ、適切に対応するために必要な体制の整備

　会社は、職場におけるハラスメントに起因する問題に関して、当該労働者からの相談に応じ、適切に対応するために必要な体制の整備その他の雇用管理上必要な措置を講じなければならない。

　そこで、会社は、リスク管理（リスクマネジメント）として、ハラスメントを防止（予防）するための周知・啓発活動をすることや、相談・苦情に適切に対応するために必要な社内体制を整備し運用することが求められる。さらに、ハラスメント事案が生じた場合には、危機対応（相談・苦情への対応）として、迅速な事実確認と、事実確認に基づく相談者に対する必要な援助や行為者に対する適正な措置の実施、そして再発防止に向けた措置の実施などが求められる。

第5章　労働契約の成立と法規制

1　労働契約の成立の原則

　労働契約は、労働者が使用者に使用されて労働し、使用者がこれに対して賃金を支払うことについて、労働者及び使用者が合意することによって成立する（労働契約法6条）。

　労働者の合意により契約が成立することは契約の一般原則であり、労働契約法6条は、契約成立における「合意の原則」が労働契約についてもあてはまることを確認するものといえる。

　また、労働契約は、労働者と使用者の合意のみにより成立するから、労働契約成立の要件としては、契約内容について書面を交付することまでは求められていない。

　もっとも、労働法では、後述するように、「合意の原則」には種々の制約（採用の自由の制約や有期労働契約の規制等）が設けられており、また、労働者による契約内容の理解を促進するために書面による労働条件の明示等が義務付けられている。

第1節　採用の自由

1　採用の自由とその内容

　「採用の自由」とは、事業者は、どのような者を採用するかは、自由に決めることができるという原則である。

　契約締結の自由は民法における契約法の基本原則であるから、採用の事由も原則として認められる。

　ただし、契約締結の自由は、「公共の福祉」による制限を予定している。近年、立法や行政指導等により、採用の自由は制約される傾向にある。

2　採用の自由の法規制

　採用の自由に対する法規制には、次のものがある。

① 雇用対策法は、募集採用において年齢にかかわりなく均等な機会を付与すべき事業主の義務を定めている（ただし、期間の定めのない労働者を定

年年齢を下回ることを条件に募集・採用する場合、新規学卒者を長期雇用のために募集・採用する場合、特定職種において特定年齢層の労働者が少ない場合にその年齢層の者を補うための募集・採用である場合などには適用されない（雇用対策法施行規則1条の3第1項））。

② 労働組合法は、労働者が労働組合に加入せず、もしくは労働組合から脱退することを雇用条件とすることを禁止している（いわゆる「黄犬契約」。労働組合法7条1項）。

③ 男女雇用機会均等法は、募集・採用過程での男女の均等な機会の付与を義務付けている（男女雇用機会均等法5条）。

④ 障害者雇用促進法は、事業主に対し、一定の雇用率に達する人数の障害者を雇用すべき義務を課している（障害者雇用促進法43条）。

⑤ 職業安定法は、募集を行う者が、本人の同意がある場合を除き、求職者等の個人情報を原則的に「業務の目的の達成に必要な範囲内」で収集すべきことを規定している（職業安定法5条の4）。

第2節　労働条件の明示等

1　労働契約の内容の理解の促進に関する規制

労働契約は、当事者である労働者と使用者の合意により成立するが、契約内容について労働者が十分に理解しないままで労働契約を締結したり変更したりすると、後に個別労働関係紛争が生じるおそれがある。そこで、労働契約の当事者である労働者・使用者が契約内容について自覚し、契約内容があいまいなまま労働契約関係が継続することのないよう、次のような規制が定められている。

労働基準法による規制
① 労働条件の明示義務（労働基準法15条）

労働契約法による規制
② 労働者の理解の促進

義務ではないが、使用者は、労働者に提示する労働条件及び労働契約の内容について、労働者の理解を深めるようにするとされている (労働契約法 4 条 1 項)。

なお、労働条件の明示義務は労働契約締結時の義務であるが、労働者の理解の促進は、労働契約締結前の説明や、労働契約の変更などの場面でも求められる。

③ 書面による確認

労働者および使用者は、労働契約の内容（期間の定めのある労働契約に関する事項を含む。）について、できる限り書面により確認するものとする (労働契約法 4 条 2 項)。

労働契約法 4 条 2 項の書面確認の適用場面は、労働条件の明示義務 (労働基準法 15 条) よりも広く、労働契約の締結時だけでなく、労働契約が継続している間を含む。

職業安定法による規制

④ 求人申込や募集に際しての労働条件の明示義務 (職業安定法 5 条の 3)

2　労働条件の明示義務

使用者は、労働契約の締結に際し、労働者に対して賃金、労働時間その他の労働条件を明示しなければならない (労働基準法 15 条)。

労働条件の明示義務に違反した者は 30 万円以下の罰金に処せられる (同法 120 条)。

また、明示された労働条件が事実と相違する場合においては、労働者は、即時に労働契約を解除することができる (労働基準法 15 条 2 項)。

（明示が必要な事項）
①労働契約の期間（無期労働契約か、有期労働契約か）
②就業場所（雇入れ直後の配置場所、変更の範囲）
③職務内容（雇入れ直後の業務内容、変更の範囲）
④給与の決定、計算・支払の方法、締切、支払の時期について

⑤始業・終業の時刻、休憩時間、休日、休暇（年休を含む）

⑥所定労働時間を超える労働の有無

⑦労働者を2組以上に分けて就業させる場合は、その就業時転換について

⑧退職の事由と手続きについて

⑨有期労働契約の場合

　a　更新の有無

　b　更新の判断基準

　c　更新上限（有期労働契約の通算契約期間または更新回数の上限）の有無とその内容

　d　無期転換申込機会、無期転換後の労働条件

＜労使の取り決めがある場合、明示が必要な事項＞

①退職金の決定、計算・支払の方法、締切、支払の時期などについて

②賞与や臨時に支払う賃金などについて

③労働者負担とする作業用品や食事代などについて

④安全衛生について

⑤職業訓練について

⑥災害補償や業務外の疾病の補助などについて

⑦表彰と制裁について

⑧休職について

　また、明示しなければならない労働条件の事項の多くが、就業規則の必要的記載事項とされている。このため、就業規則に記載されている事項については、就業規則を労働者に交付すれば労働条件の明示義務を果たしたことになる。この場合は、就業規則に記載されていない労働条件の事項を書面で明示すれば、明示義務を果たしたことになる。

　なお、短時間労働者については、パートタイム労働法により、昇給の有無、退職手当の有無、賞与の有無、雇用管理の改善等に関する事項に係る相談窓口（担当者名、役職、担当部署など）も、雇入れ後速やかに

文書の交付等により明示しなければならないとされている（同法6条・同法施行規則2条）。

第3節　採用内定

「採用内定」の実態は多様であるが、いわゆる新卒一括採用における採用内定の法的性格については、「始期付解約権留保付労働契約」とする考え方が判例上確立している。

すなわち、採用内定は、労働契約の締結予約ではなく、労働契約が成立している。ただし、新卒者の場合は、卒業後の4月からという「始期」が付いている。また、採用内定通知書や誓約書に記載されている採用内定取消事由が生じた場合や卒業できなかった場合は、労働契約を解約できる（このため「解約権留保付き」といわれる）。

第4節　試用期間

1　意義

「試用期間」は、正社員として本採用（正式採用）する前に行われる適格性判定のための期間である。

「会社は都合により解雇をなしうる」、「社員として不適格と認めたときは解雇できる」といった規定を雇用契約書や就業規則に明記して導入するのが一般である。試用期間を設けること自体は合理的であると解されている。

試用期間の法的性格について、裁判例は、原則として、解約権が留保された労働契約（解約権留保付労働契約）であるとしている。裁判例の考えでは、試用期間と「本採用」後は別契約ではない。当初から期間の定めのない雇用契約（無期雇用契約）が成立しており、試用期間中は解約権が使用者に留保されていると考える。

　従って、試用期間が満了した場合の「本採用」は、別個の雇用契約の締結ではない（解約権がなくなるだけ）。また、試用期間中の解雇や「本採用拒否」は、自由にできるわけではなく、「解雇」として解雇権濫用法理（労働契約法16条）の適用を受ける。

2　試用期間における留保解約権行使

　試用期間が導入されている場合は、試用期間中の労働者の勤務状態等により、労働者の資質・性格・能力等の適格性が判断され、雇用を継続することが適当でないと判断されると、解雇または本採用拒否という形で解約権が行使される。

　解約権の行使は、法的には「解雇」であるから、解雇権濫用法理（労働契約法16条）によって、客観的に合理的な理由と社会通念上の相当性が求められる。

　ここで、試用期間は、採用決定時には労働者の適格性に関する情報を十分に把握できないことから、試用期間中の観察に基づく最終的決定を留保するという趣旨の解約権留保付契約である。したがって、試用採用当時には知ることができず、または知ることが期待できないような事実が試用期間中の勤務状態等の観察から明らかになり、雇用を継続するのが相当でないと判断することについて、解約権留保の趣旨・目的に照らして、客観的に合理的な理由と社会通念上の相当性が認められる場合に、本採用拒否（留保解約権行使）が認められることになる。ここで、試用期間には実験観察期間としての性格があることから、本採用後の解雇に比べると、労働者の資質・性格・能力等の適格性の判断に基づくより広い留保解約権行使が認められるといわれるが、留保解約権行使は解雇である以上、客観的に合理的な理由と社会通念上の相当性が求められるから、使用者は適格性欠如と判断した具体的根拠（勤務成績・態度の不良等）を示さなければならず、社会通念上の相当性（本採用拒否が酷にすぎないか等）も求められる。

3　試用期間の長さ・延長・中断

　試用期間は 3 か月が最も多く、それを中心に 1 か月から 6 か月に渡っており、法的な規制はない。

　しかし、試用期間中の労働者は不安定な地位に置かれることから、その適性を判断するのに必要な合理的な期間を超えた長期の試用期間は、公序良俗に反し、その限りで無効と解されている。

　また、試用期間の延長は、就業規則などで延長の可能性および延長の事由、期間などが明記されていない限り、原則として認めるべきではないとされている。

4　試用期間中の解雇と解雇予告

　試用期間中の労働者については、14 日を超えて引き続き使用されるに至った場合には、解雇予告が必要とされている（労働基準法 21 条 4 号）。

　従って、試用期間中の労働者については、使用が 14 日以内であれば解雇予告なく解雇できるが、14 日を超えて使用した場合には、30 日前に解雇予告をするか、予告日数が 30 日に満たない場合は、不足日数分の平均賃金（解雇予告手当）を支払う必要がある。

5　トライアル雇用

　「トライアル雇用」は、原則 3 か月の試行雇用を行うことにより、労働者の適性や業務遂行の可能性などを見極めた上で、トライアル雇用終了後に「本採用」するかどうかを決める雇用形態である。

　トライアル雇用は、試用期間（解約権留保付とはいえ無期労働契約）とは異なり、有期労働契約である。従って、「本採用」に際しては、改めて、期間の定めのない労働契約（常用雇用契約）を締結する。

第6章　就業規則の規制と効力

1　就業規則に関するルール

就業規則に関しては、労働基準法及び労働契約法に、次のようなルールが定められている（内容については後述）。

① 就業規則の作成・届出義務（労働基準法 89 条）

② 就業規則の記載事項（労働基準法 89 条）

③ 就業規則の作成・変更の際の過半数組合または過半数代表者の意見聴取義務（労働基準法 90 条 1 項）

④ 就業規則の届出に際しての過半数組合または過半数代表者の意見を記した書面の添付義務（労働基準法 90 条 2 項）

⑤ 就業規則の内容は法令や労働協約に反してはならない（労働基準法 92 条、労働契約法 13 条）

⑥ 就業規則の周知（労働基準法 106 条）

(1) 就業規則の作成・届出義務

常時 10 人以上の労働者を使用する使用者は、一定の事項について就業規則を作成し、行政官庁に届け出なければならない（労働基準法 89 条）。「行政官庁」は、具体的には労働基準監督署長である。

① 常時 10 人以上

労働基準法 89 条における「常時 10 人以上…使用する」とは、常態として 10 人以上を使用しているという意味である。繁忙期のみ 10 人以上使用する場合は該当しないが、一時的に 10 人未満になることがあっても通常は 10 人以上を使用していれば該当しうる。

「10 人以上」は、企業単位ではなく事業場単位で計算すると解されている。

② 労働者

「労働者」は、正社員、パート、契約社員などの雇用形態のいかんを問わず当該事業場で使用されている労働者がすべて含まれる。

　ただし、下請労働者、派遣労働者などの使用者を異にする労働者は入らず、また「労働者」に該当しない個人委託業者なども入らない。

④ 作成・届出義務の違反
　就業規則の作成・届出義務（労働基準法89条）の違反は30万円以下の罰金に処せられる（労働基準法120条）。

　なお、就業規則の届出義務の違反があっても、それだけで就業規則が無効になるわけではなく、合理的な労働条件が定められている就業規則が労働者に周知されている限り（労働契約法7条）、また変更後の就業規則が労働者に周知され就業規則の変更が合理的なものである限り（労働契約法10条）、就業規則や就業規則の変更は有効であるとされている。

(2) 就業規則の記載事項
　就業規則に記載する内容には、必ず記載しなければならない事項（絶対的必要記載事項）と、当該事業場で定めをする場合に記載しなければならない事項（相対的必要記載事項）がある（労働基準法89条）。

① 絶対的必要記載事項
　絶対的記載事項は、以下の事項である。
- 始業及び終業の時刻、休憩時間、休日、休暇並びに交替制の場合には就業時転換に関する事項
- 賃金の決定、計算及び支払の方法、賃金の締切り及び支払の時期並びに昇給に関する事項
- 退職に関する事項（解雇の事由を含む。）

② 相対的必要記載事項
　相対的記載事項は、以下の事項である。
- 退職手当に関する事項
- 臨時の賃金（賞与）、最低賃金額に関する事項
- 食費、作業用品などの負担に関する事項
- 安全衛生に関する事項

・　職業訓練に関する事項
・　災害補償、業務外の傷病扶助に関する事項
・　表彰、制裁に関する事項
・　その他全労働者に適用される事項

③ 就業規則の記載事項の違反

　就業規則の記載事項の違反は、30 万円以下の罰金に処せられる（労働基準法 120 条）。

　なお、就業規則の記載事項の違反があっても、それだけで就業規則が無効になるわけではなく、合理的な労働条件が定められている就業規則が労働者に周知されている限り（労働契約法 7 条）、また変更後の就業規則が労働者に周知され就業規則の変更が合理的なものである限り（労働契約法 10 条）、就業規則や就業規則の変更は有効であるとされている。

(3) 就業規則の意見聴取義務

　就業規則の作成・変更については、労働者の過半数で組織される労働組合（過半数組合）がある場合は過半数組合、過半数組合がない場合は労働者の過半数を代表する者（過半数代表者）の意見を聴かなければならない（労働基準法 90 条 1 項）。

　過半数組合または過半数代表者の意見聴取は、「意見を聴く」ことで足り、協議することや同意を得ることまでは求めていない。

　意見聴取義務の違反は、30 万円以下の罰金に処せられる（労働基準法 120 条）。

　なお、意見聴取義務違反は、就業規則作成・変更の手続違反であるが、それだけで就業規則が無効になるわけではなく、合理的な労働条件が定められている就業規則が労働者に周知されている限り（労働契約法 7 条）、また変更後の就業規則が労働者に周知され就業規則の変更が合理的なものである限り（労働契約法 10 条）、就業規則や就業規則の変更は有効であるとされている。

(4) 意見書の添付義務

就業規則の労働基準監督署長への届出 (労働基準法 89 条) に際しては、過半数組合または過半数代表者 (後述する) の意見を記した書面を添付しなければならない (労働基準法 90 条 2 項)。

前述したように、就業規則の作成・変更にあたっての過半数組合または過半数代表者の意見聴取は「意見を聴く」ことで足りるから、過半数組合または過半数代表者が反対意見を表明したとしても、反対意見を記した書面を添付して労働基準監督署長に届け出れば、労働基準法上の手続違反とはならない。

(5) 就業規則の周知の方法

就業規則は、各作業所の見やすい場所への掲示、備え付け、書面の交付などによって労働者に周知しなければならない (労働基準法第 106 条)。

① 周知の方法

「周知」は、事業場の従業員の大多数が就業規則の内容を現実に知っているか、知りうる状態にあれば足りると解されており、周知の方法としては、次のものが考えられる。

・常時各作業場の見やすい場所に掲示する、または備え付ける
・書面で労働者に交付する
・磁気テープ、磁気ディスクその他これらに準ずる物に記録し、かつ、各作業場に労働者が当該記録の内容を常時確認できる機器を設置する

② 就業規則の周知義務違反

就業規則の周知義務の違反は、30 万円以下の罰金に処せられる (労働基準法 120 条)。

また、就業規則を労働者に周知していないと、就業規則の効力は発生しないと解されているので、注意を要する。

なお、「合理的」であることと「労働者に周知」していることが就業規則の有効要件であり、記載事項の義務、届出義務、意見聴取義務の違反

があっても、それだけで就業規則や就業規則の変更が無効となるわけではないと解されている。

　なお、労働契約法は、次のように規定している。

・労働契約を締結する場合において、使用者が「合理的な労働条件」が定められている就業規則を「労働者に周知」させていた場合には、労働契約の内容は、その就業規則で定める労働条件による（7条）。

・就業規則の変更により労働条件を変更する場合は、変更後の就業規則を「労働者に周知」させ、かつ、就業規則の変更が就業規則の変更に係る諸事情に照らして「合理的」なものであるときは、労働契約の内容である労働条件は、当該変更後の就業規則に定めるところによる（10条）。

2　過半数組合・過半数代表者
(1) 過半数組合または過半数代表者が要件になる場合

　使用者は、就業規則の作成・変更に際して労働者の過半数で組織される労働組合（過半数組合）がある場合は過半数組合、過半数組合がない場合は労働者の過半数を代表する者（過半数代表者）の意見を聴かなければならない。

　また、変形労働時間（労働基準法32条の2・4・5）・フレックスタイム（同法32条の3）、休憩時間の一斉付与の例外（同法34条2項但書）、時間外労働（同法36条1項。36協定）、時間単位年休（同法39条4項）、計画年休（同法39条6項）などの制度を導入するために、過半数組合がある場合は過半数組合、過半数組合がない場合は過半数代表者との書面による協定（＝労使協定）をしなければならない。

(2) 過半数代表者
① 意味

　労働者の過半数を代表する者（過半数代表者）の「過半数」は、管理職・非管理職、短時間労働者、有期契約労働者、アルバイト、嘱託等を含めた労働者全体の過半数を意味する。

　従って、正社員に適用する就業規則の作成・変更でも正社員以外を含む労働者全体の過半数代表者の意見を聴取しなければならないし、短時間労働者に適用する就業規則の作成・変更でも短時間労働者の過半数代表者ではなく労働者全体の過半数代表者の意見を聴取すればよいことになる。

　もっとも、パートタイム労働者法では、短時間労働者に適用される就業規則については短時間労働者の意見を聴取することが望ましいという見地から、短時間労働者に係る事項の就業規則を作成・変更するときは、短時間労働者の過半数代表者の意見を聴くように「努めるようにするものとする」(努力義務)とされている(パートタイム労働法7条)。

② 過半数代表者の要件

　「過半数代表者」は、「管理監督者」(労働基準法41条2号)であってはならず、また、労使協定をする者を選出する等、労働者代表を選出する目的を明らかにして、「投票や挙手等の方法」によって選出しなければならない(労働基準法施行規則6条の2)。

　「投票や挙手等の方法」は、労働者の話し合い、持ち回り決議、その他労働者の過半数が選任を支持していることが明確になる「民主的な手続」が該当するとされている。

　従って、会社が指名した候補者による投票、親睦会の代表者等一定の地位にある者の自動就任、一部の労働者による互選では、適正な「過半数代表者」の選出の方法とはいえない。

　また、過半数代表者は、労働者全体の過半数代表者であるから、短時間労働者やアルバイト等を含めた全ての労働者が手続に参加していなければならない。

3　就業規則の効力

(1) 就業規則の最低基準効

　「最低基準効」とは、労働契約法12条により、就業規則の定める労働条件に最低基準としての効力が認められることである。

労働契約法は、「就業規則で定める基準に達しない労働条件を定める労働契約は、その部分については、無効とする。この場合において、無効となった部分は、就業規則の定める基準による」と定めている (12条)。

就業規則は、労働条件を統一的に設定するものであり、合理的な労働条件が定められていることを要することから (同法7条・10条)、就業規則を下回る労働契約は、その部分については就業規則に定める基準まで引き上げられることとしたのである。

従って、例えば、就業規則で賞与の支払いが定められている場合に、労働者との間で賞与を支払わないとの個別合意をしても、この合意は無効となる (この効力を「強行的効力」という)。

なお、「その部分については、無効とする」とは、労働契約のその他の部分については有効であるという趣旨である。

また、労働契約法12条は最低基準効について定めるにとどまるので、就業規則で定める基準より有利な労働条件が個別に定められた場合は、当該個別合意は有効である。

(2) 就業規則の労働契約規律効

「労働契約規律効」とは、①合理的な労働条件が定められている就業規則が、②労働者に周知されていたという要件を満たす場合には、就業規則で定める労働条件が労働契約の内容となるという効力である (労働契約法7条)。

我が国では、個別合意である労働契約では詳細な労働条件を定めず、就業規則によって統一的に労働条件を設定することが広く行われている。そこで、労働契約法7条は、労働契約の成立場面における就業規則と労働契約の関係について、「労働者及び使用者が労働契約を締結する場合において、使用者が合理的な労働条件が定められている就業規則を労働者に周知させていた場合には、労働契約の内容は、その就業規則で定める労働条件によるものとする。ただし、労働契約において、労働者及び使用者が就業規則の内容と異なる労働条件を合意していた部分については、12条に該当する場合を除き、この限りでない。」と定めている。

　なお、労働契約に就業規則の内容と異なる労働条件を定めている場合は、就業規則に定める基準を下回る場合（労働契約法12条に該当する場合）を除き、就業規則ではなく労働契約に定めた労働条件が労働契約の内容となる（同法7条但書）。

① 労働契約法7条の適用場面

　「労働契約を締結する場合において」と規定されているとおり、労働契約法7条は、労働契約の成立場面について適用される。

　従って、既に労働契約が締結されているが就業規則は存在しない事業場において、新たに就業規則を制定した場合については、法7条は適用されない（合意の原則が適用され、新たに制定した就業規則が労働契約の内容である労働条件の変更にあたる場合は、就業規則による労働契約の内容の変更の要件をみたすことを要する）。

② 「周知」

「周知」の意味については、労働基準法106条の「周知」と同じである。

（概念図）

（概念図）
```
┌─────────────────────────────────────────────────┐
│  労働契約の成立＝合意原則（労働契約法6条）           │
└─────────────────────────────────────────────────┘
┌──────────────────────────┐      ┌──────────────────────────┐
│ 労働契約に定めていない労働条件 │      │ 個別合意で労働条件を決定した │
└──────────────────────────┘      └──────────────────────────┘
  ①合理的な労働条件が定められ          就業規則の定める基準を下
  ている就業規則が                    回らない（7条但書）
  ②労働者に周知　（7条本文）
┌─────────────────────────────────────────────────┐
│  労働者の労働条件となる                             │
└─────────────────────────────────────────────────┘
```

(3) 就業規則が法令・労働協約に反する場合

　労働基準法において、就業規則は、法令または労働協約に反してはならないと定められている（労働基準法92条1項）。就業規則が法令に反してはならないことは当然である。また、労働組合と使用者との間の合意に

より締結された労働協約は、使用者が一方的に作成する就業規則よりも優位に立つとされている。

　そこで、労働契約法でも、就業規則が法令または労働協約に反する場合には、当該反する部分の労働条件は、当該法令または労働協約の適用を受ける労働者との間の労働契約の内容とはならないとされている(労働契約法13条)。

(4) 労働協約に反する就業規則の効力

　労働協約に反する就業規則の労働条件は、労働協約が適用される労働者（労働協約を締結した労働組合の組合員）との関係では、労働契約の内容にはならない（労働協約に反する就業規則部分が、労働協約の適用を受ける労働者との関係では無効となる）。

　従って、就業規則に労働協約に反する部分があるとしても、就業規則が無効となるわけではない。そして、労働協約が適用されない労働者については、就業規則の定める労働条件は労働契約の内容となる。

第 7 章　労働条件の変更

1　意義

　労働者及び使用者は、その合意により労働契約の内容である労働条件を変更することができる（労働契約法 8 条）。当事者の合意により契約が変更されることは契約の一般原則であり、労働契約についてもあてはまる。労働契約法 8 条は、この「合意の原則」が労働契約の内容（労働条件）の変更についてもあてはまることを確認したものである。

　労働契約の内容である労働条件は、労働者と使用者の合意のみにより変更されるものであるから、労働条件変更の要件としては、変更内容について書面を交付することまでは求められていない。

　なお、就業規則の変更による労働条件の変更については、次で説明する。

2　就業規則の変更による労働条件の不利益変更

　労働契約の内容である労働条件を変更するためには、原則として、労働者と使用者の合意によらなければならない（合意の原則。労働契約法 8 条）。

　なお、就業規則で定める基準に達しない労働条件に変更する合意をしても、その合意は無効である（労働契約法 12 条）。

　労働条件の変更は合意の原則によるが、我が国では、就業規則によって労働条件を統一的に設定し、労働条件の変更も就業規則の変更によることが広く行われているため、就業規則の変更により自由に労働条件を変更できるとの使用者の誤解があったり、就業規則の変更による労働条件の変更に関する個別労働関係紛争が発生することがある。

　そこで、労働契約法 9 条は、「使用者は、労働者と合意することなく、就業規則を変更することにより、労働者の不利益に労働契約の内容である労働条件を変更することはできない」と定めて、同法 8 条の合意の原則が就業規則の変更による労働条件の不利益変更にもあてはまることを確認的に規定している。

　従って、原則として、労働条件を不利益変更するためには、労働者との個別合意が必要である（労働条件の不利益変更における合意の原則）。

　その上で、同法 10 条は、合意の原則の例外として、労働者との個別合意によらず、就業規則の変更によって労働条件を変更できる場合の要件を定めている。

3　就業規則の変更による労働条件の不利益変更の要件

次の要件をみたす場合には、就業規則の変更によって労働条件を不利益変更して労働契約の内容とすることができる（労働契約法10条）。

(1) 変更後の就業規則を労働者に周知させる

(2) 就業規則の変更が「合理的なものである」

就業規則の変更の「合理性」を判断する際の考慮要素は、「労働者の受ける不利益の程度、労働条件の変更の必要性、変更後の就業規則の内容の相当性、労働組合等との交渉の状況その他の就業規則の変更に係る事情に照らして合理的なものである」ことである（労働契約法10条）。

裁判例は、「賃金、退職金など労働者にとって重要な権利、労働条件に関し実質的な不利益を及ぼす就業規則の作成又は変更については、当該条項が、そのような不利益を労働者に法的に受忍させることを許容できるだけの高度の必要性に基づいた合理的な内容のものである」ことを要求している。

なお、労働契約法10条は、就業規則の変更による労働条件の変更が労働者の不利益とならない場合には適用されず、また、就業規則に定められている事項であっても労働条件でないものについては適用されないと解されている。

（概念図）

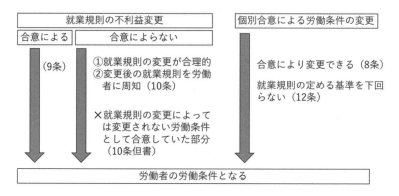

189

4　不変更の合意

上述した要件をみたす場合には、就業規則の変更によって労働条件を
不利益変更できるが、労働契約において、就業規則の変更によっては変
更されない労働条件として合意していた部分がある場合は、就業規則の
変更によっては不利益変更できないとされている（労働契約法 10 条但書）。

就業規則では特に勤務地が限定されていない場合に労働契約におい
て勤務地を限定する特約をした場合や、就業規則が定める定年を適用し
ないという特約をしている場合などが、これに該当する。

5　就業規則の変更の手続

就業規則の変更の手続は、労働基準法 89 条・90 条の定めに従う（労働
契約法 11 条）。したがって、次の手続きを要する。

① 常時 10 人以上の労働者を使用する使用者は、変更後の就業規則を
所轄の労働基準監督署長に届け出なければならない（労働基準法 89
条）。

② 就業規則の変更について過半数組合がある場合は過半数組合、過半
数組合がない場合は労働者の過半数代表者の意見を聴かなければ
ならず（同法 90 条 1 項）、①の届出の際に、その意見を記した書面を
添付しなければならない（同法 90 条 2 項）。

就業規則変更の手続違反に関しては、労働基準監督署長への届出（労
働基準法 89 条）と意見聴取（90 条 1 項）の違反については、30 万円以下の
罰金に処せられる（労働基準 120 条）。

第8章　労働契約の終了

労働契約の終了に関しては、次の規制がある。

① 解雇の有効性

・解雇は、客観的に合理的な理由を欠き、社会通念上相当であると認められない場合、権利を濫用したものとして無効となる（労働契約法16条）。

・有期労働契約の労働者については、やむを得ない事由がある場合でなければ、契約期間が満了するまでの間において労働者を解雇することができない（労働契約法17条）。

② 解雇予告手当

・やむを得ず解雇を行う場合でも、30日前に予告を行うことや、予告を行わない場合には解雇予告手当（30日分以上の平均賃金）を支払うことが必要である（労働基準法20条）。

③ 雇止めの制限

・一定の場合に、有期労働契約の更新拒否が制限されている（労働契約法19条）。

第1節　解雇

1　解雇の意義と解雇が禁止される場合

「解雇」とは、使用者の申し出による一方的な労働契約の終了である。解雇は、法律により、次の場合には禁止されている。

① 国籍、信条、社会的身分を理由とする解雇（労働基準法3条）
　　国籍等を理由とする差別的取扱いの禁止の一環として、解雇も禁止される。

② 業務上災害による療養者の解雇（同法19条1項）
　　使用者は、労働者が「業務上」の負傷・疾病の療養のために休業する期間及びその後30日間はその労働者を解雇してはならない。

③ 産前産後休業者の解雇（同法 19 条 1 項）

　使用者は、産前産後の女性が産前産後の休業（同法 65 条）の期間及びその後 30 日間は、解雇してはならない。

④ 労働基準監督署に法の違反を申告したことを理由とする解雇（同法 104 条 2 項）

⑤ 労働組合の組合員であること等を理由とする解雇（労働組合法 7 条 1 号）

　労働組合の組合員であること、正当な組合活動をしたこと等を理由とする解雇その他の不利益取扱いをしてはならない。

⑥ 障害者であることを理由とする解雇（障害者雇用促進法 35 条）

　障害者であることを理由として、解雇など不当な差別的取扱いをしてはならない。

⑦ 労働者の性別や、女性の婚姻、妊娠、出産、産前産後休業等を理由とする解雇（男女雇用機会均等法 6 条 4 号，9 条 2 項）

　労働者の性別（女性・男性であること）を理由として、解雇など差別的取扱いをしてはならない。また、女性が婚姻、妊娠、出産したことや産前産後休業をしたこと等を理由とする解雇をしてはならない。

⑧ 性差別の禁止規定をめぐる紛争に関し、都道府県労働局長に解決の援助を求めたこと、調停を申請したことを理由とする解雇（男女雇用機会均等法 17 条 2 項，18 条 2 項）

上記を理由として、解雇その他不利益な取扱いをしてはならない。

⑨ 育児・介護休業等の申出をしたこと、育児・介護休業等を取得したことを理由とする解雇（育児介護休業法 10 条、16 条、16 条の 4、第 16 条の 7、16 条の 10、第 18 条の 2、20 条の 2、23 条の 2）

⑩ ⑨の措置をめぐる紛争に関し、都道府県労働局長に解決の援助を求めたこと、調停を申請したことを理由とする解雇（育児・介護休業法 52 条の 4 第 2 項、52 条の 5 第 2 項）

上記を理由として、解雇その他不利益な取扱いをしてはならない。

⑪ 通常の労働者と同視すべき短時間労働者について、短時間労働者であることを理由とする解雇（パートタイム労働法9条）

差別的取扱いの禁止の一環として、解雇も禁止される。

⑫ 通常の労働者と同視すべき短時間労働者の差別的取扱いの禁止、教育訓練、福利厚生施設、事業主が構図措置等に関する事項に関する紛争について、都道府県労働局長に解決の援助を求めたこと、調停を申請したことを理由とする解雇（育児・介護休業法24条の2項、25条2項）

上記を理由として、解雇その他不利益な取扱いをしてはならない。

⑬ 個別労働関係紛争に関し、都道府県労働局長に解決の援助を求めたこと、あっせんの申請をしたことを理由とする解雇（個別労働関係紛争の解決の促進に関する法律4条3項、5条2項）

上記を理由として、解雇その他不利益な取扱いをしてはならない。

⑭ 公益通報をしたことを理由とする解雇（公益通報者保護法3条）

2　解雇権濫用法理

　「解雇権濫用法理」とは、解雇（普通解雇）は、①客観的に合理的な理由を欠き、②社会通念上相当であると認められない場合、権利を濫用したものとして無効となるとする法理である（労働契約法16条）。

　解雇権濫用法理は、解雇の濫用を抑制するために裁判例により確立された理論であり、この理論が労働契約法16条に採用された。

　解雇権濫用法理により、例えば、勤務態度に問題がある、業務命令や職務規律に違反するなど労働者側に落ち度がある場合でも、1回の失敗で解雇が認められるということは原則としてなく、労働者の職務内容や期待されていた能力・勤務態度、労働者の落ち度の程度、改善の余地、使用者の対応等の具体的事情が考慮されて、①客観的に合理的な理由があるか、②社会通念上相当であると認められるかについて、最終的には裁判所において判断される。

3　客観的に合理的な理由

　普通解雇が濫用とならないための要件のうち、①「客観的に合理的な理由」があることについては、裁判等では、就業規則に列挙された解雇事由に該当する具体的事実が認められるかどうかという形で争われる。

　ここで、長期雇用を前提として採用された労働者は、教育・人事異動等を通じて職務能力をつけることが期待されて採用され、企業も育成の責務がある。このため、裁判においては、解雇事由に該当するといえるかは厳しく判断される傾向にある。例えば「職務遂行能力の不足」という解雇事由に形式的に該当する事実が認められる場合でも、その程度が著しく、改善の見込みもないために、企業の業務内容に支障を生じ、労働契約の継続を期待しがたい程度でなければ、解雇事由に該当しないとされることが多い。

4　社会通念上相当であること

　解雇が濫用とならないための要件のうち、②「社会通念上相当である」と認められることについては、労働者の情状・処分歴、使用者側の対応・責任、他の労働者の処分との均衡、解雇手続きの適正さなどの事情に照らし、解雇が労働者にとって過酷に失しないかを判断する。

5　解雇権濫用の効果

　権利の濫用に該当する解雇は無効だから（労働契約法16条）、解雇された労働者は、解雇期間中も従前の労働者の地位がそのまま存続していたことになり、解雇により未払いとなっていた賃金を請求できる。

6　整理解雇

　「整理解雇」は、使用者が、不況や経営不振などの場合に人員削減のために行う解雇である。

　整理解雇の有効性も、労働契約法16条の解雇権濫用法理で判断されるが、整理解雇は使用者側の事情による解雇であるから、裁判例では、次の4つの要素に照らして有効性が厳しく判断されている。

① 人員削減を行う経営上の必要性

人員削減措置の実施が不況、経営不振などによる企業経営上の十分な
必要性に基づいていること

② 解雇回避の努力

配置転換、希望退職者の募集など他の手段によって解雇回避のために
努力したこと

③ 人選の合理性

整理解雇の対象者を決める基準が客観的、合理的で、その運用も公正
であること

④ 解雇手続の妥当性

労働組合または労働者に対して、解雇の必要性とその時期、規模・方
法について納得を得るために説明を行うこと

7　有期労働契約の期間途中の解雇制限

期間の定めのある労働契約（「有期労働契約」）については、使用者は、「や
むを得ない事由」がある場合でなければ、その契約期間が満了するまで
の間において、労働者を解雇することができない（労働契約法17条1項）。

「やむを得ない事由」については、期間の定めのない労働契約（無期労
働契約）における解雇で必要とされる、客観的に合理的で社会通念上相当
と認められる事由（労働契約法16条。解雇権濫用法理）よりも厳格に解するべ
きであるとされている。

8　解雇の手続
(1) 内容

労働者を解雇する場合には、次の手続を実施しなければならない。

① 解雇予告と解雇予告手当（労働基準法20条）

少なくとも 30 日前に解雇の予告をしなければならない（予告日数
が 30 日に満たない場合は、不足日数分の平均賃金を支払う）。

解雇予告を行わない場合には、解雇予告手当（30 日分以上の平均賃金）
を支払わなければならない。

② 解雇時等の証明 (労働基準法 22 条)

(2) 罰則等

① 解雇予告手当支払義務に違反した使用者に対し、裁判所は、労働者の請求により、未払金と同一額までの範囲で付加金の支払いを命ずることができる (労働基準法 114 条)。

② 解雇予告・解雇予告手当の規定 (労働基準法 20 条) の違反は 6 ヵ月以下の懲役または 30 万円以下の罰金に処せられる (同法 119 条)。

③ 退職時等の証明の規定 (労働基準法 22 条) の違反は 30 万円以下の罰金に処せられる (同法 120 条)。

第 2 節　解雇以外の労働契約の終了事由

1　有期労働契約の終了

(1) 期間の定めある労働契約の期間の満了による終了の制限

労働契約に期間の定めがある場合 (有期労働契約) は、期間の満了によって労働契約が終了するのが原則である。

ただし、次の制限がある。

① 期間満了後も労働契約が事実上継続すれば、契約の黙示の更新が生じる (民法 629 条)。

② 労働契約法において雇止めが制限されている (同法 19 条)。

③ 労働契約法において無期転換ルールが規定されている (18 条)。

(2) 雇止め

「雇止め」とは、期間の定めのある契約 (有期労働契約) について、使用者が更新を拒否することで契約期間の満了により労働契約が終了することである。

IV 雇用関係法

(3) 雇止めの制限

労働契約法 19 条は、有期契約労働者保護の観点から、裁判例により確立していた雇止め法理を労働契約法に条文化し、次のように有期労働契約の雇止めを制限している。

① 有期労働契約が反復更新されたことにより実質的に期間の定めのない労働契約と同視できると認められる場合（実質無期契約型）

② 当該有期労働契約が更新されるものと期待することについて合理的な理由があると認められる場合（合理的期待型）

有期労働契約が上の①②のいずれかに該当する場合に、契約期間満了日までの間に労働者が当該有期労働契約の更新の申込みをした場合または契約期間満了後遅滞なく有期労働契約の締結の申込みをした場合は、使用者が当該申込みを拒絶することが、

ア）客観的に合理的な理由を欠き、

イ）社会通念上相当であると認められないときは、

使用者は、従前の有期労働契約の内容である労働条件と同一の労働条件で当該申込みを承諾したものとみなされる（労働契約法19条）。つまり、この場合には、期間満了のみを理由として雇止めすることができなくなり、労働者が希望すれば、有期労働契約の法定更新がなされる。

(4) 雇止めの予告、雇止め理由の明示、契約期間についての配慮

有期労働契約においては、雇止めをめぐるトラブルが大きな問題となってきた。そこで、このようなトラブルの防止や解決を図り、有期労働契約が労使双方から良好な雇用形態の一つとして活用されるようにするとの観点から、厚生労働省が「有期労働契約の締結、更新及び雇止めに関する基準」を策定している。労働基準監督署は、この基準に関して、使用者に対して必要な助言や指導を行っている。

2　合意解約
(1) 意義

「合意解約」とは、労働者と使用者が合意によって労働契約を将来に向けて終了させることである。

依願退職の多くが合意解約であり、労働者による退職願の提出は合意解約の申込みであり、使用者による退職願の受理が承諾の意思表示といえる。従って、いったん退職願を提出しても、使用者が承諾するまでは撤回できると考えられている。

(2) 退職勧奨

「退職勧奨」とは、使用者が労働者に対し退職を勧めることをいう。

退職勧奨は、使用者が一方的に契約の解除を通告する解雇予告とは異なり、労働者に自発的に退職する意思を形成させるための行為であるから、勧奨される労働者は、自由な意思で勧奨による退職を拒否できる。

退職勧奨される労働者の任意の意思形成を妨げ、あるいは名誉感情を害するような言動による勧奨行為は、違法な権利侵害として不法行為を構成する場合がある。

なお、退職勧奨された労働者が事由な意思により勧奨に応じて退職した場合は、合意解約となる。この場合は、雇用保険において、自己都合による退職にはならないとされている。

3　退職（辞職）
(1) 退職の意味

「退職」とは、一般には、労働者が自発的に、あるいは使用者との合意によって労働契約を解約し終了することをいう。

退職には、①任意退職（辞職）、②合意退職、③有期労働契約の期間満了を理由とする退職、④定年退職や労働者の死亡による退職などがある。

解雇は、「退職」に含まないのが一般である。

(2) 退職に関する労働基準法の定め

労働基準法には、退職に関し、次の定めがある。これらの定めに違反した場合は、30万円以下の罰金に処せられる（同法120条）。

① 「退職に関する事項（解雇の事由を含む。）」は、書面をもって明示しなければならない（同法15条・同法施行規則5条）。

② 「退職に関する事項（解雇の事由を含む。）」は、就業規則の絶対的必要記載事項である（同法89条）。

③ 労働者が請求した場合は、使用期間、業務の種類、その事業における地位、賃金または退職の事由（解雇の場合は解雇理由も）を記載した退職証明書を、遅滞なく交付しなければならない（同法22条1項）。

④ 労働者が退職してから7日以内に賃金を支払い、かつ積立金、保証金、貯蓄金その他労働者の権利に属する金品を返還しなければならない（同法23条）。

(3) 任意退職（辞職）

「任意退職（辞職）」は、労働者からの申出による労働契約の一方的解約である。使用者からの申出による一方的解約である解雇の反対概念である。

任意退職に関しては、次のように、民法による規制が労働法による修正をほとんど受けることなく適用される。

① 期間の定めのない労働契約の場合は、退職申入れ（解約の申入れ，退職予告）の後、2週間の経過により雇用が終了する（民法627条）。

労働者は使用者の同意・承諾がなくても退職できるが、上記規定により、雇用契約が終了するのは退職申入れから2週間経過後である（初日不算入の原則（民法140条）と、期間は末日をもって満了する原則（民法141条）により、例えば、10月1日に退職申し入れした場合は、2日から数えて2週間となる10月15日の満了により、退職の効力が生ずる）。

② 期間の定めのある労働契約の場合は、契約期間満了までは原則とし
て退職できないが、「やむを得ない事由」があるときは直ちに退職
(契約の解除) ができる (民法628条)。

やむを得ない事由がある場合に、その事由を過失によって生じさせ
た当事者は、相手方に対して損害賠償責任を負う (同条)。

③ 期間の定めのある労働契約(一定の事業の完了に必要な期間を定め
るものを除き、その期間が1年を超えるものに限る) を締結した
労働者は、民法 628 条の規定 (上記②) にかかわらず、当該労働契
約の期間の初日から 1 年を経過した日以後においては、その使用
者に申し出ることにより、いつでも退職することができる (労働基
準法附則 137 条による暫定措置)。

3　定年

「定年制」とは、労働者が一定の年齢に達したときに労働契約が終了
する制度をいう。事業主が定年の定めをする場合には、「当該定年は、
60 歳を下回ることができない」(高年齢者雇用安定法8条)。

第3節　労働契約終了後の法律関係

1　退職時等の証明

使用者は、労働者が退職する場合に、使用期間、業務の種類、その事
業における地位、賃金、退職の事由 (解雇の場合は解雇理由を含む) に
ついて証明書を請求したときには、遅滞なく証明書を交付しなければな
らない (労働基準法 22 条 1 項)。

解雇予告から退職日までの間に労働者が解雇の理由について証明書を
請求したときには、遅滞なく証明書を交付しなければならない(同条2項)。

ただし、上記証明書には、労働者の請求しない事項を記入してはなら
ない (同条3項)。

労働基準法22条の違反は30万円以下の罰金に処せられる(同法120条)。

2　退職金

「退職金（退職手当）」とは、退職（解雇を含む）した労働者に支払われる金銭である。

長期雇用を前提とする我が国の雇用慣行では、引退後の生活設計の基盤として退職金は重視されてきた。退職金は、功労報奨的な性格だけでなく賃金の後払的性格も有しているとされている。

しかし、退職金の支給義務は、法律上は定められていないことから、労働協約、就業規則、労働契約などで退職金を支給することおよびその支給基準が定められている場合に、使用者に退職金の支払義務があり、賃金と認められると解されている。

使用者に退職金の支払義務がある場合の退職金の不支給・減額は、一定の制約がある。

就業規則（退職金規程）の改定による退職金の支給基準切り下げは、労働条件の就業規則改訂による不利益変更の問題である。

第9章　人事

第1節　昇進・昇格・降格

1　人事考課

(1) 人事考課（査定）

「人事考課（査定）」とは、使用者が行う労働者に対する評価である。人事考課は法律で定義されているものではないが、使用者は、「人事権」に基づいて人事考課を行う（人事考課権や査定権ということもある）。

人事考課においては、労働者の職務遂行能力、仕事に対する姿勢や勤務態度、勤務成績（業績）の3つの評価要素が重視され、事業者ごとに細かく作成された評価項目に沿って評価が行われることが多い。

人事考課は、職位や職能資格を決定する判断材料としたり、定期昇給やベースアップ、賞与の額の決定などに影響することが多い。

(2) 人事考課の制約

人事考課は経営と強く関連しているため、原則として、使用者には人事考課に関して広い裁量権があると解されている。

もっとも、人事考課（の根拠となる人事権）は、労働契約に基づく権限であるから、労働協約、就業規則、個別の合意に反する場合には、違法と評価される。

次の法規制に違反する場合も、人事考課が違法と評価される。

① 国籍、社会的身分または信条による差別禁止（労働基準法3条）
② 労働組合の組合員に対する差別禁止（労働組合法7条1項）
③ 性による差別禁止（男女雇用機会均等法6条）
④ 育児・介護支援措置の利用に対する不利益取扱いの禁止（育児介護休業法10条等）
⑤ 通常労働者と同視すべきパートタイム労働者に対する差別の禁止（パートタイム労働法9条）
⑥ 障害者の不当な差別的取扱いの禁止（障害者雇用促進法35条）

⑦ 評価が著しくバランスを欠くなど権利濫用（人事考課権の濫用）に
該当する場合（労働契約法3条5項）

　人事考課が違法と評価される場合に、労働者の使用者に対する不法行
為に基づく損害賠償請求を認めた裁判例がある。

2　昇進・昇格と降格

(1) 昇進

　「昇進」とは、係長から課長へというように、役職（職位）を引き上
げることである。

(2) 昇格

　資格等級を引き上げることを「昇格」という。

　昇格は、人事考課や社内試験等の結果をもとに実施される。

　職能資格制度は、勤続年数を重ねて経験を積み、企業内での人材育成
により職務遂行能力が高まることで昇格し、基本給が上昇することを前
提としている。このため、職能資格制度は、長期雇用、年功序列になじ
む制度であるといえる。

　なお、欧米では、人の能力を基準に労働者を区分・序列化する職能資
格制度とは異なり、仕事を基準として労働者を区分・序列化する「職務
等級制度」が広く採用されているといわれる。職務等級制度のもとでは、
勤続年数は重要性を持たず、職務に応じて賃金が決まる。

(3) 降格

　「降格」には、降格には、①役職（職位）の引き下げとしての降格と、
②資格等級の引き下げとしての降格がある。

　基本給の全部又は一部は資格と等級に応じて定められるのが一般だか
ら（職能給制度）、②資格等級の引き下げとしての降格により、基本給も
引き下げられるのが通常である。

　なお、降格には、人事権の行使としての降格（次項）と、懲戒処分と
しての降格がある。

　人事権の行使としての降格については、①役職（職位）の引き下げとしての降格と、②資格等級の引き下げとしての降格とで、使用者の裁量の幅が異なるとされている。

第2節　配転・出向・転籍

1　配転

(1) 意義

　「配転」とは、同一企業内における、職務内容や勤務場所の長期間にわたる変更をいう。

　勤務地が変更される「転勤」は配転の一種である。

　なお、数日のように短期間の勤務地変更は、「出張」として「配転」と区別するのが一般である。

　長期雇用を前提として、職務や勤務地が原則無限定という日本型雇用慣行（「メンバーシップ型」）においては、「配転」は、多くの職場・仕事を経験させることによる人材育成としての意義のほか、事業撤退等により職務が消滅しても人員配置を調整して解雇せずに雇用を維持することができるという意義がある。

(2) 配転命令権の根拠

　使用者が配転を命じるためには、労働協約や就業規則によって配転命令権が労働契約上根拠づけられている必要があるとされている。

　就業規則に「業務上の必要がある場合には、配転を命ずることができる」といった規定が定められるのが一般である。

(3) 配転命令の限界

① 個別合意

　就業規則等により使用者の配転命令権が認められる場合でも、労働契約上、職種や勤務地（勤務場所）を限定する個別合意がある場合は、この合意は就業規則よりも有利な労働条件を定めるものとして有効だから

（労働契約法 12 条）、使用者は、職種・勤務地限定の合意の範囲内でのみ、配転を命じることができる（合意の範囲を超えて配転するためには、労働者の同意を要する）。

職種限定は、医師、看護士、検査技師、大学教員など、特殊な資格や技能を有する場合に多くみられる。勤務地限定は、「一般職」や「地域限定総合職」などでみられる。

②　権利の濫用

就業規則等により使用者の配転命令権が認められる場合でも、配転命令権の行使が権利の濫用（労働契約法 3 条 5 項）に該当すれば、配転命令は無効となる。

配転命令が権利濫用に該当する場合については、裁判例の積み重ねにより、次の 3 つに整理されている。

ａ．配転命令に業務上の必要性が存しない場合

業務上の必要性は、余人をもって代えがたいといった高度の必要性までは求められず、労働力の適正配置、業務の能率増進、労働者の能力開発、勤務意欲の高揚、業務運営の円滑化などの一般的な事情で足りるとされる。

ｂ．配転命令が不当な動機・目的に基づく場合

退職に追い込むための配転、社長の経営方針に批判的な労働者を本社から排除する意図で行われた配転などが、裁判例により不当な動機・目的に基づくとされている。

ｃ．労働者に対し通常甘受すべき程度を著しく超える不利益を及ぼす場合

要介護状態にある老親や転居困難な病気をもった家族の介護や世話をしている労働者に対する遠隔地への転勤命令が権利濫用と判断された裁判例は多い。転勤困難な病気を持っている労働者への転勤命令が権利濫用と判断された例もある。

他方で、配転によって単身赴任を余儀なくされる場合は、不利益は生じるものの著しく大きいとまではいえないとする裁判例がみられる。

(4) 配転命令権とワーク・ライフ・バランス

育児・介護休業法は、子の養育または家族の介護状況に関する使用者の配慮義務を定めているから（同法 26 条）、子の養育または家族の介護状況は、配転命令が権利濫用に該当するかの有力な判断要素となる。

また、労働契約法は、「仕事と生活の調和」への配慮を労働契約の締結・変更の基本理念としている（同法 3 条 3 項）。近時は、ワーク・ライフ・バランス（仕事と生活の調和）に対する社会的要請が強まっており、「働き方改革実行計画」でもワーク・ライフ・バランスが重視されている。このため、今後は、労働者のワーク・ライフ・バランスに配慮した配転命令の運用が求められるといえる。

2　出向（在籍型出向）
(1)　出向

「出向（在籍型出向）」は、労働者が出向元に在籍して出向元の労働者としての地位を維持しながら、出向先においてその指揮命令のもとで業務に従事することである。在籍出向、長期出張、社外勤務、応援派遣、休職派遣などとも呼ばれる。

出向は、他企業との人材交流や余剰人員の雇用調整（解雇回避）などに利用される。

もっとも、出向は、配転とは異なり、労働者が労務を提供する相手方が変更され、賃金・労働条件、キャリアなどの面で労働者に不利益が生じうるので、出向命令に際しては、この点での配慮が求められる。

(2) 出向命令権の根拠（出向命令の有効要件）

出向では、出向元と出向先との間の出向契約により、出向元の労働者に対する労務提供請求権が出向先に譲渡される。このため、出向には、使用者の権利の譲渡について必要な「労働者の承諾」（民法 625 条 1 項）を得なければならない。

　「労働者の承諾」は、出向についての労働者の個別的な同意がある場合に認められる。

　また、裁判例では、個別的な同意がなくても、①労働協約や就業規則に出向命令権を根拠づける規定（包括的な同意）があり、かつ、②賃金・退職金その他労働条件等の面で出向労働者の利益に配慮した出向規定が設けられている場合には、出向を命じることができる（出向命令権が認められる）と解されている。

(3) 出向命令の限界

　就業規則等により出向命令権が認められる前述の場合でも、出向命令が、その必要性、対象労働者の選定に係る事情その他の事情に照らして、その権利を濫用したものと認められる場合には、出向命令は無効となる（労働契約法14条）。

(4) 出向の場合の労働法上の使用者の責任の所在

　労働基準法や労働安全衛生法、労働者災害補償保険法などの労働法制における使用者の責任に関する規定が出向元と出向先のいずれに適用されるかについては、当該事項について実質的権限を有している者が出向元と出向先のどちらであるかによって判断される。

　例えば、出向先が労働時間管理を行っていれば、出向労働者は出向先の36協定の対象労働者となり（労働基準法36条は出向先に適用される）、出向先で36協定が締結されていれば、出向労働者を時間外・休日労働させることができる（出向元で36協定が締結されていても、出向先で36協定が締結されていなければ、出向先で時間外・休日労働させることはできない）。

　労働安全衛生法上の事業者責任は、現実に労務の提供を受けている出向先が原則として負担する。

　労働者災害補償保険法上の事業主も原則として出向先となる。

　雇用保険の事業主は、主たる賃金の支払者と認められる者である。

　安全配慮義務は、出向労働者の疾患等の発生・進行を出向先だけでなく出向元も予見できた場合は、出向先と出向元の双方に認められるが、出向元には予見できなかった場合には、出向先にだけ認められる。

3　転籍
(1)　転籍
　「転籍」は、元の使用者との労働契約関係を終了させ、他の使用者との間で新たに労働契約関係を成立させることである。移籍や転籍出向とも呼ばれる。
　出向（在籍出向）の場合は、出向元との間の労働契約関係は残っているのに対し、「転籍」は現在の使用者との労働契約関係を解消してしまう。

(2)　労働者の同意
　転籍は、現在の使用者との労働契約関係を解消して他企業に移籍してしまうものであるから、労働者の個別具体的な同意が必要であるとされている。

第3節　休職

1　意義

「休職」とは、労働者を就労させることが適当でない場合に、労働契約関係を維持しつつ、就労を免除または禁止することである。

休職は、法律上の制度ではなく、労働協約や就業規則等によって定められる制度であるため、休職の種類、休職期間の長さ、休職期間中の賃金の扱いなどは、企業によって多種多様である。

特に、傷病休職や事故欠勤休職などは、解雇猶予措置としての意味を持っている。

2　休職の実施

休職は、労働協約や就業規則の定めに基づく使用者の一方的意思表示によって発令されるのが一般であるが、労働者との合意によって実施されることもある。

3　休職の終了

休職の終了については、労働協約や就業規則の定めによる。

休職期間中に休職事由が消滅すれば、休職は終了し、労働者は職場に復帰する。

休職期間が満了した場合は、労働者を就労させることが適当であれば労働者を職場に復帰させる。

休職期間の満了時点で休職事由が消滅していなければ、解雇とする場合と労働契約の自動終了（自動退職）とする場合がある。

4　休職の種類

休職には目的や内容を異にする様々な種類のものが考えられている。

① 傷病休職（「病気休職」）
② 事故欠勤休職

　「事故欠勤休職」は、傷病以外の自己都合による欠勤（事故欠勤）が一定期間に及んだときになされる休職である。一般的には、解雇の猶予措置の性格があるといわれる（自己都合欠勤が続き解雇ができる場合でも、即解雇とはせずに一定期間の休職を発令する）。

　事故欠勤休職期間中に出勤可能となれば復職となるが、出勤可能とならなければ自然退職または解雇となる。

　事故欠勤休職の期間については、解雇予告期間（30 日）の規制があること（労働基準法 20 条）に照らし、30 日以上を要するといえる（実務でも事故休職期間は 1 か月が多いようである）。

5　休職期間中の賃金

　休職には法規制がないので、休職期間中の賃金の定めは企業によって様々であり、労働協約や就業規則、労働契約によって定められている。一般的傾向としては、本人の都合または本人の責に帰すべき事由による休職の場合には、賃金は支給されず（無給）、それ以外の場合は、その内容に応じ 60～100%の範囲で賃金が支給されることが多いようである。

　なお、私傷病休職で賃金の支払いがない場合は、療養のための労務不能であるなどの条件をみたせば、申請により、健康保険（国民健康保険は対象外）から、最長で 1 年 6 か月間、支給開始日前 12 か月間の各月の標準報酬月額の平均額から算出した日額の 3 分の 2 に相当する支給日額の傷病手当金が支給される。

6　傷病休職（病気休職）

　「傷病休職（病気休職）」とは、業務外の傷病による長期欠勤が一定期間（3 か月～6 か月とされるのが一般）に及んだときに行われる休職である。

　傷病休職（病気休職）は、解雇を猶予することで健康回復を図ることを促すという性質・目的の制度である（傷病による欠勤が続き解雇ができる場合でも、即解雇とはせずに一定期間の休職を発令する）。

　休職が労働協約や就業規則等に定められていない企業であれば解雇で対応する場合に、休職が定められている企業では、一定期間雇用を継続して復職を待つことになる。

(1) 休職期間の長さ

　休職期間の長さは、勤続年数や傷病の性質に応じて異なって定められるのが通常であるが、休職には法規制がないので、明確な基準はない。正社員の場合、勤続 1 年で 6〜12 カ月程度、勤続 5 年で 12〜18 カ月程度、勤続 10 年以上で 24 カ月程度とする例がある。

(2) 復職と退職（解雇）

　傷病休職期間中に傷病から回復（治癒）し就労可能となれば、休職は終了し、復職となる。

　これに対し、治癒せず期間満了となれば、自然（自動）退職または解雇となる。

(3) 受診義務

　就業規則等に受診義務の定めがない場合であっても、使用者が指定する医師の受診を指示する合理的かつ相当な理由があれば、労働者は受診命令に応ずる義務があるとする下級審裁判例がある。このため、休職や復職の当否を判断するために必要な場合は、使用者は専門医の診断書の提出や指定医の診察を労働者に指示することができると解されている。

(4) 業務上の傷病の場合

　なお、「業務上」の負傷・疾病（労働災害）による休職の場合は、原則として、休業期間中とその後 30 日間は解雇することはできない。

(5) 傷病休職の職場復帰の条件

　傷病休職の場合、復職の要件は傷病から回復（治癒）したことである。

　「治癒」とは、従前の職務を通常の程度に行える健康状態に復したときをいうと解されている。

　使用者が治癒の判断をするために、労働者は、受診指示に従い、診断書を提出する等の協力をしなければならないとされている。

(6) メンタルヘルス不調の場合の「治癒」の判断

メンタルヘルス不調により傷病休職した労働者の職場復帰については、「治癒」の判断が難しいため、主治医による職場復帰が可能という判断が記された診断書の提出を休職者に求めることができるとされる。

診断書には、就業上の配慮に関する主治医の具体的な意見を記入してもらうが、主治医による診断は、日常生活における病状の回復程度によって職場復帰の可能性を判断していることもある。そこで、職場で求められる業務遂行能力まで回復しているかの適切な判断をしてもらうために、あらかじめ主治医に対して職場で必要とされる業務遂行能力に関する情報を提供したり、主治医による診断について産業医が精査して取るべき対応について意見を述べるといった工夫が望まれる。

なお、メンタルヘルス不調により傷病休職した労働者の職場復帰については、厚生労働省が「心の健康問題により休業した労働者の現場復帰支援の手引き」を公表している。

第4節 教育訓練

1 教育訓練（OJT と Off-JT）

企業が労働者に対して行う教育訓練は、「OJT（On the Job Training）」と「Off-JT（Off the Job Training）」とに大別される。

「OJT（On the Job Training）」は、適格な指導者の指導の下（常時指導者がつく体制の下）、労働者に仕事をさせながら行う職業訓練である。

「Off-JT（Off the Job Training）」は、業務命令に基づき、通常の業務を離れて行う職業訓練（研修）である。

2 教育訓練の根拠と限界

企業は、労働契約に基づく指揮命令権（OJT）または業務命令権（Off-JT）を根拠として、労働者に対し、教育訓練を受けることを命ずることができる。

　もっとも、①内容が業務遂行と関係のない場合（一般教養・文化・趣味の教育・思想信条教育）や、②態様・方法・期間が相当でない場合（過度の精神的・肉体的苦痛を伴うもの）、③内容が法令違反の場合（半組合教育や違法な長時間労働になる場合等）などは、教育命令は、権利の濫用（労働契約法3条5項）であり、認められない。

3　教育訓練における差別の禁止

教育訓練に関しては、次のように、差別が禁止されている。

① 国籍、信条または社会的身分を理由とする差別的取扱い（労働基準法3条）

② 性別を理由とする差別的取扱い（男女雇用機会均等法6条）

③ 組合活動を理由とする不利益な取扱い（労働組合法7条）

④ 通常の労働者に対して実施する教育訓練であって、通常の労働者が従事する職務の遂行に必要な能力を付与するためのものは、業務の内容及び業務に伴う責任の程度が通常の労働者と同一の短時間労働者（職務内容同一短時間労働者）に対しても実施しなければならない（パートタイム労働法11条）

4　教育訓練を受ける権利

　労働協約や就業規則などで一定の教育訓練が明確に制度化されている場合には、労働者が一定の業務外研修（**Off-JT**）を受ける（請求する）権利を有すると解釈できる場合がある。

　これに対し、教育訓練が制度化されておらず、使用者の裁量によって命じられている場合には、労働者が教育訓練を請求する権利は認めがたいとされている。

第 10 章　服務規律と懲戒

第 1 節　服務規律

1　意義

「服務規律」とは、企業秩序を維持し企業の円滑な運営を図るために、労働者が企業組織の構成員として守るべきルールである。

最高裁判決は、企業は企業秩序を定立し維持する「企業秩序定立権」を当然に有し、労働者は、使用者に雇用されることによって、使用者に対し、働く義務（労務提供義務）とともに企業秩序を遵守する義務（企業秩序遵守義務）を負うとしている。

服務規律は、通常は就業規則によって定められている。

服務規律違反（企業秩序違反）は、懲戒処分の対象となりうる。

2　注意すべき服務規律

(1) セクシュアルハラスメントの禁止

職場におけるセクシュアルハラスメントを防止するため、事業主は、雇用管理上必要な措置を講じなければならない（男女雇用機会均等法 11 条）。そこで、就業規則にセクシャルハラスメントを禁止する条項を設けるなど、セクシュアルハラスメント防止のためのルールを労働者に周知させるべきである。

(2) パワーハラスメントの禁止

職場におけるパワーハラスメントの防止について明確に定めた法律はないが、事業主は、その防止・解決に向けて取り組むことが求められている。そこで、就業規則にパワーハラスメントを禁止する条項を設けるなど、パワーハラスメント防止のためのルールを労働者に周知させるべきである。

(3) 職場における妊娠、出産、育児休業等に関するハラスメントの禁止

職場における妊娠・出産や育児休業・介護休業等に関するハラスメントを防止するため、事業主は、雇用管理上必要な措置を講じなければならない（男女雇用機会均等法 11 条の 2 第 1 項，育児・介護休業法 25 条）。そこで、就業規

214

則に妊娠・出産・育児休業等に関するハラスメントを禁止する条項を設けるなど、妊娠・出産・育児休業等に関するハラスメント防止のためのルールを労働者に周知させるべきである。

(4)　個人情報の保護

個人情報保護法により、事業主は、その従業者に個人データを取り扱わせるにあたって、当該個人データの安全管理が図られるよう、当該従業者に対する必要かつ適切な監督を行わなければならないとされている（同法21条）。

そこで、就業規則に会社で管理する個人情報の適切な取扱いに関する条項を設けるなど、個人情報保護のためのルールを労働者に周知させるべきである。

(5)　始業・終業時刻の記録

労働基準法において労働時間に関する規定を設けていることから、使用者は、労働時間を適正に把握するなど労働時間を適切に管理する責務を有している。そして、「労働時間の適正な把握のために使用者が講ずべき措置に関するガイドライン」（平成29年1月20日厚生労働省策定）で、使用者が講ずべき措置が具体的に示されている。

そこで、使用者は、この基準を遵守し、労働時間を適正に把握する等適切な時間管理を行うべきだから、タイムカードを導入する場合には、就業規則に始業・終業時刻を記録することを求める条項を設けるべきである。

第2節　懲戒権

1　意義

「懲戒権」は、使用者が企業秩序を乱す行為を行った労働者に対し、懲戒処分を行う権限である。

労働者は雇用契約を締結したことによって当然に企業秩序遵守義務を負うが、企業秩序遵守義務違反に対する懲戒権は、就業規則に懲戒事由

及び手段を明定して初めて行使し得るものとするのが判例である（最高裁S.54.10.30 判決，H.8.3.28 判決等）。

懲戒処分の有効性については、後述する。

2　懲戒の種類
(1)　懲戒処分

「懲戒処分」とは、使用者が労働者の企業秩序違反行為に対して課す制裁罰である。

(2)　懲戒処分の類型

懲戒処分の類型は、法律で定められているわけではなく、公序良俗（民法90条）に反しない範囲内で事業場ごとに定めることが可能である。一般に、次のような種類がある。

なお、懲戒処分の種別は、あらかじめ就業規則において定めておかなければならないとされている（後述）。

① 戒告・けん責
最も軽い懲戒処分の類型である。
戒告は口頭による注意である。
けん責は始末書を提出させて将来を戒める処分である。

② 減給
賃金を減額する処分である。
減給の制裁を定める場合は、減給は、1 回の額が平均賃金の 1 日分の半額を超えてはならず、総額が一賃金支払期における賃金の総額の 10 分の 1 以下でなければならない（労働基準法91条）。

③　出勤停止
出勤を停止し、その間の賃金は支給しない処分である。
懲戒事由に該当する行為の秩序違反の程度に対して長過ぎる期間の出勤停止は、懲戒権の濫用と判断される可能性がある。

④ 降格
人事上の処分として降格がなされることもあるが、懲戒処分として降格がなされることもある。

216

降格による職務変更に伴う賃金の低下は、労働基準法91条の減給制裁には該当しないと解されているが、給与上の不利益を伴う降格は、悪質な事案でないと相当性を欠き懲戒権の濫用と判断される可能性がある。

⑤ 諭旨解雇（または諭旨退職）

労働者に退職を勧告し、労働者本人の願い出により退職させる処分である。

退職金が全部または一部支払われる点で懲戒解雇より一段軽い処分であると位置付けられるのが一般である。

⑥ 懲戒解雇

懲戒処分として行う解雇である。

懲戒処分の中で最も重い処分である。一般に、即時に（解雇予告無しで）、退職金を支給せずになされる旨が就業規則に定められている。

(3)　懲戒解雇と退職金の不支給・減額

懲戒解雇であれば当然に退職金を不支給・減額できるというわけではない。懲戒解雇と退職金不支給・減額とは別問題である。

退職金には功労報償的な性格だけでなく賃金の後払い的な性格もあり、就業規則等によりあらかじめ支給条件が明確に定められていて使用者に退職金の支給義務がある場合は、賃金の場合と同様に、退職金を不支給・減額するためには、原則として、就業規則の定めや個別合意が必要であると解されている。

3　懲戒事由

(1) 懲戒事由の類型

あらかじめ就業規則に定めておかなければならない懲戒事由の類型は、法律で定められているわけではなく、企業によって様々であるので、ここでは代表的な懲戒事由をみていく。

なお、懲戒事由該当性は、形式的に判断すべきではない。形式的には懲戒事由に該当しても、実質的には企業秩序を乱したとはいえないような行為については、懲戒事由に該当しないと判断する（＝懲戒事由の文言を限定的に解釈して事案に適用する）裁判例があることには注意を要

する。

　また、懲戒事由に該当する場合でも、懲戒処分の内容が不相当に重い場合には、当該懲戒処分は懲戒権の濫用として無効となる。

① 経歴詐称

　採用時に労働者が経歴を詐称していた場合は、使用者は錯誤（民法 95条）または詐欺（民法 96 条）による労働契約の無効または取消を主張することができる場合があるが、裁判例は、経歴は企業秩序の維持に関わる重要な事項であるから、その詐称は懲戒事由となりうるとし、場合によっては懲戒解雇も可能であるとしている。

　もっとも、経歴詐称に対する懲戒処分が適法とされるのは、重要な経歴（最終学歴、職歴、犯罪歴など）を詐称した場合に限られるとされる。

② 職務怠慢

　職務怠慢の例は、無断の（正当な理由のない）遅刻・欠勤や、勤務成績不良、遅刻過多、職場離脱などである。

　職務怠慢が懲戒事由に該当するためには、就業に対する規律に違反したり企業秩序を乱したりしたと認められる場合に限られるとされる。職務怠慢が著しい場合には、懲戒解雇も可能である。

③ 業務命令違反

　業務命令には、時間外労働命令や休日労働命令、出張命令、配転命令、出向命令、所持品検査命令の違反なども含まれる。

　業務命令違反が懲戒事由に該当するためには、当該業務命令が有効（合法）でなければならない。

　重要な業務命令に違反し、企業秩序の侵害が重大であれば、懲戒解雇も認められうる。

④ 服務規律違反（職場規律違反）

　服務規律違反行為は、横領、窃盗、同僚等への暴行などの非違行為や、顧客情報漏えい、部下の不正行為の見逃し・見過ごし、セクシュアルハラスメント、パワーハラスメントなどがある。

　服務規律違反行為については、内部告発や公益通報が問題となる。

⑤　私生活上の非行

　私生活上の非行であっても、企業の名誉や信用を損なうことがあるので、懲戒処分の対象となりうる。ただし、私生活の範囲内で行われたことであるから、懲戒事由の該当性や懲戒処分の相当性は厳格に判断すべきであるとされている。

⑥　企業の施設・物品の私的利用

　就業規則で企業の施設や物品の私的利用が禁じられている場合は、違反行為が懲戒処分の対象となりうる。

第 11 章　賃金に関する規制

第 1 節　賃金に関する原則

1　労働基準法上の「賃金」

(1) 意義

労働基準法上の「賃金」とは、賃金、給料、手当、賞与その他名称を問わず、労働の対価として使用者が労働者に支払うすべてのものをいう（労働基準法 11 条）。

賃金の支払いに関する規定（労働基準法 24 条。後述）の違反は 30 万円以下の罰金に処せられる。

(2) 任意的恩給的給付

これに対し、「任意的恩恵的給付」は、その支給がもっぱら使用者の裁量に委ねられているかぎり、労働の対価（対償）とはいえず、「賃金」ではない。たとえば、結婚祝金、病気見舞金、死亡弔慰金などは、原則として賃金ではない。

ただし、これらの給付であっても、労働協約、就業規則などによってあらかじめ支給条件が明確にされており、それに従って使用者に支払義務のあるものは、労働の対価と認められ、賃金と取り扱われる。

退職金や賞与も、その支給がもっぱら使用者の裁量にゆだねられているかぎりは、任意的恩恵的給付であって、賃金ではない。しかし、今日の大多数の退職金のように、労働協約、就業規則、労働契約などでそれを支給することおよびその支給基準が定められていて、使用者に支払い義務があるものは賃金と認められる。

2　ノーワーク・ノーペイの原則

「ノーワーク・ノーペイの原則」とは、労務提供（労働）がない限り、その対価としての賃金の支払義務も生じないという原則である。労働者は、その約した労働を終わった後でなければ報酬を請求することができないから（民法 624 条 1 項）、提供されなかった労務に対応する賃金請求権は発生しないのである。

　ノーワーク・ノーペイの原則により、労働者が遅刻や欠勤した場合には、使用者はその分の賃金支払義務を負わない。育児休業や介護休業等の場合も、使用者は賃金支払義務を負わない。懲戒処分としての出勤停止の場合も、賃金を支払わないのが一般である。

　天災地変により就労できなかった場合のように、労使双方の責めに帰することができない事由によって就労不能となった場合も使用者は賃金支払義務を負わない（民法536条1項には、当事者双方の責めに帰することができない事由によって債務を履行することができなくなったときには、債務者は反対給付を受ける権利を有しないと定められている）。

　ただし、理由なく自宅待機を命じられた場合や使用者の過失によって職場が焼失して就労できなかった場合など、使用者の責に期すべき事由により労働者が労務を提供できない場合には、ノーワーク・ノーペイの原則は適用されず、使用者は賃金支払義務を負う（民法536条2項には、債権者の責めに帰すべき事由によって債務を履行することができなくなったときには、債務者は反対給付を受ける権利を失わないと定められている）。

　なお、年次有給休暇は、ノーワーク・ノーペイの原則の法律（労働基準法）の定めによる例外である。

3　賃金支払の5原則

労働基準法24条は、「賃金支払の5原則」を定めている（内容は後述）。

　① 通貨払いの原則

　② 直接払いの原則

　③ 全額払いの原則

　④ 毎月1回払いの原則

　⑤ 一定の期日払いの原則

　賃金支払の原則に違反した場合には、30万円以下の罰金に処せられる（同法120条）。

(1) 通貨払の原則

「通貨払の原則」とは、賃金は「通貨」で支払われなければならないという原則である（労働基準法 24 条 1 項）。

このため、現物支給は原則として許されない。

ただし、労働協約に別段の定めがある場合または、厚生労働省令（労働基準法施行規則）で定めるものによる場合には、通貨以外の支払いが認められる（同条同項）。

例えば、賃金の口座振込による支払いは、労働者の同意があれば許される（労働基準法施行規則 7 条の 2）。

【通貨払の例外】

労働基準法施行規則は、労働者の同意ある場合には、①賃金の口座振込み、および、②退職手当を銀行その他の金融機関が自己宛に振出しもしくは支払保証をした小切手または郵便振替に支払うことを認めている（施行規則 7 条の 2）。

(2) 直接払の原則

「直接払の原則」とは、賃金は直接労働者に支払われなければならないという原則である（労働基準法 24 条 1 項）。かつて、親方や職業仲介人が賃金を代理受領して中間搾取を行うことや、年少者の賃金を親が奪い去ることなどが横行したため導入された原則である。

(3) 全額払の原則

「全額払の原則」とは、賃金は、その全額を支払わなければならないという原則である（労働基準法 24 条 1 項）。

ただし、法令に別段の定めがある場合または労使協定がある場合には、賃金の一部を控除して支払うことができる（同項）。

例えば、給与所得税の源泉徴収や社会保険料の控除、財形貯蓄金の控除は、税法・保険法・財産形成促進法という「法令に別段の定めがある場合」にあたる。

(4) 賃金の相殺禁止

　裁判例は、使用者が、労働者の債務不履行（業務の懈怠等）を理由とする損害賠償請求権や不法行為（背任等）を理由とする損害賠償請求権と賃金債権とを相殺することは、全額払の原則により許されないとしている。

　なお、労働者の側からする相殺については、全額払原則に反しない。

(5)　毎月1回以上払の原則、一定の期日払の原則

　「毎月1回以上払の原則、一定の期日払の原則」とは、賃金は毎月1回以上、一定の期日を定めて支払わなければならないという原則である（労働基準法24条2項）。

　ただし、臨時に支払われる賃金、賞与その他これに準ずるもので厚生労働省令で定める賃金は、この限りではない。

第2節　賃金の種類等

1　賃金の種類

　賃金は、一般的に、月例賃金（毎月決まって支給する賃金）と、賞与・一時金、退職金から構成される。

　「月例賃金」は、一般的に、「基本給」と諸手当、そして割増賃金から構成される。

（月例賃金の種類）

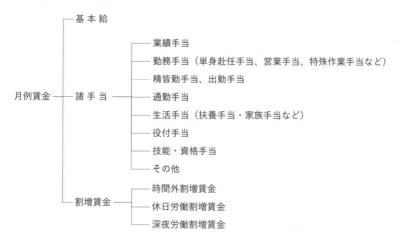

(1) 基本給

「基本給」は、賃金のうち、賞与・一時金や退職金、諸手当、割増賃金を含まない賃金の基本的部分である。

基本給には、職能給、役割給、職務給など複数の種類（賃金項目）があり、企業によって賃金項目が異なるだけでなく、各賃金項目の呼称も企業によって様々である（＝基本給は、年齢、学歴、勤続年数、経験、能力、資格、地位、職務、業績など労働者本人の属性または労働者の従事する職務に伴う要素によって算定されるが、どの要素を採用するかは企業によって様々である）。

基本給には、月給制（完全月給制）、日給月給制、日給制、時間給制などがある。

(2) 諸手当

手当の種類や手当の内容は、企業によって様々である。

2　基本給の種類

基本給には、月給制（完全月給制）、日給月給制、日給制、時間給制などがある。

(1) 月給制（完全月給制）

　「月給制（完全月給制）」は、1か月単位で算定され、労働日数に関係なく定額で支給する制度であり、欠勤があっても不就労分の賃金は控除されない。もっとも、賞与の査定において欠勤を考慮して金額を調整するなどして、実質的に欠勤の不就労分を控除する場合も多い。

(2) 日給月給制

　「日給月給制」は、1か月単位で算定され、欠勤した場合は、欠勤分の賃金が控除される制度である（遅刻・早退分の賃金を控除する場合も多い）。なお、有給休暇を取得した場合には、欠勤や遅刻・早退分の控除はできない。

(3) 日給制

　「日給制」は、1日単位で算定され、労働日数分を支給する制度である。日給制でも月払いが一般である。日給制では、月ごとの所定労働日数が異なる（月ごとのシフトにばらつきがある）と、欠勤がなくても月ごとの労働日数が異なってしまい、月ごとの基本給にばらつきが生じてしまう（日給月給制の場合には欠勤以外に基本給がばらつくことはない）。日給制は日雇いや短期アルバイトなどにみられる。

(4) 時間給制

　「時間給制」は、1時間単位で算定され、労働時間分を支給する制度である。月払いが一般である。シフトにより、月ごとの賃金にばらつきが生じがちである。パートタイム労働者やアルバイト、派遣労働者などに多くみられる。

3　決定基準・ルールで分けた賃金制度の種類

決定基準・ルールで分類した賃金制度には、次のものがある。
① 　勤続給（年齢給）
　　労働者の勤続年数（年齢）に応じて支給する賃金制度
　　「人」を基準とした賃金制度である。

② 職能給

　　労働者の能力または経験に応じて支給する賃金制度

　　「人」を基準としているものの、成果主義（後述）の要素を取り入れている。

③ 成果給

　　労働者の業績または成果に応じて支給する賃金制度

　　成果主義の賃金制度である。

④ 職務給

　　労働者の職務の内容に応じて支給する賃金制度

　　「人」を基準とせず、「職務」を基準とした等級で賃金額が決まる。

第3節　賃金に関する制度

1　休業手当

　使用者の責に帰すべき事由により労働者を休業させた場合は、使用者は、休業させた日について、平均賃金の6割以上の手当（休業手当）を支払わなければならない（労働基準法26条）。

　使用者の責に帰すべき事由による休業の例としては、店舗の改装による休業、工場の生産調整による休業、監督官庁の勧告による操業停止、親会社の経営難のための資金・資材の獲得困難による休業などが考えられる。

　労働基準法26条違反をした使用者に対し、裁判所は、労働者の請求により、未払金と同一額までの範囲で付加金の支払いを命ずることができる（労働基準法114条）。

　労働基準法26条違反は30万円以下の罰金に処せられる（同法120条）。

2　平均賃金

　「平均賃金」は、次の金額を算定する際の基準となる賃金である。

　　① 解雇予告手当（平均賃金の30日分以上）

　　② 休業手当（平均賃金の6割以上）

226

③　年次有給休暇の賃金（平均賃金）

④　休業補償等の災害補償（平均賃金の6割等）

⑤　減給制裁の制限（平均賃金の半額まで等）

　平均賃金は、原則として、算定事由の発生した日の直前の賃金締切日以前3か月間に支払われた賃金の総額を、その期間の総日数（暦日数）で除した金額である（労働基準法12条）。

　　・平均賃金＝過去3か月間の賃金総額÷過去3か月間の暦日数

3　労働者名簿・賃金台帳の保存義務

　使用者は、本社、本店、営業所等の事業場ごとに労働者名簿と賃金台帳とを作成し、労働者名簿は退職日から5年間、賃金台帳は最後の記入をした日から5年間、それぞれ保存しなければならない（労働基準法109条）。

　労働基準法109条違反は30万円以下の罰金に処せられる（同法120条）。

4　最低賃金
(1) 最低賃金制度

　「最低賃金制度」は、国が、最低賃金法に基づいて賃金の最低額を定めて、使用者に対してその遵守を強制する制度である。

　最低賃金は、時給で示され、毎年見直されているが、具体的には、中央最低賃金審議会から示される引上げ額の目安を参考にしながら、各都道府県の地方最低賃金審議会での地域の実情を踏まえた審議・答申を得た後、異議申出に関する手続きを経て、都道府県労働局長により決定される。

【最低賃金の種類】

最低賃金には、次の2種がある。

①　地域別最低賃金

都道府県ごとに定められ、産業や職種にかかわりなく、都道府県内の事業場で働くすべての労働者とその使用者に対して適用される最低賃金

　地域別最低賃金は、その企業の本社がある都道府県ではなく、事業場がある都道府県ごとに定められた額が適用される。

　2023 年度には、全国加重平均最低賃金が 1,004 円となり、初めて 1,000 円を超えた。

② 特定（産業別）最低賃金

　特定地域内の特定の産業について、地域別最低賃金より金額水準の高い最低賃金を定めることが必要と認めるものについて設定される最低賃金。

(2) 最低賃金の規制の効果

　最低賃金額より低い賃金を労使で合意しても無効となり、最低賃金額と同額の定めをしたものとされる（最低賃金法 4 条 2 項）。

　したがって、最低賃金未満の賃金しか支払わなかった場合には、最低賃金額との差額を支払わなくてはならない。

　地域別最低賃金額以上の賃金額を支払わない場合には、最低賃金法に罰則（50 万円以下の罰金）が定められ、特定（産業別）最低賃金額以上の賃金額を支払わない場合には、労働基準法に罰則（30 万円以下の罰金）が定められている。

5　賃金の改定

(1) 賃金の改定

　「賃金の改定」とは、全てまたは一部の労働者を対象とした定期昇給（定昇）、賃金表の改定（ベースアップ・ベースダウン）、賃金カット、諸手当の改定等のことをいう。

(2) 賃上げ

　「賃上げ」は、賃金を上げることである。

　賃上げの方法としては、定期昇給やベースアップが多い。

　その他に、賞与・一時金や手当を厚くする、残業時間が減っても年収が減らない制度を導入する、所定労働時間を短縮するといったものもみられる。

(3) 定期昇給（定昇）とベースアップ（ベア）

　定期昇給（定昇）とは、毎年一定の時期を定めてその企業の昇給制度に従って行われる昇給である。定期昇給は、労働者の勤続による職務能力の向上に応じて行う昇給であるといえる。

　「ベースアップ（ベア）」とは、賃金表（学歴、年齢、勤続年数、職務、職能などにより賃金がどのように定まるかを表にしたもの）の改定により賃金水準を引き上げる昇給である。ベースアップは、物価上昇や会社の業績等を考慮して行うことが多い。

　これに対し、「ベースダウン」は、賃金表の改定により賃金水準を引き下げることである。

(4) 賃上げ率

　「賃上げ率」は、賃金の現行ベース（労使交渉前の平均賃金）に対する労使交渉による妥結額の割合である。労使交渉や賃金の動向把握に用いられる。

　春闘時期後に、厚生労働省、日本労働組合総連合会（連合）、一般財団法人日本経済団体連合会（経団連）等が発表している。

6　賃金支払確保法

　「賃金の支払の確保等に関する法律（賃金支払確保法，賃確法）」とは、企業経営が安定を欠くに至った場合及び労働者が事業を退職する場合における賃金の支払等の適正化を図るため、貯蓄金の保全措置及び事業活動に著しい支障を生じたことにより賃金の支払を受けることが困難となった労働者に対する保護措置その他賃金の支払の確保に関する措置を講じ、もって労働者の生活の安定に資することを目的とする法律である。

第 12 章　労働時間・休憩・休日に関する規制

第 1 節　労働時間・休憩・休日の原則

1　労働時間

(1) 法定労働時間

「法定労働時間」は、労働基準法で定められる 1 週および 1 日の最長労働時間の規制である。

以下の法定労働時間の規制に違反した者は 6 か月以下の懲役または 30 万円以下の罰金に処せられる (同法 119 条)。

①　1 週の法定労働時間 (40 時間)

使用者は、労働者に、1 週間について 40 時間を超えて労働させてはならない (労働基準法 32 条 1 項)。

②　1 日の法定労働時間 (8 時間)

使用者は、1 週間の各日については、1 日について 8 時間を超えて労働させてはならない (同法 32 条 2 項)。

(2) 所定労働時間

① 意義

「所定労働時間」とは、始業時刻から就業時刻までの時間 (拘束時間) から休憩時間 (後述) を除いた時間である。

所定労働時間は、就業規則において、各労働日における始業時刻から終業時刻までの時間と、この間の休憩時間を特定することで定められる。

② 法定労働時間を超えた所定労働時間の扱い

就業規則等で法定労働時間を超えた所定労働時間が定められている場合は、法定労働時間を超えた部分が労働基準法 32 条違反により無効となり、その部分の時間は労働させることができない。

法定労働時間を超えて時間外労働 (残業) をさせるためには、あらかじめ、労使協定 (36 協定) を締結する必要がある。

(3) 事業場を異にして労働する場合の労働時間の扱い

「事業場を異にする場合においても」労働時間は通算して計算する (労働基準法 38 条 1 項)。

行政解釈では、同一使用者の下で事業場を異にする場合のみならず、別使用者の下で事業場を異にする場合も含まれるとされている (S.23.5.14 基発第 769 号)。

ただし、使用者が、当該労働者の別使用者の事業場における労働を知らない場合には、労働時間の通算による労働基準法違反は故意がないため不成立となると解されている。

(4) 「労働時間」の意味

労働基準法が規制する「労働時間」は、始業時刻から就業時刻までの拘束時間のから休憩時間 (後述) を除いた時間として、現に労働させる時間 (実労働時間) である。

裁判例や行政解釈は、労働基準法上の労働時間を「労働者が使用者の指揮命令下に置かれている時間」としている。

従って、例えば、作業と作業との待機時間である「手待時間」は、使用者の指示があれば直ちに作業に従事しなければならない時間として使用者の指揮監督下に置かれているから、労働時間に含まれる。

なお、休憩時間であっても使用者の作業上の指揮監督から開放されているか疑わしい場合や、企業外研修などの活動が私的な活動とは言い難い場合など、使用者の明確な指揮監督下になされない業務への従事もある。そこで、「労働時間」を「使用者の作業上の指揮監督下にある時間または使用者の明示または黙示の指示によりその業務に従事する時間」と定義して基準を明確化する有力説もある (裁判例も、結論的には同様の判断をしている)。

従って、使用者が知らないままに労働者が勝手に業務に従事した時間は労働時間に該当しないが、休憩時間とされていても電話対応を余儀なくされている場合は労働時間に該当するといえる。

2　休憩時間

(1) 休憩時間に関する原則

使用者は、1 日の労働時間が、

① 6 時間を超える場合は 45 分以上

② 8 時間を超える場合は 1 時間以上

の休憩を与えなければならない (労働基準法 34 条)。

休憩時間の規制に違反した者は 6 か月以下の懲役または 30 万円以下の罰金に処せられる (同法 119 条)。

休憩時間は、①労働時間の途中で、②一斉に与え、かつ③労働者の自由に利用させなければならない (同条)。

(2) 休憩時間に関連する事項

① 休憩時間を置く時間帯

休憩時間を労働時間のどの時点に置かなければならないかについては、労働基準法に定めはない。

しかし、例えば 7 時間 30 分労働の最後に休憩時間を置くと、休憩なしで連続 7 時間 30 分の労働となり労働者に負担となる。そこで、労働者の負担にならない時間帯に休憩時間を置くことが望ましいとされている。

② 休憩時間中の自由

休憩時間は労働者が自由に利用できるから、休憩時間中の外出も自由にできるように職場環境を整えるよう努めるべきである。

来客や電話の当番をさせることは、休憩室からの外出が制限されるため、原則として許されない。

③ 一斉休憩の原則の例外

労使協定を締結すれば、休憩を一斉に与えないことができる (労働基準法 34 条 2 項)。

また、運輸交通業、商業、保健衛生業、接客娯楽業等の公衆の不便を避けるために必要等の事情がある事業は、一斉休憩の適用が除外されている (同法 40 条, 同法別表第 1、同法施行規則 31 条)。

3　休日

(1) 休日と週休制の原則

「休日」とは、労働契約上、労働義務のない日をいう。

使用者は、労働者に対し、以下のいずれかの休日を与えなければならない (労働基準法 35 条)。

　　① 毎週少なくとも 1 日の休日（週休制の原則）

　　② 4 週間を通じて 4 日以上の休日（変形週休制）

休日の規制に違反した者は 6 か月以下の懲役または 30 万円以下の罰金に処せられる (同法 119 条)。

［休日の特定］

法律上は、休日（法定休日）をどの日にするかの定めはないから、事業主が休日（法定休日）を特定する義務はなく、休日が日曜日である必要もない。

もっとも、行政監督上は、週休制の趣旨に鑑みて、就業規則において休日をできるだけ特定するよう指導するという方針がとられている。

(2) 休日の振替と代休

① 意義

「休日の振替（振替休日）」とは、休日を勤務日に変更する代わりに、勤務日を休日にするように、休日と他の勤務日をあらかじめ振り替えることをいう。

「代休」とは、事前に休日の振替手続きをとらず、本来の休日に労働を行わせた後に、その代わりの休日を付与することをいう。

② 振替休日の要件

振替休日は、36 協定が締結されておらず法定休日に労働させられない場合などに、休日労働させる必要が生じたときに行われる。

振替休日を行うためには、就業規則に、業務の必要により就業規則で定める休日を他の日に振り替えることができる旨の規定が存在するか労働者の事前の個別的同意を得ることが必要である。

振替休日が同一週の場合、休日出勤日については通常の賃金を支払えばよく、振替休日について賃金を支払う必要はない。

もっとも、振替休日の実施により当該週の労働時間が週法定労働時間（40時間）を超える場合は、時間外労働になるので、36協定が必要であり、時間外割増賃金も支払わなければならない。

③ 代休の要件

代休は、休日労働や長時間労働をさせた場合に、その代償として他の労働日を休日とするときに行われる。

代休自体は任意に与えることができるが、代休を与えるとしても、休日労働や時間外労働をさせるためには36協定が必要であり、また、休日労働や時間外労働の割増賃金も支払わなければならない。

4　労働時間規制の適用除外
(1) 労働時間・休憩・休日に関する規制の適用除外

次の労働者には労働基準法で定める法定労働時間、休憩、休日の規定が適用されない（労働基準法41条）。

① 農業または水産業等の事業に従事する者（労働基準法41条1号）
② 管理監督者、機密の事務を取り扱う者（労働基準法41条2号）
③ 監視または断続的労働に従事する者で行政官庁の許可を得たもの（労働基準法41条3号）

なお、上記の者であっても、深夜業と年次有給休暇に関する規定の適用はあるので、注意を要する。

(2) 管理監督者

「管理監督者」（監督若しくは管理の地位にある者）とは、事業主に代わって労務管理を行う地位にあり、労働者の労働時間を決定し、労働時間に従った労働者の作業を監督する者である。管理監督者は、労働基準法で定められた労働時間、休憩、休日の規定が適用されない。

管理監督者に該当する者は、その職務の性質上、法定労働時間の枠を超えて勤務する必要があり労働時間等に関する規制になじまないことや、

自らの労働時間の決定について裁量権が与えられ、しかもその地位に応じた高い待遇を受けるので、労働時間等の規定の適用から除外しても労働基準法の理念に反しないことにあるといわれている。

　管理監督者は、監督の地位または管理の地位にある者である。

　監督の地位とは、使用者のために労働者の労働状況を観察し、労働条件の履行を確保する地位とされる（東京地判 H.30.7.27）

　管理の地位とは、労働者の採用・解雇・昇給・転勤等、人事管理上の地位にあることをいうとされる（同判決）

　なお、いわゆる「管理職」として、管理・監督権限を有しないにも関わらず時間外手当が支払われないといった違法事例が多くみられたため、管理監督者の導入及び運用には注意を要する。

　行政解釈では、管理監督者に該当するためには、経営者と一体の立場にある者であることを要する。

① 経営者と一体の立場にある者

　行政解釈では、管理監督者に該当するためには、「労働条件の決定その他労務管理について経営者と一体の立場」になければならず、役職名にとらわれず、その職務内容、責任と権限、勤務態様等の実態によって判断しなければならないとされている（昭和22年9月13日発基第17号，昭和63年3月14日基発第150号）。

［管理監督者と深夜割増賃金］

　管理監督者に適用されないのは「労働時間、休憩及び休日に関する規定」であり（労働基準法41条2項）、深夜割増の規定（同法37条3項）の適用は除外されていないから、管理監督者であっても深夜割増賃金を請求できるのが原則である。

② 過半数代表者と管理監督者

管理監督者は、労使協定をする「過半数代表者」となることができない。

第2節　休日労働・代替休暇

1　時間外労働と休日労働

(1) 時間外労働

「時間外労働（残業）」とは、1日または1週の法定労働時間（1日8時間、1週40時間）を超える労働である。

(2) 休日労働

「休日労働」とは、法定休日における労働である。

［週休2日制と法定休日］

法定休日は、原則として、毎週少なくとも1日とされている。週休2日制の場合の法定休日を超える1日分の休日は、「法定外休日」と呼ばれる。

法定休日労働には割増賃金（35％以上）を支払う必要があるのに対し、法定外休日労働にはその必要はなく、週の法定労働時間を超える場合に時間外割増賃金（25％以上）を支払えば足りるので、通達により、いずれの休日が法定休日にあたるかを就業規則などにより明示することが望ましいとされている。

(3) 36協定

「36（さぶろく）協定」は、時間外労働や休日労働を認めるために事業場の過半数組織組合または過半数代表者と締結する労使協定である。根拠条文（労働基準法36条）の条数から「36協定」と呼ばれる。

36協定がないまま時間外労働・休日労働をさせた場合は、法定労働時間の規制（同法32条）の違反である。

36協定は、監督官庁（所轄の労働基準監督署長）に届けなければならない（同法36条）。また、36協定は、作業場の見やすい場所への掲示や備え付け、書面の交付などの方法により、労働者に周知させなければならない（労働基準法106条1項）。

　36協定をする場合は、「時間外又は休日の労働をさせる必要のある具体的事由、業務の種類、労働者の数並びに1日及び1日を超える一定の期間についての延長することができる時間又は労働させることができる休日について、協定しなければならない」(労働基準法施行規則16条1項)。

　36協定の延長時間（時間外労働時間）は、下記3点について、協定しなければならない。

① 1日

② 1日を超え、3か月以内の期間

③ 1年間

3　割増賃金と割増率

(1) 割増賃金

　法定時間外・法定休日・深夜（午後10時〜午前5時）に労働させた場合は、通常の労働時間または労働日の賃金の計算額に一定の割増率を乗じた割増賃金を支払わなければならない(労働基準法37条)。

　その趣旨は、時間外労働等を抑制し労働時間に関する労働基準法の規定を遵守させるとともに、過重な労働をした労働者への補償を行うことにある。

　時間外・休日・深夜労働の割増賃金の支払義務に違反した使用者に対し、裁判所は、労働者の請求により、未払金と同一額までの範囲で付加金の支払いを命ずることができる(労働基準法114条)。

　時間外・休日・深夜労働の割増賃金の支払義務に違反した場合は、6か月以下の懲役または30万円以下の罰金に処せられる(労働基準法119条)。

(2) 割増率

　割増率は、次のとおり定められている。

① 1か月合計60時間までの法定時間外労働および深夜労働については、25％（2割5分）以上の率

② 1か月合計60時間を超えた法定時間外労働が行われた場合の60時間を超える時間外労働については、50％（5割）以上の率

③　休日労働については、35%（3 割 5 分）以上の率

④　深夜労働については、25%（2 割 5 分）以上の率

　なお、②については、「中小事業主」は、適用が猶予されていたが（労働基準法 138 条）。

(3) 割増賃金の算定】

　割増賃金は、「通常の労働時間又は労働日の賃金」に割増率を乗じて算定される（労働基準法 37 条）。「通常の労働時間又は労働日の賃金」の算定方法は、労働基準法施行規則 19 条に規定されている。

・法定労働時間（1 日 8 時間）より短い所定労働時間（例：7 時間等）を定めている場合は、所定労働時間外で法定労働時間内の残業（例：1 時間分）の賃金は、特に合意のない限り、割増なしで支払う。

・月給制の場合、割増賃金の算定基礎となる賃金（月額）を 1 か月あたり総所定労働時間数で除して 1 時間あたり賃金を計算し、割増賃金を算定する。

・月によって所定労働時間数が異なる場合には、1 年間における 1 か月平均所定労働時間数（月平均労働時間数）を用いる。

4　代替休暇

　「代替休暇」とは、労使協定を締結することにより、1 か月に 60 時間を超える時間外労働を行った労働者に対し、1 か月 60 時間を超える時間外労働の部分の割増率（50%以上）のうち通常の割増率（25%以上）に付加された特別の割増率の部分については、割増賃金の支払に代えて、通常の賃金が支払われる休暇（労働基準法 39 条の有給休暇とは別の有給休暇）を付与することができるというものである（労働基準法 37 条 3 項）。2010 年の労働基準法改正で、特に長時間の時間外労働をさせた労働者に休息の機会を与えることを目的として制度化された。

　なお、代替休暇は、1 か月 60 時間を超える時間外労働の割増率のうち特別の割増率の部分について利用できるものであるから、代替休暇を

与える場合でも、通常の割増率（25％以上）による割増賃金は支払わなければならない。

（代替休暇のイメージ）

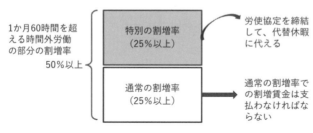

1か月60時間を超える時間外労働の部分の割増率　50％以上

特別の割増率（25％以上）→ 労使協定を締結して、代替休暇に代える

通常の割増率（25％以上）→ 通常の割増率での割増賃金は支払わなければならない

第3節　変形労働時間制

1　意義と類型

(1)　概要

「変形労働時間制」とは、一定の単位期間（変形期間）について、週あたりの平均労働時間が週法定労働時間の枠内に収まっていれば、1週または1日の法定労働時間の規制を解除することを認める制度である（労働基準法32条の2・4・5）。

1週40時間・1日8時間という法定労働時間は、各週・各日ごとの規制であるため、例えば、ある週の労働時間が40時間を超えた場合には、他の週の労働時間が40時間よりも短くても割増賃金を支払う必要がある。しかし、変形労働時間制によれば、労働時間の長い週または日と、短い週または日との間で、労働時間を平均し、その平均時間が週40時間を超えるか否かにより、時間外労働を検討すればよいことになる。いわば、労働時間の総量規制である。

変形労働時間制は、後述するフレックスタイム制や裁量労働制とともに、労働時間規制を弾力化し、柔軟な働き方を実現する制度である。

（概念図）

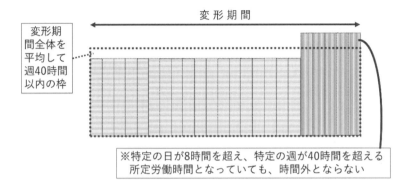

変 形 期 間

変形期間全体を平均して週40時間以内の枠

※特定の日が8時間を超え、特定の週が40時間を超える所定労働時間となっていても、時間外とならない

(2) 類型

変形労働時間制は、次の類型が認められている。

① 1か月以内の単位の変形労働時間制 （労働基準法 32 条の 2）

② 1年以内の単位の変形労働時間制 （労働基準法 32 条の 4）

③ 1週間単位の非定型的変形労働時間制 （労働基準法 32 条の 5）

　※ ③は、適用対象が「小売業、旅館、料理店、飲食店であって常時 30 人未満の労
　　働者を使用するもの」に限られている。

2　1か月以内の単位の変形労働時間制
(1) 概要

　使用者は、事業場の過半数組合または過半数代表者との書面による労使協定または就業規則その他これに準ずるものにより、1カ月以内の一定期間を平均し1週間当たりの労働時間が週の法定労働時間（40 時間。特例事業では 44 時間）を超えない定めをした場合においては、特定された週において1週の法定労働時間を、または特定された日において1日の法定労働時間（8 時間）を超えて、労働させることができる（労働基準法 32 条の 2）。

(2) 1か月単位の変形労働時間制が利用される例

　1か月以内の単位の変形労働時間制は、単位期間（変形期間）を平均した所定労働時間が1週40時間を超えないようにしておけば（＝単位期間の総所定労働時間が単位期間の法定労働時間の総枠の範囲を超えないようにしておけば）、特定の週・日に1週40時間または1日8時間を超えた所定労働時間を定めても時間外労働とならない。このため、月末・月初や特定の週などに業務が集中し、月内で業務に繁閑のある業種で利用されている。

　なお、深夜交代制労働（例えば、午前9時から午後6時のシフトと午後3時から午後11時のシフト。休憩時間1時間）で、変形労働時間が利用される例も見られるが、この場合は、深夜労働の割増賃金の支払いは必要である。

　（1か月以内の単位の変形労働時間制の概念図）

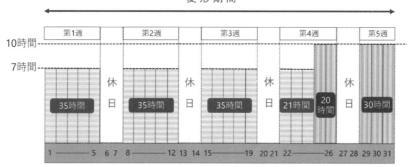

3　1年以内の単位の変形労働時間制

(1) 概要

　使用者は、事業場の労使協定により、1か月を超え1年以内の一定期間を平均して1週間あたりの労働時間が40時間を超えない定めをした場合には、特定された週において40時間を、または特定された日において8時間を超えて、労働させることができる（労働基準法32条の4）。

1 年以内の単位の変形労働時間制は、労使協定で定めなければならず、就業規則で定めることはできない。単位期間が長いと、特定の時期の労働時間が集中的に長くなるなどして労働者の生活に悪影響をもたらすおそれがあるからである。

(2) 1 年以内の単位の変形労働時間制が利用される例

1 年以内の単位の変形労働時間制は、単位期間を平均した労働時間が 1 週 40 時間を超えないようにしておけば、繁忙期には 1 週 40 時間または 1 日 8 時間を超えた所定労働時間を定めてもその所定労働時間は時間外労働とならないため、季節などにより業務の繁閑の差が大きい業種で利用されている。

4　1 週間単位の変形労働時間制
(1) 概要

日ごとの業務に著しい繁閑の差が生ずることが多い零細規模の一部サービス業については、事業場の労使協定による 1 週間単位の非定型的な変形労働時間制が認められている（労働基準法 32 条の 5）。

1 週間単位の変形労働時間制は、労使協定で定めなければならない。1 か月単位の変形労働時間制と異なり、あらかじめ所定労働時間を特定することが要求されていないからである。

1 週間単位の変形労働時間制の適用対象は、「小売業、旅館、料理店、飲食店であって常時 30 人未満の労働者を使用するもの」に限られるため（労働基準法施行規則 12 条の 5）、実際にはあまり利用されていない。

5　変形労働時間制と時間外労働

変形労働時間制は所定時間の変形であるから、変形労働時間制を導入しても、所定時間外労働・法定時間外労働はありうる。

なお、変形労働時間制は、休憩、休日労働、深夜労働の法規制を解除するものではないから、休憩・休日は必要であるし、休日労働や深夜労働に対する割増賃金の支払も必要である。

　変形労働時間制のもとでは、変形期間内の所定労働時間が平均して週40時間を超えなければ、特定の1日の所定労働時間が8時間を超えていたり、特定の週の所定労働時間が40時間を超えていても、超えている部分の所定労働時間の範囲内での労働は時間外労働にはならない。

　これに対し、所定時間外労働が法定労働時間外となる場合には、法定労働時間外の労働をさせるためには36協定の締結・届出が必要であるし、時間外割増賃金を支払う必要もある。

6　変形労働時間制の適用の制限

　変形労働時間制は、労働者の状況によっては対応が困難な場合があるため、労働基準法では、次の適用制限を定めている。

① 妊産婦が請求した場合は、変形労働時間制を採用していても、法定労働時間をこえて労働させてはならない（労働基準法66条1項）。

② 変形労働時間制を採用していても、育児を行う者、老人の介護を行う者、職業訓練または教育を受ける者その他特別な配慮を要する者については、これらの者が育児等に必要な時間を確保できるような配慮をしなければならない（労働基準法施行規則12条の6）。

第 13 章　安全・健康の確保と災害補償

第 1 節　安全・健康の確保

1　労働安全衛生法と労働災害

(1) 労働安全衛生法

「労働安全衛生法」は、職場における労働者の安全と健康を確保するとともに、快適な職場環境の形成を促進することを目的とする法律である。

労働安全衛生法の付属法として、じん肺法、労働災害防止団体法、作業環境測定法などがある。

事業者は、労働安全衛生法で定める労働災害の防止のための最低基準を守るだけでなく、快適な職場環境の実現と労働条件の改善を通じて職場における労働者の安全と健康を確保するようにしなければならない (同法 3 条 1 項)。また、労働者も、労働災害を防止するため必要な事項を守るほか、事業者その他の関係者が実施する労働災害の防止に関する措置に協力するように努めなければならない (同法 4 条)。

(2) 労働災害

「労働災害」とは、「・・・業務に起因して、労働者が負傷し、疾病にかかり、又は死亡すること」である (労働安全衛生法 2 条 1 号)。

労働災害は、労災補償の対象である「業務災害」と同じ意味の用語である。

2　労働安全衛生法により事業者が講ずべき措置と監督

労働安全衛生法は、事業者が講ずべき措置として、次の事項を定めている。違反行為については、罰則が定められている (同法 115 条の 2 以下)。

① 安全衛生管理体制を確立すること (10 条〜19 条)

一定規模以上の事業場では、総括安全衛生管理者、安全管理者、衛生管理者、安全衛生推進者等を選任して、事業場内の安全衛生管理体制を確立しなければならない。

② 労働者の危険または健康障害を防止するための措置（20条〜36条）

　事業者は、労働者の危険または健康障害を防止するために必要な措置を講じなければならない。また、労働者を就業させる建設物その他の作業場の保全並びに換気、採光、照明、保温、防湿等、労働者の健康、風紀及び生命の保持のために必要な措置を講じなければならない。

③ 労働者の就業に当たっての措置（59条〜63条）

　事業者は、労働者を雇い入れたときまたは労働者の作業内容を変更するときには、安全衛生教育を行わなければならない。

　クレーン運転など一定の業務については、免許を有する者、一定の技能講習を修了した者でなければ就業させてはならない。

　中高年齢者など特に労働災害の防止に配慮を必要とする者については、適正な配置をするように努めなければならない。

④ 労働者の健康の保持増進のための措置（66条〜71条）

　事業者は、労働者を雇い入れるときや、継続雇用するときには、定期健康診断を行わなければならない。また、事業場の業務が有害業務である場合は、特別な健康診断を行わなければならない。

　「有所見者」（健康診断で何らかの異常が見つかった者）については、健康保持のために必要な措置について医師等の意見を聴き、労働者の実情を考慮した上で適切な措置を講じなければならない。また、長時間労働者については、労働者からの申し出があれば、医師による面接指導を行う必要がある。

⑤ 快適な職場環境の形成のための措置（71条の2）

　事業者は、事業場における安全衛生の水準向上のため、職場環境を快適な状態に維持管理する努力義務を負う。

　このため、事業者は、作業方法の改善、疲労回復のための措置を講ずることが必要とされている。

　また、職場のいじめ（パワーハラスメント）やストレスからくる心の問題（メンタルヘルス）などへの対応も求められる。

3 労働安全衛生法の実効性確保と監督

労働安全衛生法の実効性を確保するために、同法違反に対しては罰則（同法 115 条の 2 以下）が定められている。

監督に関しては、労働基準監督官が事業場への立ち入り、関係者への質問、帳簿・書類等の検査などを行う権限を有し（同法 91 条）、厚労省・都道府県労働局・労基署の産業安全専門官・労働衛生専門官も同様の権限を有する（同法 93 条・94 条）。また、労働災害の発生防止のために、都道府県労働局長や労働基準監督署長が作業の停止や建物の使用停止を命じることがある（同法 98 条）。

4 安全衛生管理体制
(1) 総括安全衛生管理者、安全管理者、衛生管理者

労働安全衛生法は、事業場を一つの適用単位として、各事業場の業種、規模等に応じて、総括安全衛生管理者、安全管理者、衛生管理者の選任を義務づけている。

① 総括安全衛生管理者

事業者は、政令で定める規模（建設業・運送業等は 100 人以上，製造業等は 300 人以上，その他の業種は 1,000 人以上）の事業場ごとに、「総括安全衛生管理者」を選任し、その者に安全管理者、衛生管理者等の指揮をさせるとともに、労働者の危険または健康障害を防止するための措置等（労働安全衛生法 10 条各号に定める措置等）を統括管理させなければならない（労働安全衛生法 10 条）。

② 安全管理者

事業者は、法定の業種（建設業・運送業等）について、50 人以上の労働者を使用する事業場ごとに、「安全管理者」を選任し、その者に安全衛生業務のうち安全に係る技術的事項を管理させなければならない（労働安全衛生法 11 条）。

安全管理者は、厚生労働大臣が定める安全管理者選任時研修を受講した者等の有資格者から選任しなければならない。

③ 衛生管理者

　常時 50 人以上の労働者を使用する事業者は、「衛生管理者」を選任し、その者に安全衛生業務のうち、衛生に係る技術的事項を管理させなければならない (労働安全衛生法 12 条)。政令で定める規模の事業場ごとに、選任しなければならない衛生管理者の人数が定められている。

　衛生管理者は、衛生管理者免許などの免許等保有者から選任しなければならない。

5　安全委員会

　「安全委員会」は、労働者の危険の防止に関する重要事項を調査審議する委員会である。

　事業者は政令で定める業種・規模（建設業等は 50 人，運送業等は 100 人）ごとに安全委員会を設置しなければならない。

［調査審議事項］

　安全委員会の調査審議事項は、次の事項である (労働安全衛生規則 21 条)。
① 労働者の危険を防止するための基本となるべき対策に関すること
② 労働災害の原因及び再発防止対策で安全に係るものに関すること
③ そのほか、労働者の危険の防止に関する重要事項

［構成員］

安全委員会の構成員は、次の要件をみたすように事業者が指名する。
① 総括安全衛生管理者またはそれ以外の者で、当該事業場において事業の実施を統括管理するもの若しくはこれに準ずる者　1 名（議長）
② 安全管理者　1 名以上
③ 当該事業場の労働者で、安全に関し経験を有する者　1 名以上

6　衛生委員会

　衛生委員会は、労働者の健康障害の防止及び健康の保持増進に関する重要事項を調査審議する委員会である。

　事業者は、常時 50 人以上の労働者を使用する事業場ごとに衛生委員会を設置しなければならない。

［調査審議事項］

衛生委員会の調査審議事項は、次の事項である（労働安全衛生規則22条）。

① 労働者の健康障害を防止するための基本となるべき対策に関すること

② 労働者の健康の保持増進を図るための基本となるべき対策に関すること

③ 労働災害の原因及び再発防止対策で、衛生に関すること

④ そのほか、労働者の健康障害の防止及び健康の保持増進に関する重要事項

［構成員］

衛生委員会の構成員は、次の要件をみたすように事業者が指名する。

① 総括安全衛生管理者またはそれ以外の者で、当該事業場において事業の実施を統括管理するもの若しくはこれに準ずる者　1名（議長）

② 衛生管理者　1名以上

③ 産業医　1名以上

④ 当該事業場の労働者で、衛生に関し経験を有する者　1名以上

7　安全衛生委員会

安全委員会と衛生委員会の両方を設けなければならないときは、それぞれの委員会の設置に変えて、「安全衛生委員会」を設置することができる。

8　委員会を設けるべき事業者以外の事業者が講ずべき措置

労働者数が50人未満の事業者など、安全委員会・衛生委員会を設けるべき事業者以外の事業者は、安全または衛生に関する事項について、関係労働者の意見を聴くための機会を設けるようにしなければならない（労働安全衛生規則第23条の2）。

9　地域産業保険センターによる産業保健サービスの提供

「地域産業保健センター」では、労働者数が 50 人未満の小規模事業場の事業主や小規模事業場で働く者を対象として、労働安全衛生法で定められた保健指導などの産業保健サービス（以下）を無料で提供している。

10　産業医

常時 50 人以上の労働者を使用する事業場においては、事業者は、産業医を選任し、労働者の健康管理等を行わせなければならない（労働安全衛生法 13 条）。
政令で定める規模の事業場ごとに、選任しなければならない産業医の人数が定められている。

［産業医の職務］
産業医は、以下のような職務を行うこととされている。
・ 健康診断、面接指導等の実施及びその結果に基づく労働者の健康を保持するための措置、作業環境の維持管理、作業の管理等労働者の健康管理に関すること
・ 健康教育、健康相談その他労働者の健康の保持増進を図るための措置に関すること
・ 労働衛生教育に関すること
・労働者の健康障害の原因の調査及び再発防止のための措置に関すること
産業医は、労働者の健康を確保するため必要があると認めるときは、事業者に対し、労働者の健康管理等について必要な勧告をすることができる。
産業医は、少なくとも毎月 1 回作業場等を巡視し、作業方法または衛生状態に有害のおそれがあるときは、直ちに、労働者の健康障害を防止するため必要な措置を講じなければならない。

11　労働者の就業にあたっての措置（安全衛生教育）

　事業者は、労働者を雇い入れたときは、当該労働者に対し、その雇入れ、作業内容の変更、一定の危険・有害業務への従事の際に、従事する業務に関する安全または衛生のための教育を行なわなければならない（労働安全衛生法 59 条）。

　また、建設業、一定の製造業等一定業種（労働安全衛生法施行令 19 条）については、新たに職務につくこととなった職長その他の作業中の労働者を直接指導または監督する者に対し、安全または衛生のための教育を行なわなければならない（労働安全衛生法 60 条）。

12　健康の保持増進のための措置（健康診断）

(1) 健康診断

　事業者は、労働者に対し、厚生労働省令で定めるところにより、医師による健康診断を行なわなければならない（労働安全衛生法 66 条）。
違反した場合は、50 万円以下の罰金に処せられる（同法 120 条）。
労働安全衛生法に基づく健康診断の種類には、次のものがある。

　①　一般健康診断（同法 66 条 1 項）
　・雇入時の健康診断（同法施行規則 43 条）
　・定期健康診断（同法施行規則 44 条）
　・特定業務従事者の健康診断（同法施行規則 45 条）
　・海外派遣労働者の健康診断（同法施行規則 45 条の 2）
　・給食従事者の検便（同法施行規則 47 条）

　②　特殊健康診断（同法 66 条 2 項・3 項、じん肺法）
　・一定の有害な業務に従事する労働者等に対する健康診断

(2) 健康診断の受診義務

　労働者は事業者が行なう健康診断を受けなければならない（労働安全衛生法 66 条 5 項）。この法定健診の受診命令に拒否した労働者に対する罰則はないが、懲戒処分の対象となるとした裁判例はある。

労働者は、事業者の指定した医師とは別の医師による健康診断を受ける「医師選択の自由」が与えられている（同項但書）。

［法定外健診と受診義務］

　労働安全衛生法に基づく健康診断に該当しない「法定外健診」についても、労働者の受診義務・医師選択の自由が問題になることがある。この点、法定外検診は法令上の根拠がないことから、原則として、就業規則や労働協約の規定に基づいて実施しなければならないといえる。就業規則や労働協約の規定に基づいて使用者指定の病院における精密検査を命じた事案では、労働者の病気治癒という目的に照らして合理的で相当な内容のものであれば、労働者は受診を拒否することは許されないとした裁判例がある。

　また、私傷病による病気休職からの職場復帰の際の受診指示については、労働者に受診義務があるとした裁判例がある。

13　メンタルヘルスケア

(1) メンタルヘルスとメンタルヘルスケア

　「メンタルヘルス」は、心の健康である。

　「メンタルヘルスケア」とは、労働者の心の健康の保持増進のための措置である。

　近年、経済・産業構造が変化し、仕事や職業生活に関する強い不安、悩み、ストレスを感じている労働者の割合が高くなっているといわれる。ストレスのために、いらいらや不安感、気分の落ち込み等のメンタル面の不調（メンタルヘルス不調）に陥る労働者が増加し、「うつ病」のような精神疾患の患者数も増加している。

　このため、企業がメンタルヘルスケアを講ずることが求められている。企業にとっては、労働者のメンタルヘルス不調は、生産性を低下させるだけでなく、休職者・退職者が増加することによる人材損失や、残された労働者の負担増による過重労働といった問題を招く。企業イメージの悪化や訴訟に発展するといった例もある。

　企業がメンタルヘルスケアを実践することで、このようなリスクを回避するだけでなく、やる気や意欲の向上による生産性の向上につながるといわれている。

　メンタルヘルスケアに関連する制度等には、次のものがある。

・労働者の健康の保持増進のための措置を講ずる事業者の努力義務（労働安全衛生法 69 条）

　労働者の健康の保持増進のための措置を講ずる努力義務の内容として、事業者は、労働者の心の健康の保持増進のための措置（メンタルヘルスケア）を講ずる努力義務を負う。

・メンタルヘルス指針

　厚生労働省は、メンタルヘルスケアの実施方法等について定めるために、「労働者の心の健康の保持増進のための指針」（メンタルヘルス指針）を策定している。同指針は、「事業者は、本指針に基づき、各事業場の実態に即した形で、ストレスチェック制度を含めたメンタルヘルスケアの実施に積極的に取り組むことが望ましい。」としている。

・ストレスチェック制度（同法 66 条の 10 等）

　労働者のメンタルヘルス不調の防止のために、2014 年に労働安全衛生法が改正され、ストレスチェック制度が盛り込まれた。

(2) メンタルヘルスケアの基本的考え方

　事業者は、自らがストレスチェック制度を含めた事業場におけるメンタルヘルスケアを積極的に推進することを表明するとともに、衛生委員会等において十分な調査審議を行い、メンタルヘルスケアに関する事業場の現状とその問題点を明確にし、「心の健康づくり計画」を策定・実施するとともに、ストレスチェック制度の実施方法等に関する規程を策定する必要がある（メンタルヘルス指針）。

　メンタルヘルスケアの実施にあたっては、ストレスチェック制度の活用や職場環境等の改善を通じて、①メンタルヘルス不調を未然に防止する「一次予防」、②メンタルヘルス不調を早期に発見し適切な措置を行う

「二次予防」、③メンタルヘルス不調となった労働者の職場復帰の支援等を行う「三次予防」が円滑に行われるようにする必要がある。

　これらの取組みにおいては、教育研修・情報提供を行い、「4つのケア」を効果的に推進し、職場環境等の改善、メンタルヘルス不調への対応、休業者の職場復帰のための支援等が円滑に行われるようにする必要がある（同）。

(3) 4つのケア

　メンタルヘルスケアにおいては、次の「4つのケア」が継続的かつ計画的に行われることが重要である。
① セルフケア
② ラインによるケア
③ 事業場内産業保健スタッフ等によるケア
④ 事業場外資源によるケア

(4) セルフケア

　「セルフケア」は、労働者自身がストレスに気づき、これに対処するための知識、方法を身につけ、それを実施することである。

　心の健康づくりを推進するためには「セルフケア」が重要であるから、事業者は、労働者に対して、セルフケアが行えるように教育研修、情報提供を行うなどの支援をするものとされている（メンタルヘルス指針）。

　また、管理監督者にとってもセルフケアは重要であるから、事業者はセルフケアの対象として管理監督者も含めるものとされている（同）。

(5) ラインによるケア

　「ラインによるケア」は、日常的に労働者と接する、職場の管理監督者（ライン）の部下に対するメンタルヘルスケアである。
管理監督者は部下の状況や職場のストレス要因を把握し、改善を図ることができる立場にあることから、「ラインによるケア」は重要であり、管理監督者による次の取り組みが必要である（メンタルヘルス指針）。
・「いつもと違う」部下の把握と対応

・部下からの相談への対応
・メンタルヘルス不調の部下の職場復帰への支援

このため、事業者は、管理監督者に対して、ラインによるケアに関する教育研修、情報提供を行うものとされている (同)。

(6) 事業場内産業保険スタッフ等によるケア

「事業場内産業保健スタッフ等によるケア」は、事業場内産業保健スタッフ及び事業場内の心の健康づくり専門スタッフ、人事労務管理スタッフ等（「事業場内産業保健スタッフ等」）によるメンタルヘルスケアである。

「事業場内産業保健スタッフ等」は、セルフケア及びラインによるケアが効果的に実施されるよう、労働者及び管理監督者に対する支援を行うとともに、「心の健康づくり計画」の実施にあたり、中心的な役割を担う。

(7) 心の健康づくり計画

「心の健康づくり計画」とは、事業者が、衛生委員会等（衛生委員会または安全衛生委員会）の調査審議を経て、メンタルヘルスケアに関する事項について定める基本的な計画である。

事業主は、次の事項を定めた「心の健康づくり計画」を策定することが必要である (メンタルヘルス指針)。

① 事業者がメンタルヘルスケアを積極的に推進する旨の表明に関すること
② 事業場における心の健康づくりの体制の整備に関すること
③ 事業場における問題点の把握及びメンタルヘルスケアの実施に関すること
④ メンタルヘルスケアを行うために必要な人材の確保及び事業場外資源の活用に関すること
⑤ 労働者の健康情報の保護に関すること
⑥ 心の健康づくり計画の実施状況の評価及び計画の見直しに関すること

⑦ その他労働者の心の健康づくりに必要な措置に関すること

　なお、ストレスチェック制度は、各事業場の実情に即して実施されるメンタルヘルスケアに関する一次予防から三次予防までの総合的な取組の中に位置付けることが重要であることから、心の健康づくり計画において、その位置付けを明確にすることが望ましい。また、ストレスチェック制度の実施に関する規程の策定を心の健康づくり計画の一部として行っても差し支えない（同）。

(8) 事業場外資源によるケア

　「事業場外資源によるケア」とは、事業場外でメンタルヘルスケアの支援を行う機関・専門家を活用し、その支援を受けてメンタルヘルスケアを行うことである。

(9) メンタルヘルスケア推進にあたっての留意事項

　メンタルヘルスケアを推進するにあたっては、次の事項に留意することが重要である（メンタルヘルス指針）。

　① 心の健康問題の特性

　心の健康については、客観的な測定方法が十分確立しておらず、その評価には労働者本人から心身の状況に関する情報を取得する必要があり、さらに、心の健康問題の発生過程には個人差が大きく、そのプロセスの把握が難しい。また、心の健康は、すべての労働者に関わることであり、すべての労働者が心の問題を抱える可能性があるにもかかわらず、心の健康問題を抱える労働者に対して、健康問題以外の観点から評価が行われる傾向が強いという問題や、心の健康問題自体についての誤解や偏見等解決すべき問題が存在している。

　② 労働者の個人情報の保護への配慮

　メンタルヘルスケアを進めるに当たっては、健康情報を含む労働者の個人情報の保護及び労働者の意思の尊重に留意することが重要である。心の健康に関する情報の収集及び利用に当たっての、労働者の個人情報の保護

への配慮は、労働者が安心してメンタルヘルスケアに参加できること、ひいてはメンタルヘルスケアがより効果的に推進されるための条件である。

③ 人事労務管理との関係

労働者の心の健康は、職場配置、人事異動、職場の組織等の人事労務管理と密接に関係する要因によって、大きな影響を受ける。メンタルヘルスケアは、人事労務管理と連携しなければ、適切に進まない場合が多い。

④ 家庭・個人生活等の職場以外の問題

心の健康問題は、職場のストレス要因のみならず家庭・個人生活等の職場外のストレス要因の影響を受けている場合も多い。また、個人の要因等も心の健康問題に影響を与え、これらは複雑に関係し、相互に影響し合う場合が多い。

14 ストレスチェック制度

(1) 意義

「ストレスチェック制度」は、常時 50 人以上の労働者を雇用する事業場が毎年実施を義務付けられている「心理的な負担等を把握するための検査等」である（労働安全衛生法 66 条の 10）。

(2) 制度趣旨

ストレスチェック制度の基本趣旨は、定期的に労働者のストレスの状況について検査を行い、本人にその結果を通知して自らのストレスの状況について気付きを促し、個人のメンタルヘルス不調のリスクを低減させるとともに、検査結果を集団的に分析し、職場におけるストレス要因を評価し、職場の中で、メンタルヘルス不調のリスクの高いものを早期に発見し、医師による面接指導につなげることによって、労働者のメンタルヘルス不調を未然に防止することにある。

したがって、ストレスチェック制度の主たる目的は、精神疾患の発見ではなく、メンタルヘルス不調の未然防止である。

(3) 義務の対象

ストレスチェック制度の実施義務を負う事業場は、常時 50 人以上の労働者を雇用する事業場である。「労働者」にはパートタイム労働者や派遣先の派遣労働者も含まれる。

それ以外の事業場（常時 50 人未満の労働者を使用する事業場）については、ストレスチェック制度は当分の間、努力義務とされている。

(4) ストレスチェックの実施

ストレスチェック制度の実施責任主体は事業者であり、実施の手順は「心理的な負担の程度を把握するための検査及び面接指導の実施並びに面接指導結果に基づき事業者が講ずべき措置に関する指針」(ストレスチェック指針) に定められている。

(5) ストレスチェック実施における事業者の留意事項

事業者は、ストレスチェックの実施において、次の諸点に留意しなければならない (ストレスチェック指針、「労働安全衛生法に基づくストレスチェック制度実施マニュアル」(厚生労働省) ＝実施マニュアル)。

・心の健康に関する情報は機微な情報であることに留意し、実施方法から記録の保存に至るまでストレスチェック制度における労働者の個人情報が適切に保護されるような体制の構築が必要である。

・事業者は、ストレスチェック制度に関する労働者の秘密を不正に入手してはならない。このため、労働者の同意なくストレスチェック結果が事業者には提供されない仕組みとされている(労働安全衛生法 66 条の 10 第 2 項)。

・実施者（産業医など）とその補助（調査票の回収やデータ入力等）をする実施事務従事者（産業保健スタッフ、事務職員など）には、法律で守秘義務が課され(同法 104 条)、違反した場合は刑罰の対象となる(同法 119 条)。

・検査を受ける労働者について解雇、昇進または異動に関して直接の権限を持つ監督的地位にある者は、検査の実施の事務に従事してはならない (労働安全衛生法施行規則 52 条の 10)。

「解雇、昇進又は異動に関して直接の権限を持つ」とは、当該労働者の人事を決定する権限を持つことまたは人事について一定の判断を行う権限を持つことをいい、人事を担当する部署に所属する者であっても、こうした権限を持たない場合は、該当しない。

・労働者に対する不利益な取扱いの防止 (後述)

(6) ストレスチェックに関する労働者に対する不利益な取扱いの防止

事業者が、ストレスチェック及び面接指導において把握した労働者の健康情報等に基づき、当該労働者の健康の確保に必要な範囲を超えて、当該労働者に対して不利益な取扱いを行ってはならない。このため、事業者は、次に定めるところにより、労働者の不利益な取扱いを防止しなければならない (ストレスチェック指針)。

① 事業者は、労働者が面接指導の申出をしたことを理由として、当該労働者に対し、不利益な取扱いをしてはならない (労働安全衛生法 66 条の 10 第 3 項)。また、事業者は、当然に、ストレスチェック結果のみを理由とした不利益な取扱いについても行ってはならない。

② 労働者が受検しないこと等を理由とした不利益な取扱いの禁止

・ストレスチェックを受けない労働者に対して、これを理由とした不利益な取扱い (例：就業規則においてストレスチェックの受検を義務付け、受検しない労働者に対して懲戒処分を行うこと) を行ってはならない。

・ストレスチェック結果を事業者に提供することに同意しない労働者に対して、これを理由とした不利益な取扱いを行ってはならない。

・面接指導の要件を満たしているにもかかわらず、面接指導の申出を行わない労働者に対して、これを理由とした不利益な取扱いを行ってはならない。

③ 面接指導結果を理由とした不利益な取扱い

・措置の実施に当たり、医師による面接指導を行うことまたは面接指導結果に基づく必要な措置について医師の意見を聴取すること等の法令上求められる手順に従わず、不利益な取扱いを行ってはならない。

・面接指導結果に基づく措置の実施に当たり、医師の意見とはその内容・程度が著しく異なる等医師の意見を勘案し必要と認められる範囲内となっていないものまたは労働者の実情が考慮されていないもの等の法令上求められる要件を満たさない内容の不利益な取扱いを行うこと

・面接指導の結果を理由として、次に掲げる措置を行うこと。

（a）解雇すること

（b）期間を定めて雇用される者について契約更新をしないこと

（c）退職勧奨を行うこと

（d）不当な動機・目的をもってなされたと判断されるような配置転換または職位（役職）の変更を命じること

（e）その他の労働契約法等の労働関係法令に違反する措置を講じること

15　安全衛生改善計画
(1) 安全衛生改善計画・特別安全衛生改善計画

「安全衛生改善計画」とは、安全管理のための体制、職場の施設、安全教育などの面で総合的な改善整備を必要とする事業所に対し、都道府県労働局長が作成を指示する計画である（労働安全衛生法79条）。

「特別安全衛生改善計画」は、労働安全衛生法などの関係法令に違反し、一定期間内に同様の「重大な労働災害」を複数の事業場において発生させた企業に対して、当該企業の事業場において再び同様の重大な労働災害を発生しないようにするために必要な再発防止対策について、厚生労働大臣が作成を指示する計画である（同法78条。法改正により導入され、2015年6月から施行されている）。

安全衛生改善計画・特別安全衛生計画とも、計画を作成しようとする場合は、事業場の過半数組織組合または過半数代表者の意見を聴かなけ

ればならず、当該事業者・労働者は計画を守らなければならない（同法
78 条 2 項・3 項，79 条 2 項）。

第 2 節　災害補償

1　労働災害の補償制度

　労働災害の補償制度には、労働基準法による補償と労災保険法による
補償とがある。

　① 労働基準法による災害補償

　労働基準法による災害補償は、労働者が「業務上」負傷、疾病または
死亡（「傷病等」）した場合に使用者が一定の補償を行うことを義務付け
る制度である。

　労働基準法による災害補償は、「通勤災害」（後述）についての補償はな
い（「業務災害」（後述）の補償のみである）が、休業補償については第 1
日目から補償を受けられる。

　② 労働者災害補償保険法（労災保険法）による労災補償

　労災保険法による労災補償は、「業務災害」だけでなく「通勤災害」に
ついても補償を受けられるが、休業補償については、第 4 日目からしか
補償を受けられない。

　労災保険法による労災補償は、労災保険制度（後述）を利用して労働基
準法による使用者の災害補償義務を填補する制度である。このため、労
働基準法による災害補償義務は、労災保険により労働基準法の災害補償
に相当する給付が行われるべき場合には、その範囲で使用者は災害補償
義務を免れることが定められている（労働基準法 84 条 1 項）。

2　労働基準法の災害補償制度

　労働基準法が使用者の義務と定める災害補償には、次のものがある。

　労災保険により労働基準法の災害補償に相当する給付がなされるべき
場合には、その範囲で使用者は災害補償義務を免れる（同法 84 条 1 項）。

① 療養補償（労働基準法75条）

使用者は、労働者が業務上負傷し、または疾病にかかった場合には、必要な療養費を負担しなければならない。

② 休業補償（労働基準法76条）

使用者は、労働者が業務上負傷し、又は疾病にかかった場合で、療養のため労働することができない場合には、平均賃金の100分の60の休業補償をしなければならない。

③ 打切補償（労働基準法81条）

使用者は、療養補償を受ける労働者が、療養開始後3年を経過しても負傷又は疾病が治らない場合には、平均賃金の1,200日分の打切補償を行えば、その後は療養補償及び休業補償を行わなくてもよい。

④ 障害補償（労働基準法77条）

使用者は、労働者が業務上負傷し、又は疾病にかかり、治った場合で、その身体に障害が残ったときには、その障害の程度に応じた障害補償を支払わなければならない。

⑤ 遺族補償（労働基準法79条）

使用者は、労働者が業務上死亡した場合には、遺族に対して平均賃金の1,000日分の遺族補償を行わなければならない。

⑥ 葬祭料（労働基準法80条）

使用者は、労働者が業務上死亡した場合には、葬祭を行う者に対して、平均賃金の60日分の葬祭料を支払わなければならない。

3　労災保険制度（労働者災害補償保険制度）

(1)　意義

「労災保険制度（労働者災害補償保険制度）」は、労働者災害補償保険法（労災保険法）に基づき、業務災害または通勤災害に対して、被災労働者や遺族に保険給付を行うとともに、労働者の社会復帰の促進等を図るための事業を行う制度である。

労災保険と雇用保険をあわせて「労働保険」とよぶこともある。

　労災保険は、労働災害の補償について、被災労働者や遺族の保護の見地から、事業主に十分な支払能力がない場合等のために、国家が保険制度を運営し、その費用を原則として事業主が負担する労災保険料によってまかなう制度（労働基準法による使用者の災害補償義務を填補する制度）である。

　労災保険制度は、一人でも労働者を使用する事業には、原則として、業種の規模の如何を問わず適用される。

(2) 労災保険における「労働者」

　労災保険における「労働者」とは、「職業の種類を問わず、事業に使用される者で、賃金を支払われる者」をいい、労働者であればアルバイトやパートタイマー等の雇用形態は関係ない。

(3) 業務災害と通勤災害

　「労災保険給付」は、労災の原因・事由により、大きく①「業務災害」に関する保険給付と、②「通勤災害」に関する保険給付とに分けられる。

　労災保険給付による補償を受けられるのは、労働基準監督署長が業務災害または通勤災害であると認定した場合である。

① 業務災害

　「業務災害」とは、業務上の事由による労働者の負傷、疾病または死亡（「傷病等」）である（労働災害補償保険法 7 条 1 項 1 号）。

　「業務上」とは、業務が原因となったこと、すなわち、業務と傷病等との間に相当因果関係があることである。

　なお、業務災害により休業する場合には、労働基準法 19 条により解雇が制限される。

② 通勤災害

「通勤災害」とは、通勤によって労働者が被った傷病等である。

　なお、通勤災害により休業する場合については、労働基準法 19 条のような解雇制限はない。

(4) 「業務上」の負傷・死亡といえるかの判断

労働者が業務との関連で発生した事故によって負傷・死亡した場合に、「業務上」の負傷・死亡といえるかの判断は、(1)「業務遂行性」の有無を判断し、業務遂行性が認められる場合に、(2)「業務起因性」の有無を判断するという方法で行われる。

① 業務遂行性

「業務遂行性」とは、労働者が労働契約に基づいた事業主の支配下にある状態において発生した事故による負傷・死亡であることである。

［業務遂行性が認められる場合］

負傷・死亡に業務遂行性が認められる場合には、次の3つがあげられている。

① 事業主の支配・管理下で業務に従事している場合

所定労働時間内や残業時間内に事業場施設内において業務に従事している場合である。

なお、トイレ、飲水などの生理的行為中も、事業主の支配下で業務に付随するとして業務遂行性が認められるとされている。

② 事業主の支配・管理下にあるが業務に従事していない場合

昼休みや就業時間前後に事業場施設内にいて、業務に従事していない場合である。この場合は、出勤して事業場施設内にいる限り、業務遂行性が認められる。

③ 事業主の支配下にあるが、管理下を離れて業務に従事している場合

出張や社用での外出などにより、事業場施設外で事業主の管理下を離れているものの、事業主の命令を受けて業務に従事している場合である。この場合は、移動中、宿泊中を含めて全般的に業務遂行性が認められる。

［業務遂行性が認められない場合］

①②③に照らし、業務遂行性が認められない災害（負傷・死亡）とは、通勤途上の災害や、事業場外での任意的な従業員親睦活動中の災害、私

的生活中の災害ということになる。業務遂行性を否定した下級審裁判例には、次のものがある。

- 社外の忘年会（出席は強制されていない）に参加中の災害
- 出張先の現場での同僚の送別会に出席し、飲酒して宿舎に帰った後の近くの川での溺死

② 業務起因性

「業務起因性」とは、業務遂行性が認められる場合に、業務と負傷・死亡（災害）との間に一定の因果関係があることである。

［業務起因性が認められない場合］

業務遂行性が認められる場合①②③の別により、業務起因性が否定される場合には違いがある。

① 事業主の支配・管理下で業務に従事している場合

この場合は、原則として業務起因性も認められる。

しかし、次の場合には、業務起因性は否定される。

- 就業中に私的行為を行い、または業務を逸脱する恣意的行為や規律違反行為をしていて災害が発生した場合

　大工がけんかして負傷した場合に業務起因性を否定した下級審裁判例がある。酒に酔って作業して負傷した場合も業務起因性を否定するのが一般である。

- 天災地変によって被災した場合

　但し、事業場の立地条件や作業条件・作業環境などにより、天災地変により災害を被りやすい事情がある場合は業務起因性が認められるから、阪神大震災や東日本大震災に際して発生した災害の多くが「業務上」と認定されている。

- 外部の力によって被災した場合

　自動車が飛び込んできた場合や外部の者が飛び込んできて暴行を受けた場合などが考えられるが、天災地変と同様に、災害を被りやすい事情がある場合（隣接する工場が爆発した等）は、業務起因性が認められる。

264

② 事業主の支配・管理下にあるが業務に従事していない場合

この場合は、業務には従事していないことから業務起因性が否定されることが多いが、次の場合には業務起因性が認められるとされている。

・生理的行為や歩行・移動行為中の災害
・事業場の施設・設備や管理状況などが原因で発生した災害

③ 事業主の支配下にあるが、管理下を離れて業務に従事している場合

この場合は、危険にさらされる範囲が広いので、積極的な私的行為を行うなど特段の事情がない限り、業務起因性が認められるとされている。

・出張先のホテルで就寝中に死亡した場合は業務起因性が認められる。
・出張先の宿泊施設で酔って階段から転落して死亡した場合にも業務起因が認められるとした下級審裁判例がある。

(5) 「業務上」の疾病といえるかの判断】

労働者の疾病が「業務上」のものである（業務と疾病との間に相当因果関係が認められる）といえるかの判断は、労働者が事業主の支配下にある状態において発生した疾病かではなく、事業主の支配下にある状態において有害因子にさらされたことによって発症した疾病と認められるかによって判断する。

(6) 脳・心臓疾患の「業務上」認定

脳・心臓疾患は、「過労死」と関連づけられるが、動脈硬化・動脈瘤等の基礎疾患が、加齢・食生活・生活環境等の諸要因と影響しあって発症することから、業務上の有害因子の特定が容易ではない。

そこで、脳・心臓疾患が「業務上」と認められるかの判断枠組みについては、厚生労働省より通達（「脳血管疾患及び虚血性心疾患等（負傷に起因するものを除く。）の認定基準について」H.13.12.12 基発第 1063 号）が出されている。同通達の解説として、「脳・心臓疾患の労災認定−「過労死」と労災保険」も厚生労働省から公表されている。

(7) 精神障害の「業務上」認定

精神障害が「業務上」と認められるかの判断については、厚生労働省より通達（「心理的負担による精神障害の認定基準について」H.23.12.26 基発第 1226 第 1 号）が出されている。また、同通達の解説として、「精神障害の労災認定」が厚生労働省から公表されている。

[通達が指摘する精神障害の労災認定基準]
① 認定基準の対象となる精神障害を発病していること
② 認定基準の対象となる精神障害の発病前おおむね 6 か月の間に、業務による強い心理的負担が認められること
③ 業務以外の心理的負担や個体側要因により発病したとは認められないこと

[精神障害を原因とする自殺の労災認定]
業務における強い心理的負荷による精神障害を原因とする自殺による死亡（過労自殺）の労災認定における取扱いについては、業務における心理的負荷による精神障害を発病した者が自殺を図った場合は、精神障害によって、正常な認識や行為選択能力、自殺行為を思いとどまる精神的な抑制力が著しく阻害されている状態に陥ったもの（故意の欠如）と推定され、原則としてその死亡は労災認定されるとされている。

(8) 通勤災害における「通勤」

通勤災害における「通勤」とは、就業に関し、①住居と就業の場所との間の往復、②就業の場所から他の就業の場所への移動、③単身赴任先住居と帰省先住居との移動を、合理的な経路および方法で行うことをいい、業務の性質を有するものを除く（労災保険法 7 条 2 項）。

移動の経路を逸脱し、または中断した場合には、逸脱・中断間及びその後の移動は「通勤」にならない（労災保険法 7 条 3 項）。

(9) 労災保険からの給付の内容

労災保険からの給付の内容は、次のものがある。

① 療養補償給付（通勤災害の場合は療養給付）

傷病が治るまで、労働者が無料で診察及び治療等が受けられるようにするもの。

② 休業補償給付（通勤災害の場合は休業給付）

傷病の療養のため労働者が働けず賃金を得られないときには、働けなくなった日の4日目から、休業（補償）給付として一定額が支給される。

なお、業務災害による休業の場合には、休業の最初の日から3日間分は、使用者が平均賃金の60%を補償する（労働基準法76条）。

③ 障害補償給付（通勤災害の場合は障害給付）

傷病が治っても障害が残ったときには、その程度に応じて障害（補償）年金あるいは障害（補償）一時金が支給される。

このほかに障害の程度に応じて障害特別支給金が支給される。

④ 遺族補償給付（通勤災害の場合は遺族給付）

死亡した場合は、遺族（補償）年金、あるいは遺族（補償）一時金が支給される。

このほかに遺族特別支給金が支給される。

⑤ 葬祭料（通勤災害の場合は葬祭給付）

死亡した場合の葬儀費用

⑥ 傷病補償年金（通勤災害の場合は傷病年金）

傷病が、療養を開始してから1年6か月を経過しても治らないときなどに、それまで支給されていた休業補償給付は打ち切られ、傷病による障害の程度に応じて年金が支給される。

このほかに傷病の程度に応じて傷病特別支給金が支給される。

⑦ 介護補償給付（通勤災害の場合は介護給付）

障害（補償）給付（③）または傷病（補償）年金（⑥）を受ける者は、介護費用として支給される。

4　労災に関する事業主の責任

(1) 安全衛生管理責任

事業者は、労災を防止するため、労働安全衛生法に基づく安全衛生管理責任を果たさなければならない。

同法違反がある場合、労災事故発生の有無にかかわらず、労働安全衛生法等により刑事責任が問われることがある。

(2) 労働基準法の災害補償責任

労災事故が発生した場合、使用者は労働基準法により災害補償責任を負う。ただし、労災保険法に基づく労災保険給付が行われるべきものである場合には、使用者は労働基準法上の災害補償責任を免れる（同法 84 条 1 項）。

(3) 民事上の損害賠償責任

当該労災について不法行為または債務不履行（安全管理義務違反）があれば、使用者は民法上の損害賠償責任を負う。

ただし、使用者が、労働基準法に基づく補償を行った場合は、使用者はその価額分は民法上の損害賠償責任を免れる（労働基準法 84 条 2 項）。また、労災保険給付が行われた場合も、労働基準法 84 条 2 項を類推適用して、使用者は労災保険給付の範囲で損害賠償責任を免れると解されている。

(4) 刑事責任

労災事故を労働基準監督署に報告しなかったり虚偽の報告を行ったりした場合は、刑事責任が問われることがある。

0 刑法上の業務上過失致死傷罪等に問われることもある。

V　社会保障・税制度

第1章　雇用保険法

第1節　雇用保険

1　雇用保険の種類

　雇用保険は政府が管掌する強制保険制度で、労働者を雇用する事業は、原則として強制的に適用される。

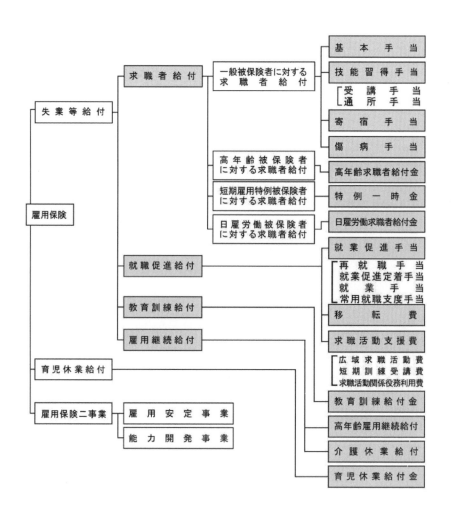

雇用保険は、

① 労働者が失業してその所得の源泉を喪失した場合、労働者について雇用の継続が困難となる事由が生じた場合及び労働者が自ら職業に関する教育訓練を受けた場合及び労働者が子を養育するための休業をした場合に、生活及び雇用の安定並びに就職の促進のために失業等給付及び育児休業給付を支給

② 失業の予防、雇用状態の是正及び雇用機会の増大、労働者の能力の開発及び向上その他労働者の福祉の増進を図るための二事業を実施する、雇用に関する総合的機能を有する制度である。

2　失業認定と雇用保険の手続

(1)　失業認定

雇用保険（基本手当）の支給を受けるためには、ハローワークにより「失業認定」（失業状態であることの認定）を受ける必要がある。

「失業」とは、離職者が、「就職しようとする意思といつでも就職できる能力があるにもかかわらず職業に就けず、積極的に求職活動を行っている状態にある」ことである。

(2)　雇用保険の手続

［雇用保険の手続］

離職者は、住所地を管轄するハローワークで「休職申込み」をしたのち、「離職票」（離職後に使用者から交付・送付される）を提出する。ハローワークは、受給要件を満たしていることを確認したら、受給資格の決定や離職理由の判定を行う。

受給資格の決定を受けた者は、受給説明会に出席し、「雇用保険受給資格証」等を受け取り、第1回目の「失業認定日」を知らされる。その後は、原則として4週間に1度、失業認定を行う。失業認定後に基本手当が支給される。

　このようにして、所定給付日数（離職理由、離職時の年齢、被保険者であった期間等によって異なる）を限度として、失業認定と基本手当の受給を繰り返しながら求職することができる。

3　基本手当

　「基本手当」は、雇用保険の被保険者が、定年、倒産、契約期間の満了等により失業した者が安定した生活を送りつつ速やかに再就職できるようにするために、所定給付日数を上限として支給される手当である。雇用保険の一般被保険者に対する求職者給付に位置付けられる。

(1) 基本手当の受給要件

　基本手当の受給要件は、次の①、②のいずれにもあてはまることである。

　①離職前2年間に被保険者期間が12か月以上あること

　ただし、特定受給資格者（倒産・解雇等の理由により再就職の準備をする時間的余裕なく離職を余儀なくされた者）または特定理由離職者（有期労働契約の雇止めにより離職した者や正当な理由のある自己都合離職者）については、離職の日以前1年間に、被保険者期間が通算して6か月以上あることで足りる。

　②失業の状態にあること

　「失業の状態にある」とは、積極的に就職しようとする意思があり、いつでも就職できる能力（健康状態等）もあり、しかも積極的に求職しているにもかかわらず職業に就いていないことである。このため、妊娠・出産・育児や病気・ケガによりすぐに就職できない場合などは、基本手当を受けられない。

(2) 基本手当の支給

　基本手当は、自己の責めに帰すべき重大な理由によって解雇された場合には、3か月、正当な理由なく自己都合で退職した場合には、給付開始が原則として2か月遅れる（雇用保険法33条1項）。

　基本手当は、4週間に1回、失業の認定を受けた日分を支給する。

⑶ 基本手当の日額

基本手当の日額は、賃金日額に給付率を乗じて得た額とされる。

基本手当の日額＝賃金日額×給付率

給付率は、「離職日の年齢」及び「賃金日額」に応じて、以下の通り規定されている。（令和5年）

離職日の年齢	賃金日額	給付率
60歳未満	2,746円以上　5,110円未満	100分の80
	5,110円以上　12,580円以下	100分の80〜50
	12,580円超13,890円以下	100分の50
60歳以上65歳未満	2,746円以上　5,110円未満	100分の80
	5,110円以上　11,300円以下	100分の80〜45
	11,300円超16,210円以下	100分の45

⑷ 所定給付日数

所定給付日数とは、一の受給資格に基づき基本手当を支給を受けることができる日数をいう。

		1年未満	1年以上5年未満	5年以上10年未満	10年以上20年未満	20年以上
一般の受給資格者		90日			120日	150日
就職が困難な者	45歳未満	150日	300日			
	45歳以上65歳未満		360日			
特定受給資格者	30歳未満	90日	90日	120日	180日	―
	30歳以上35歳未満		120日	180日	210日	240日
	35歳以上45歳未満		150日		240日	270日

272

	45 歳以上 60 歳未満		180 日	240 日	270 日	330 日
	60 歳以上 65 歳未満		150 日	180 日	210 日	240 日

4　その他の一般被保険者に対する求職者給付

　雇用保険の一般被保険者に対する求職者給付には、①基本手当以外にも、②技能習得手当、③寄宿手当、④傷病手当がある。

　［各手当の概要］

・「技能習得手当」は、受給資格者が積極的に公共職業訓練等を受ける条件を整え、その再就職を促進するため、受給資格者が公共職業安定所長または地方運輸局長の指示により公共職業訓練等を受講する場合に、基本手当とは別に受けられる手当であり、受講手当と通所手当の二種類がある。

・「寄宿手当」は、受給資格者が公共職業安定所長の指示した公共職業訓練等を受けるために、家族（その者により生計を維持されている同居の親族）と別居して寄宿する場合に支給される手当である。

・「傷病手当」は、受給資格者が離職後、公共職業安定所に来所し、求職の申込みをした後に 15 日以上引き続いて疾病または負傷のために職業に就くことができない場合に、その疾病または負傷のために基本給付の支給を受けることができない日の生活の安定を図るために支給される手当である。傷病手当の日額は基本手当の日額と同額である。

　なお、14 日以内の疾病または負傷の場合には基本手当が支給される。

5　就職促進給付

　雇用保険の失業等給付の就職促進給付のうち「就業促進手当」として、「再就職手当」、「就業促進定着手当」、「就業手当」などがある。

(1) 再就職手当

　再就職手当は、基本手当の受給資格がある方が安定した職業に就いた場合（雇用保険の被保険者となる場合や、事業主となって、雇用保険の被保険者を雇用する場合など）に基本手当の支給残日数（就職日の前日

までの失業の認定を受けた後の残りの日数）が所定給付日数の３分の１
以上あり、一定の要件に該当する場合に支給される。支給額は、所定給
付日数の支給残日数×給付率×基本手当日額となる。

　給付率については以下のとおりである。

・基本手当の支給残日数が所定給付日数の３分の２以上の方は、所定給
　付日数の支給残日数×70％×基本手当日額

・基本手当の支給残日数が所定給付日数の３分の１以上の方は、所定給
　付日数の支給残日数×60％×基本手当日額

(2) 就業促進定着手当

　就業促進定着手当は、再就職手当の支給を受けた人が、引き続きその
再就職先に６か月以上雇用され、かつ再就職先で６か月の間に支払われ
た賃金の１日分の額が雇用保険の給付を受ける離職前の賃金の１日分の
額（賃金日額）に比べて低下している場合、就業促進定着手当の給付を
受けることができる。

　支給額は、（離職前の賃金日額－再就職手当の支給を受けた再就職の日
から６か月間に支払われた賃金額の１日分の額）×再就職の日から６か
月間内における賃金の支払いの基礎となった日数（通常月給制の場合は
暦日数、日給月給制の場合はその基礎となる日数、日給制や時給制の場
合は労働の日数）となる。

　ただし、次のとおり上限額がある。

上限額：基本手当日額×基本手当の支給残日数に相当する日数（※１）×40％（※２）

※１：再就職手当の給付を受ける前の支給残日数である。
※２：再就職手当の給付率が70％の場合は、30％である。

(3) 就業手当

　就業手当は、基本手当の受給資格がある方が再就職手当の支給対象と
ならない常用雇用等以外の形態で就業した場合に基本手当の支給残日数

が所定給付日数の３分の１以上かつ 45 日以上あり一定の要件に該当する場合に支給される。

　支給額は、就業日×30%×基本手当日額（上限あり）となる。

(4) 常用就職支度手当

　常用就職支度手当は、基本手当の受給資格がある方（基本手当の支給残日数が所定給付日数の３分の１未満である方に限る）、高年齢受給資格者、特例受給資格者又は日雇受給資格者のうち、障害のある方など就職が困難な方が安定した職業に就いた場合に、一定の要件に該当すると支給される。

　支給額は、90（原則として基本手当の支給残日数が 90 日未満である場合には、支給残日数に相当する数（その数が 45 を下回る場合は 45））×40%×基本手当日額（一定の上限あり）となる。

(5) 移転費

　受給資格者等がハローワーク、特定地方公共団体または職業紹介事業者の紹介した職業に就くため、又はハローワークの所長の指示した公共職業訓練等を受講するため、その住所又は居所を変更する必要がある場合に、受給資格者本人とその家族（その者により生計を維持されている同居の親族）の移転に要する費用が支給される。

(6) 広域求職活動費

　広域求職活動費とは、受給資格者等がハローワークの紹介により遠隔地にある求人事業所を訪問して求人者と面接等をした場合支払われるもので、交通費及び宿泊料が支給される。

(7) 短期訓練受講費

　受給資格者等がハローワークの職業指導により再就職のために必要な職業に関する教育訓練を受け、当該訓練を修了した場合に、本人が訓練

受講のために支払った教育訓練経費の2割（上限10万円、下限なし）が支給される制度である。

⑻ 求職活動関係役務利用費

　求職活動関係役務利用費は、受給資格者等が求人者との面接等をしたり、教育訓練を受講するため、子について保育等サービスを利用した場合に、保育等サービスの利用のために本人が負担した費用の一部（上限額あり）が支給される制度である。

6　教育訓練給付

　「教育訓練給付」とは、教育訓練給付制度とは、働く方々の主体的な能力開発やキャリア形成を支援し、雇用の安定と就職の促進を図ることを目的として、厚生労働大臣が指定する教育訓練を修了した際に、受講費用の一部が支給されるものである。

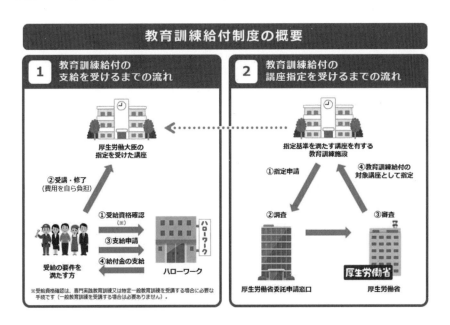

教育訓練給付金には、「給付金の対象となる教育訓練は、そのレベル等に応じて、専門実践教育訓練、特定一般教育訓練、一般教育訓練の3種類がある。

(1) 専門実践教育訓練

労働者が雇用の安定及び就職の促進を図るために必要な職業に関する教育訓練のうち中長期的キャリア形成に資する専門的かつ実践的な教育訓練として厚生労働大臣が指定した教育訓練を予定された期間内に修了の見込みをもって受講した場合及び当該専門実践教育訓練を修了した場合、対象教育訓練の受講のために当該受講者本人が教育訓練施設を通して若しくは直接専門実践教育訓練実施者に支払った費用のうち、支給単位期間ごとに支給額を給付する制度である。

・受講費用の50%（年間上限40万円）が訓練受講中6か月ごとに支給される。

・資格取得等をし、かつ訓練修了後1年以内に雇用保険の被保険者として雇用された場合は、受講費用の20%（年間上限16万円）が追加で支給される。

・なお、失業状態にある方が初めて専門実践教育訓練（通信制、夜間制を除く）を受講する場合、受講開始時に45歳未満であるなど一定の要件を満たせば、別途、教育訓練支援給付金が支給される。

(2) 特定一般教育訓練

労働者が速やかな再就職及び早期のキャリア形成に資する教育訓練を受けた場合に、その受講のために支払った費用の一部に相当する額を支給するものであり、職業に関して必要とされる知識や技能が変化し、多様な職業能力開発が求められる中で労働者の主体的な能力開発の取組を支援し、もって雇用の安定と再就職の促進を図ることを目的とする雇用保険の給付制度である。

・受講費用の40%（上限20万円）が訓練修了後に支給される。

(3) 一般教育訓練

労働者の主体的な能力開発の取組を支援し、雇用の安定と再就職の促進を図ることを目的とする雇用保険の給付制度である。

・受講費用の20%（上限10万円）が訓練修了後に支給される。

第2節　求職者支援制度

1　求職者支援制度

「求職者支援制度」とは、雇用保険を受給できない求職者である「特定求職者」に対し、訓練を受講する機会を確保するとともに、一定の場合には訓練期間中に「職業訓練受講給付金」を支給し、ハローワークが中心となってきめ細かな就職支援を行うことにより、その早期の就職を支援するものための制度である。

2　特定求職者

「特定求職者」とは、以下の全ての要件をみたす者である。

① ハローワークに求職の申込みをしていること
② 雇用保険被保険者や雇用保険受給資格者でないこと
③ 労働の意思と能力があること
④ 職業訓練などの支援を行う必要があるとハローワークが認めたこと

例えば、雇用保険に加入できなかった、雇用保険の失業給付（基本手当）を受給中に再就職できないまま支給終了した、雇用保険の加入期間が足りずに失業給付を受けられない、自営業を廃業した、就職が決まらないまま学校を卒業した などの場合が該当する。

3　職業訓練受講給付金

「職業訓練受講給付金」とは、特定求職者が、ハローワークの支援指示を受けて求職者支援訓練や公共職業訓練を受講し、一定の支給要件を満たす場合に、職業訓練受講手当（月額10万円）と通所手当（所定額）を支給する制度である。

278

第2章　健康保険

第1節　総則

　医療保険制度には、職域・地域、年齢（高齢・老齢）に応じて次の種類がある。

　（医療保険制度の体系）

	制度		被保険者	保険者	給付事由
医療保険	健康保険	一般	健康保険の適用事業所で働く人（民間会社の勤労者）	全国健康保険協会、健康保険組合	業務外の病気・けが、出産、死亡
		法第3条第2項の規定による被保険者	健康保険の適用事業所に臨時に使用される人や季節的事業に従事する人等（一定期間をこえて使用される人を除く）	全国健康保険協会	
	船員保険（疾病部門）		船員として船舶所有者に使用される人	全国健康保険協会	
	共済組合（短期給付）		国家公務員、地方公務員、私学の教職員	各種共済組合	病気・けが、出産、死亡
	国民健康保険		健康保険・船員保険・共済組合等に加入している勤労者以外の一般住民	市（区）町村	
退職者医療	国民健康保険		厚生年金保険など被用者年金に一定期間加入し、老齢年金給付を受けている65歳未満等の人	市（区）町村	病気・けが
高齢者医療	後期高齢者医療制度		75歳以上の方および65歳〜74歳で一定の障害の状態にあることにつき後期高齢者医療広域連合の認定を受けた人	後期高齢者医療広域連合	病気・けが

1　健康保険法の目的

　健康保険法は、労働者又はその被扶養者の業務災害（労働者災害保険法に規定する業務災害をいう）以外の疾病、負傷もしくは死亡又は出産に関して保険給付を行い、もって国民の生活の安定と福祉の向上に寄与することを目的とする。

　健康保険は医療保険の一つであり、業務外の事由による疾病、負傷、死亡又は出産などの短期的な経済的損失について保険給付を行う制度である。

2　法人の役員である被保険者又はその被扶養者に係る保険給付の特例

被保険者又はその被扶養者が法人の役員であるときは、当該被保険者又はその被扶養者のその法人の役員としての業務（被保険者の数が5人未満である適用事業所に使用される法人の役員としての業務であって厚生労働省令で定めるものを除く）に起因する疾病、負傷又は死亡に関して保険給付は、行わない。

- 「法人の役員」とは、業務を執行する社員、取締役、執行役又はこれらに準ずる者をいい、相談役、顧問その他いかなる名称を有する者であるかを問わず、法人に対し業務を執行する社員、取締役、執行役又はこれらに準ずる者と同等以上の支配力を有するものと認められる者を含む。
- 「厚生労働省令で定めるもの」とは、当該法人における従業員（法人の役員以外のもの）が従事する業務と同一であると認められるものをいう。

3　健康保険の保険者

健康保険（日雇特例被保険者の保険を除く）の保険者は、全国健康保険協会及び健康保険組合である。

①　全国健康保険協会
- 全国健康保険協会は、健康保険組合の組合員でない被保険者の保険を管掌する。
- 全国健康保険協会が管掌する健康保険を一般に「協会けんぽ」という。

②　健康保険組合
- 健康保険組合は、その組合員である被保険者の保険を管掌する。

法人の事業所は、従業員の人数にかかわらず、健康保険の適用事業所となる。

第2節　被保険者と被扶養者

1　被保険者

　被保険者とは、健康保険に加入し、病気やけがなどをしたときなどに必要な給付を受けることができる人のことを被保険者という。

　適用事業所に使用されている人は、国籍・性別・年齢・賃金の額などに関係なく、要件を満たせば被保険者になれる。

2　被扶養者

　健康保険の保護の対象となる被扶養者は、所定の要件を満たしていることを保険者から認定された親族等に限られる。

・後期高齢者医療の被保険者等である者は、健康保険の被扶養者とされない。

(1) 被扶養者の範囲

　次のいずれかに該当し、「被扶養者の国内居住要件」を満たす者は、被扶養者となる。

① 被保険者の直系尊属、配偶者（届出をしていないが、事実上の婚姻関係と同様の事情にある者を含む）、子、孫及び兄弟姉妹であって、主としてその被保険者により生計を維持するもの

・「直系尊属」とは、被保険者本人の父母、祖父母、曾祖父母等が該当する。配偶者の直系尊属は該当しない（②の3親等内の親族となる）。

② 被保険者の3親等内の親族（①に該当する者を除く）であって、その被保険者と同一の世帯に属し、主としてその被保険者により生計を維持するもの

・3親等内の親族には、曾孫、伯父伯母、叔父叔母、甥姪は含まれるが、従姉妹、従兄弟は含まれない。

③ 被保険者の配偶者で届出をしていないが事実上婚姻関係と同様の事情にある者の父母及び子であって、その被保険者と同一の世帯に属し、主としてその被保険者により生計を維持するもの

④ ③の配偶者の死亡後におけるその父母及び子であって、引き続きその被保険者と同一の世帯に属し、主としてその被保険者により生計を維持するもの

・「同一の世帯に属する」とは、被保険者と住居及び家計を共同することをいい、同一戸籍内にあるか否かを問わず、被保険者が世帯主であることを要しない。

(2) 被扶養者の収入基準

被扶養者となることができる要件である「被保険者により生計を維持する」とは、その生計の基礎を被保険者に置くということであり、「主として被保険者により生計を維持する」という要件に該当するかどうかは、具体的には被保険者の年間収入と被扶養者の年間収入を比較して決定される。なお、年間収入は、すべての収入を対象とするため、原則として、公的年金や雇用保険の基本手当等の収入もこれに含まれる。

【認定対象者の年間収入の要件の具体的検討】

① 被保険者と同一世帯にある場合

・原則 130 万円未満→被保険者の年間収入の2分の1未満

・60 歳以上 180 万円未満→被保険者の年間収入の2分の1未満

・障害者 180 万円未満→被保険者の年間収入の2分の1未満

・例外 130 万円（180 万円）未満→被保険者の年間収入の2分の1以上であっても、被保険者の年間収入を上回らない場合には、世帯の生計の状況を総合的に勘案して、被保険者が世帯の生計維持の中心的役割を果たしていると認められる場合は、要件を満たす。

② 被保険者と同一世帯にない場合

・130 万円（180 万円）未満→被保険者の援助額より少ないこと

夫婦共働きで子供を扶養している場合、原則として将来的に年間収入が多い方の扶養とする。また、複数の子供を扶養する場合、それぞれで扶養を分けることは健康保険法で認められていないため、必ずどちらか一方の扶養に入る必要がある。

3　任意継続被保険者

健康保険は、事業所単位の強制加入を原則としているが、会社などを退職して被保険者の資格を失ったときは、一定の条件のもとに個人の希望により被保険者として継続することができる。これにより加入した被保険者を任意継続被保険者という。

(1) 資格取得要件

次の要件を満たす者は、保険者に申し出て、継続して当該保険者の被保険者となることができる。

① 適用事業所に使用されなくなったため、又は適用除外事由に該当するに至ったため被保険者（日雇特例被保険者を除く）の資格を喪失したこと

② 被保険者の資格の喪失の日の前日まで継続して2か月以上被保険者であったこと

③ 船員保険の被保険者又は後期高齢者医療の被保険者等でないこと

(2) 資格の取得

任意継続被保険者の資格取得の申出は、被保険者の資格を喪失した日から20日以内にしなければならない。

・任意継続被保険者は、被保険者の資格を喪失した日に、その資格を取得する。

・任意継続被保険者の保険給付は、一般の被保険者の保険給付に準じて行われるが、任意継続被保険者には傷病手当金及び出産手当金は支給されない。

第3節　標準報酬月額・標準賞与額

健康保険・厚生年金保険では、被保険者が事業主から受ける毎月の給料などの報酬の月額を区切りのよい幅で区分した標準報酬月額と税引前の賞与総額から千円未満を切り捨てた標準賞与額（健康保険は年度の累計額573万円、厚生年金保険は1か月あたり150万円が上限）を設定し、保険料の額や保険給付の額を計算している。

　健康保険制度の標準報酬月額は、健康保険は第 1 級の 5 万 8 千円から第 50 級の 139 万円までの全 50 等級に区分されている。

令和 6 年 3 月分からの健康保険料額表（東京都）

標準報酬		報酬月額		全国健康保険協会管掌健康保険料			
				介護保険第2号被保険者 に該当しない場合		介護保険第2号被保険者 に該当する場合	
				9.98%		11.58%	
等級	月額			全額	折半額	全額	折半額
		円以上	円未満				
1	58,000	～	63,000	5,788.4	2,894.2	6,716.4	3,358.2
2	68,000	63,000 ～	73,000	6,786.4	3,393.2	7,874.4	3,937.2
3	78,000	73,000 ～	83,000	7,784.4	3,892.2	9,032.4	4,516.2
4(1)	88,000	83,000 ～	93,000	8,782.4	4,391.2	10,190.4	5,095.2
5(2)	98,000	93,000 ～	101,000	9,780.4	4,890.2	11,348.4	5,674.2
6(3)	104,000	101,000 ～	107,000	10,379.2	5,189.6	12,043.2	6,021.6
7(4)	110,000	107,000 ～	114,000	10,978.0	5,489.0	12,738.0	6,369.0
8(5)	118,000	114,000 ～	122,000	11,776.4	5,888.2	13,664.4	6,832.2
9(6)	126,000	122,000 ～	130,000	12,574.8	6,287.4	14,590.8	7,295.4
10(7)	134,000	130,000 ～	138,000	13,373.2	6,686.6	15,517.2	7,758.6
11(8)	142,000	138,000 ～	146,000	14,171.6	7,085.8	16,443.6	8,221.8
12(9)	150,000	146,000 ～	155,000	14,970.0	7,485.0	17,370.0	8,685.0
13(10)	160,000	155,000 ～	165,000	15,968.0	7,984.0	18,528.0	9,264.0
14(11)	170,000	165,000 ～	175,000	16,966.0	8,483.0	19,686.0	9,843.0
15(12)	180,000	175,000 ～	185,000	17,964.0	8,982.0	20,844.0	10,422.0
16(13)	190,000	185,000 ～	195,000	18,962.0	9,481.0	22,002.0	11,001.0
17(14)	200,000	195,000 ～	210,000	19,960.0	9,980.0	23,160.0	11,580.0
18(15)	220,000	210,000 ～	230,000	21,956.0	10,978.0	25,476.0	12,738.0
19(16)	240,000	230,000 ～	250,000	23,952.0	11,976.0	27,792.0	13,896.0
20(17)	260,000	250,000 ～	270,000	25,948.0	12,974.0	30,108.0	15,054.0
21(18)	280,000	270,000 ～	290,000	27,944.0	13,972.0	32,424.0	16,212.0
22(19)	300,000	290,000 ～	310,000	29,940.0	14,970.0	34,740.0	17,370.0
23(20)	320,000	310,000 ～	330,000	31,936.0	15,968.0	37,056.0	18,528.0
24(21)	340,000	330,000 ～	350,000	33,932.0	16,966.0	39,372.0	19,686.0
25(22)	360,000	350,000 ～	370,000	35,928.0	17,964.0	41,688.0	20,844.0
26(23)	380,000	370,000 ～	395,000	37,924.0	18,962.0	44,004.0	22,002.0
27(24)	410,000	395,000 ～	425,000	40,918.0	20,459.0	47,478.0	23,739.0
28(25)	440,000	425,000 ～	455,000	43,912.0	21,956.0	50,952.0	25,476.0
29(26)	470,000	455,000 ～	485,000	46,906.0	23,453.0	54,426.0	27,213.0
30(27)	500,000	485,000 ～	515,000	49,900.0	24,950.0	57,900.0	28,950.0
31(28)	530,000	515,000 ～	545,000	52,894.0	26,447.0	61,374.0	30,687.0
32(29)	560,000	545,000 ～	575,000	55,888.0	27,944.0	64,848.0	32,424.0
33(30)	590,000	575,000 ～	605,000	58,882.0	29,441.0	68,322.0	34,161.0
34(31)	620,000	605,000 ～	635,000	61,876.0	30,938.0	71,796.0	35,898.0
35(32)	650,000	635,000 ～	665,000	64,870.0	32,435.0	75,270.0	37,635.0
36	680,000	665,000 ～	695,000	67,864.0	33,932.0	78,744.0	39,372.0
37	710,000	695,000 ～	730,000	70,858.0	35,429.0	82,218.0	41,109.0
38	750,000	730,000 ～	770,000	74,850.0	37,425.0	86,850.0	43,425.0
39	790,000	770,000 ～	810,000	78,842.0	39,421.0	91,482.0	45,741.0
40	830,000	810,000 ～	855,000	82,834.0	41,417.0	96,114.0	48,057.0
41	880,000	855,000 ～	905,000	87,824.0	43,912.0	101,904.0	50,952.0
42	930,000	905,000 ～	955,000	92,814.0	46,407.0	107,694.0	53,847.0
43	980,000	955,000 ～	1,005,000	97,804.0	48,902.0	113,484.0	56,742.0
44	1,030,000	1,005,000 ～	1,055,000	102,794.0	51,397.0	119,274.0	59,637.0
45	1,090,000	1,055,000 ～	1,115,000	108,782.0	54,391.0	126,222.0	63,111.0
46	1,150,000	1,115,000 ～	1,175,000	114,770.0	57,385.0	133,170.0	66,585.0
47	1,210,000	1,175,000 ～	1,235,000	120,758.0	60,379.0	140,118.0	70,059.0
48	1,270,000	1,235,000 ～	1,295,000	126,746.0	63,373.0	147,066.0	73,533.0
49	1,330,000	1,295,000 ～	1,355,000	132,734.0	66,367.0	154,014.0	77,007.0
50	1,390,000	1,355,000 ～		138,722.0	69,361.0	160,962.0	80,481.0

　また、健康保険の場合、標準報酬月額の上限該当者が、3月31日現在で全被保険者の1.5%を超えたときは、政令でその年の9月1日から一定範囲で標準報酬月額の上限を改定することができることになっている。

1 報酬の範囲

　標準報酬の対象となる報酬は、基本給のほか、役付手当、勤務地手当、家族手当、通勤手当、住宅手当、残業手当等、労働の対償として事業所から現金又は現物で支給されるものを指す。なお、年4回以上の支給される賞与についても標準報酬月額の対象となる報酬に含まれる。

2 賞与の範囲

　標準賞与額を決める場合にそのもととなる賞与は、賃金、給料、俸給、手当、賞与、その他いかなる名称であるかを問わず、被保険者が労働の対償として受けるもののうち年3回以下の支給のものをいう。なお、年4回以上支給されるものは、標準報酬月額の対象となる。また、労働の対償とみなされない結婚祝金等は対象外である。

3 標準報酬月額の決め方

(1) 資格取得時決定

　被保険者が資格を取得した場合、取得した日から保険給付を受ける権利が発生するため、被保険者が資格を取得したときに標準報酬月額を決定する方法を「資格取得時決定」という。

　具体的には以下の通りである。

　保険者等は、被保険者の資格を取得した者があるときは、次に掲げる額を報酬月額として、標準報酬月額を決定する。

① 月、週その他一定期間によって報酬が定められる場合には、被保険者の資格を取得した日の現在の報酬の額を、その期間の総日数で除して得た額の30倍に相当する額

② 日、時間、出来高又は請負によって報酬が定められる場合には、被保険者の資格を取得した月前1か月間にその事業所で、同様の業

　務に従事し、かつ、同様の報酬を受ける者が受けた報酬の額を平
　均した額
③　①又は②によって算定することが困難であるものについては、被保
　険者の資格を取得した月前1か月間に、その地方で、同様の業務
　に従事し、かつ、同様の報酬を受ける者が受けた報酬の額
④　①から③のうち2以上に該当する報酬を受ける場合は、それぞれに
　ついて、前記①から③によって算定した額の合算額

(2) 定時決定

　全従業員を対象とした定期的な標準報酬月額の決定方法を「定時決定」
という。

　具体的には以下の通りである。

　保険者等は、被保険者が毎年7月1日現に使用される事業所において、
同日前3か月間（その事業所で継続して使用された期間に限り、かつ報
酬支払の基礎となった日数〔「報酬支払基礎日数」とする〕が17日〔厚
生労働省令で定める者にあっては、11日〕未満である月があるときは、
その月を除く）に受けた報酬の総額をその期間の月数で除して得た額を
報酬月額として、標準報酬月額を決定する。

・「3か月間」とは、4月、5月、6月が該当する。
・「厚生労働省令で定める者」は、被保険者であって、4分の3基準を満
　たさない短時間労働者とする。

(3) 随時改定

　報酬に大きな変動があった全従業員を対象とした標準報酬月額の決定
方法を「随時改定」という。

　具体的には以下の通りである。

　保険者等は、被保険者が現に使用される事業所において継続した3か
月間（各月とも、報酬支払基礎日数が、17日〔短時間労働者にあっては、
11日〕以上でなければならない）に受けた報酬の総額を3で除して得た
額が、その者の標準報酬月額の基礎となった報酬月額に比べて、著しく
高低を生じた場合において、必要があると認めるときは、その額を報酬

月額として、その著しい高低を生じた月の翌月から、標準報酬月額を改定することができる。

・随時改定の時期

　昇給又は降給のあった月の翌々月（3か月目）を著しい高低が生じた月として、その翌月（4か月目）から標準報酬月額が改定される。

(4) 育児休業等を終了した際の改定

　育児休業等の終了後において、随時改定の要件に該当しない場合であっても、申出により標準報酬月額を見直すことができるようにした方法を「育児休業等を終了した際の改定」という。

　具体的には以下の通りである。

　保険者等は、育児休業等を終了した被保険者が、当該育児休業等終了日において当該育児休業等に係る3歳に満たない子を養育する場合において、その使用される事業所の事業主を経由して保険者等に申出をしたときは、育児休業等終了日の翌日が属する月以後3か月間（育児休業等終了日の翌日において使用される事業所で継続して使用された期間に限る）に受けた報酬の総額をその期間の月数で除して得た額を報酬月額として、標準報酬月額を改定する。

・「育児休業等」とは、育児介護休業法に規定する育児休業、育児休業に関する制度に準ずる措置又は育児休業に関する制度に準じて講ずる措置による休業等のことをいう。

・育児休業等を終了した際の改定の時期

　被保険者の申出があった場合、育児休業等終了日の翌日から起算して2か月を経過した日の属する月の翌月から標準報酬月額が改定される。

(5) 産前産後休業を終了した際の改定

　産前産後休業の終了後において、随時改定の要件に該当しない場合であっても、申出により標準報酬月額を見直すことができるようにした方法を「産前産後休業を終了した際の改定」という。

具体的には以下の通りである。

　保険者等は、産前産後休業を終了した被保険者が、当該産前産後休業終了日において当該産前産後休業に係る子を養育する場合において、その使用される事業所の事業主を経由して保険者等に申出をしたときは、産前産後休業終了日の翌日が属する月以後3か月間（産前産後休業終了日の翌日において使用される事業所で継続して使用された期間に限る）に受けた報酬の総額をその期間の月数で除して得た額を報酬月額として、標準報酬月額を改定する。

・「産前産後休業」とは、出産の日（出産の日が出産の予定日後であるときは、出産の予定日）以前42日（多胎妊娠の場合は98日）から出産の日後56日までの間で、妊娠又は出産に関する事由を理由として労務に服さない期間をいう。

・産前産後休業を終了した際の改定の時期

　被保険者の申出があった場合、産前産後休業終了日の翌日から起算して2か月を経過した日の属する月の翌月から標準報酬月額が改定される。

(6) 任意継続被保険者の標準報酬月額

　任意継続被保険者の標準報酬月額については、次の額のうちいずれか少ない額をもって、その者の標準報酬月額とする。

① 当該任意継続被保険者が被保険者の資格を喪失したときの標準報酬月額

② 前年（1月〜3月までの標準報酬月額については前々年）の9月30日における当該任意継続被保険者の属する保険者が管掌する全被保険者の同月の標準報酬月額を平均した額（健康保険組合が当該平均した額の範囲内において規約で定めた額があるときは、当該規約で定めた額）を標準報酬月額の基礎となる報酬月額とみなしたときの標準報酬月額

　協会けんぽの2024年度の任意継続被保険者の標準報酬月額の上限は30万円である。

4　保険料の徴収

・原則として、前月から引き続き被保険者である者がその資格を喪失した場合においては、その月分の保険料は、算定しない。

　　つまり、保険料は、原則として資格を取得した月から資格を喪失した月の前月まで徴収する。

・保険料の徴収の特例（育児休業等の期間）
育児休業等をしている被保険者が使用される事業所の事業主が、保険者等に申出をしたときは、その育児休業等を開始した日の属する月からその育児休業等が終了する日の翌日が属する月の前月までの期間、当該被保険者に関する保険料を徴収しない。

・「産前産後休業の期間」の保険料の徴収の特例の適用を受けている被保険者には、この規定は適用しない。

・保険料の徴収の特例（産前産後休業の期間）
産前産後休業をしている被保険者が使用される事業所の事業主が、保険者等に申出をしたときは、その産前産後休業を開始した日の属する月からその産前産後休業が終了する日の翌日が属する月の前月までの期間、当該被保険者に関する保険料を徴収しない。

・「産前産後休業」とは、出産の日（出産の日が出産の予定日後であるときは、出産予定日）以前 42 日（多胎妊娠の場合は 98 日）から出産の日後 56 日までの間で、妊娠又は出産に関する事由を理由として労務に服さない期間をいう。

5　保険料の負担

　被保険者及び被保険者を使用する事業主は、それぞれ保険料額の 2 分の 1 を負担する。

・任意継続被保険者は、その全額を負担する。

・健康保険組合は、規約で定めるところにより、事業主の負担すべき一般保険料額又は介護保険料額の負担の割合を増加することができる。

6　保険料の源泉控除

① 事業主は、被保険者に対して通貨をもって報酬を支払う場合においては、被保険者の負担すべき前月の標準報酬月額に係る保険料を報酬から控除することができる。

　そして、被保険者がその事業所に使用されなくなった場合においては、前月及びその月の標準報酬月額に係る保険料を報酬から控除することができる。

② 事業主は、被保険者に対して通貨をもって賞与を支払う場合においては、被保険者の負担すべき標準賞与額に係る保険料に相当する額を当該賞与から控除することができる。

・事業主は、保険料を控除したときは、保険料の控除に関する計算書を作成し、その控除額を被保険者に通知しなければならない。

第4節　保険給付の種類と内容

（体系図）

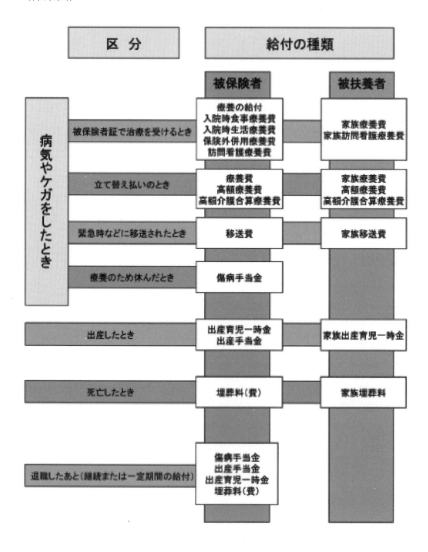

1　療養の給付

(1) 療養の給付の範囲

健康保険の被保険者が業務以外の事由により病気やけがをしたときは、健康保険で治療を受けることができる。

これを療養の給付といい、その範囲は次のとおりである。

・診察
・薬剤または治療材料の支給
・処置・手術その他の治療
・在宅で療養する上での管理、その療養のための世話、その他の看護
・病院・診療所への入院、その療養のための世話、その他の看護

(2) 療養費

保険者は、次のいずれかに該当するときは、療養の給付、入院時食事療養費の支給、入院時生活療養費の支給又は保険外併用療養費の支給（「療養の給付等」という）に代えて、療養費を支給することができる。

① 療養の給付等を行うことが困難であると認めるとき
② 被保険者が保険医療機関等以外の病院、診療所、薬局その他の者から診療等を受けた場合において、保険者がやむを得ないものと認めるとき

2　移送費

病気やけがで移動が困難な患者が、医師の指示で一時的・緊急的必要があり、移送された場合は、移送費が現金給付として支給される。

移送費の支給は、次のいずれにも該当すると保険者が認めた場合に行われる。

・移送の目的である療養が、保険診療として適切であること
・患者が、療養の原因である病気やけがにより移動が困難であること
・緊急・その他、やむを得ないこと

3　傷病手当金

被保険者（任意継続被保険者を除く）が療養のため労務に服することができないときは、その労務に服することができなくなった日から起算して3日を経過した日から労務に服することができない期間、傷病手当金を支給する。

傷病手当金は、次の(1)〜(3)の条件をすべて満たしたときに支給される。
① 業務外の事由による病気やケガの療養のための休業であること
② それまで就いていた仕事に就くことができないこと
③ 休業した期間について給与の支払いがないこと

傷病手当金は、病気やけがで休んだ期間のうち、最初の3日を除き4日目から支給されるが、その支給期間は、支給開始日から通算して1年6か月である。

4　埋葬料・埋葬の費用

被保険者が死亡したときは、その者により生計を維持していた者であって、埋葬を行う者に対し、埋葬料として、政令で定める金額を支給する。

5　出産育児一時金

被保険者及びその被扶養者が出産したときは出産育児一時金（家族出産育児一時金を含む）が支給される。

「出産」とは、妊娠85日（4か月）以後の生産（早産）、死産（流産）、人工妊娠中絶をいう。正常な出産、経済上の理由による人工妊娠中絶は、療養の給付の対象にならないが、帝王切開等による分娩の場合は療養の給付が行われる。
・一児ごとに50万円が支給される。
※産科医療補償制度に加入する医療機関等において出産した場合に限る。それ以外は、48.8万円となる。

・支給額は、一児につき規定された額である。双子、三つ子などの場合には、胎児数に応じた額が支給される。

6　出産手当金

被保険者（任意継続被保険者を除く）が出産したときは、出産の日（出産の日が出産の予定日後であるときは、出産の予定日）以前 42 日（多胎妊娠の場合においては 98 日）から出産の日後 56 日までの間において、労務に服さなかった期間、出産手当金を支給する。

7　高額療養費制度

高額療養費とは、同一月（1 日から月末まで）にかかった医療費の自己負担額が高額になった場合、一定の金額（自己負担限度額）を超えた分が、あとで払い戻される制度である。

月をまたいだ場合は、月ごとにそれぞれ自己負担額を計算する。

上限額は、年齢や所得に応じて定められており、いくつかの条件を満たすことにより、負担を更に軽減するしくみも設けられている。

医療費が高額になることが事前にわかっている場合には、「限度額適用認定証」を提示する方法が便利である。

第3章　公的年金制度
第1節　公的年金の全体像

（年金制度の体系図）

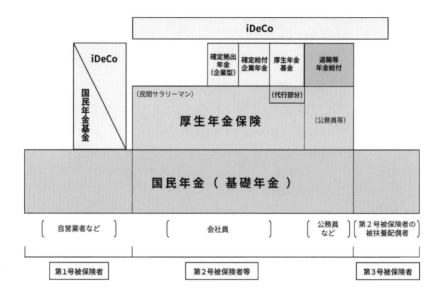

　現在の公的年金制度は、国内に住むすべての人に加入が義務付けられている国民年金（1階部分）をベースとして、会社員や公務員が加入する厚生年金保険（2階部分）を上乗せする2階建て構造になっている。

　確定給付企業年金や確定拠出年金など（企業年金）は3階部分に位置づけられている。

第 2 節　公的年金の給付

公的年金の給付は、国民年金・厚生年金それぞれに「老齢給付」「障害給付」「遺族給付」の 3 種類がある。

制度の種類	支給事由		
	老齢	障害	遺族
国民年金（1 階部分）	老齢基礎年金 付加年金	障害基礎年金（1、2級）	遺族基礎年金 寡婦年金 死亡一時金
厚生年金保険（2 階部分）	老齢厚生年金	障害厚生年金（1、2、3 級）障害手当金	遺族厚生年金

1　国民年金（1 階部分）

国民年金の被保険者は、**第 1 号・第 2 号・第 3 号**の 3 種類（国籍は問わない）

	第 1 号被保険者	第 2 号被保険者	第 3 号被保険者
条件	国内居住の 20 歳以上 60 歳未満	厚生年金保険の被保険者（65 歳以上の人は老齢年金の受給権がない場合のみ）	国内居住の 20 歳未満 60 歳未満で第 2 号の被扶養配偶者
対象者	自営業者、学生など	会社員、公務員など	専業主婦（夫）など
加入手続き	市区町村役場	勤務先	配偶者の勤務先

2　厚生年金保険（2 階部分）

⑴ 厚生年金保険の加入者（被保険者）

適用事業所に使用される 70 歳未満の人は、適用条件にあたらない一部の人を除いて、厚生年金保険の被保険者になる。

⑵　厚生年金保険の保険料

　厚生年金保険の保険料は、標準報酬月額（給料）および標準賞与額（賞与）に保険料率（18.3%）を乗じた額で、被保険者と事業主が折半で負担する。

⑶　厚生年金保険の保険料免除

　３歳未満の子を養育するための育児休業等および産前産後休業期間中の保険料は、申し出により、被保険者負担分・事業主負担分ともに免除される（健康保険料、介護保険料も同様に免除）。この場合は保険料納付済期間として取り扱われる。

3　老齢年金

　老齢年金は、公的年金制度の加入者であった方の老後の保障として給付される。原則として 65 歳になったときに支給が始まり、生涯にわたって受け取ることができる。

　老齢年金を受け取るためには、保険料納付済期間（厚生年金保険や共済組合等の加入期間を含む）と保険料免除期間などを合算した資格期間が、10 年以上必要となる。

　加入していた年金制度により、国民年金の「老齢基礎年金」と厚生年金保険の「老齢厚生年金」が支給される。老齢厚生年金については、生年月日に応じて、65 歳前に「特別支給の老齢厚生年金」が支給されることもある。

①　老齢基礎年金

　老齢基礎年金は、20 歳から 60 歳になるまでの 40 年間の国民年金の加入期間等に応じて年金額が計算され、原則、65 歳から受け取ることができる。

　国民年金保険料を納付した期間や免除を受けた期間のほか、サラリーマンや公務員として厚生年金保険や共済組合等に加入した期間や、専業

主婦（主夫）として国民年金に加入していた期間についても、老齢基礎年金の計算に含まれる。

　60 歳から 65 歳までの間に受給開始時期を繰り上げて減額された年金を受け取り始める「繰上げ受給」や、66 歳から 75 歳までの間に受給開始時期を繰り下げて増額された年金を受け取り始める「繰下げ受給」の制度がある。

② 老齢厚生年金

　老齢厚生年金は、厚生年金保険に加入していた方が受け取ることができる年金である。厚生年金保険に加入していた時の報酬額や、加入期間等に応じて年金額が計算され、原則、65 歳から受け取ることができる。

　老齢厚生年金にも、老齢基礎年金と同様に「繰上げ受給」や「繰下げ受給」の制度がある。

＜特別支給の老齢厚生年金＞

　昭和 36 年 4 月 1 日（女性は昭和 41 年 4 月 1 日）以前に生まれた者で、厚生年金保険または共済組合等の加入期間が 1 年以上ある場合は、生年月日に応じた年齢（60 歳〜64 歳）から 65 歳になるまでの間、「特別支給の老齢厚生年金」を受け取ることができる。

　※共済組合等に加入したことにより、共済組合等から支給される老齢
　　厚生年金の受給開始年齢は男性と同じになる。

4　年金を受け取るために必要な資格期間

　老齢基礎年金・老齢厚生年金を受け取るためには、10 年以上の資格期間が必要である。

　ただし、平成 29 年 7 月以前に受給開始年齢を迎える者は、原則 25 年以上の資格期間が必要になる。

老齢基礎年金・老齢厚生年金を受け取るのに必要な資格期間は、次の期間等の合計になる。

① 厚生年金保険（船員保険を含む）の加入期間。

② 各共済組合等の組合員期間。

③ 国民年金保険料を納めた期間、および免除・納付猶予された期間。

④ 昭和61年4月以降、厚生年金保険・共済組合等に加入している方の被扶養配偶者として、国民年金の第3号被保険者になった期間。

⑤ 昭和36年4月から昭和61年3月までの間に、厚生年金保険・船員保険・共済組合等に加入している方の配偶者が国民年金に任意加入しなかった期間、または任意加入したが保険料を納付しなかった期間。

（任意加入し、保険料を納付した期間は③に入る）

⑥ 昭和36年4月から昭和61年3月までの間に、以下の方が国民年金に任意加入しなかった期間、または任意加入したが保険料を納付しなかった期間。

・　厚生年金保険・船員保険・共済組合等の老齢（退職）年金受給者とその配偶者

・　〃　障害年金受給者とその配偶者

・　〃　遺族年金受給者

・　〃　老齢（退職）年金の受給資格を満たした方とその配偶者

　＊昭和61年4月からは、老齢（退職）年金受給者以外はすべて、20歳から60歳まで国民年金に加入することになっている。

⑦ 昭和36年4月以降、海外在住者、学生などが国民年金に任意加入しなかった期間、または任意加入したが保険料を納付しなかった期間。

＊平成3年4月からは、20歳以上の学生はすべて、国民年金に加入することになっている。

⑧ 厚生年金保険・船員保険の脱退手当金を受け取った期間のうち、昭和36年4月以降の期間。

（大正15年4月2日以降に生まれた方で、昭和61年4月から65歳になるまでの間に国民年金の保険料納付済期間または保険料免除等期間を有する方に限る）

＜厚生年金保険の加入期間とは＞

加入期間は、厚生年金保険に加入した月から加入をやめた日（退職日の翌日など）の前月までの月単位で計算される。

5　老齢年金の年金額

① 老齢基礎年金

20 歳から 60 歳になるまでの 40 年間の保険料をすべて納めると、満額の老齢基礎年金を受け取ることができる。

年金額（満額）＝ 年額 795,000 円（月額 66,250 円）

老齢基礎年金の計算式

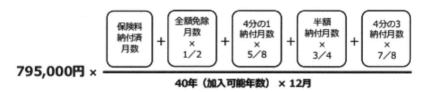

$$795{,}000\text{円} \times \frac{\text{保険料納付済月数} + \text{全額免除月数} \times \frac{1}{2} + \text{4分の1納付月数} \times \frac{5}{8} + \text{半額納付月数} \times \frac{3}{4} + \text{4分の3納付月数} \times \frac{7}{8}}{\text{40年（加入可能年数）} \times 12\text{月}}$$

＜加入可能年数について＞

＜付加年金について＞

＊年金額等は、令和 5 年度の金額である。

＊20 歳から 60 歳になるまでの第 2 号被保険者および第 3 号被保険者の期間も、保険料納付済期間に含まれる。

※ 昭和 31 年 4 月 1 日以前に生まれた方は、年額 792,600 円（月額 66,050 円）

＜付加年金について＞

国民年金の付加保険料を納めた期間がある場合は、下記の額が老齢基礎年金（年額）に上乗せされる。

200 円×付加保険料納付済み月数

② 老齢厚生年金

老齢厚生年金の年金額は、厚生年金保険に加入していた時の報酬額や、加入期間等に応じて計算される。

老齢厚生年金（報酬比例部分）の計算式

報酬比例部分[※1] ＝　A ＋ B

A：平成15年3月以前の加入期間

$$ 平均標準報酬月額^{※2} \times \frac{7.125^{※4}}{1000} \times 平成15年3月までの加入期間の月数 $$

B：平成15年4月以降の加入期間

$$ 平均標準報酬額^{※3} \times \frac{5.481^{※4}}{1000} \times 平成15年4月以降の加入期間の月数 $$

※1　共済組合加入期間を有する方の報酬比例部分の年金額については、各共済加入期間の平均報酬（月）額と加入期間の月数に応じた額と、その他の加入期間の平均報酬（月）額と加入期間の月数に応じた額をそれぞれ計算します。

※2　**平均標準報酬月額**……平成15年3月以前の加入期間について、計算の基礎となる各月の標準報酬月額（過去の標準報酬月額に再評価率を乗じて、現在の価値に再評価している）の総額を、平成15年3月以前の加入期間で割って得た額です。

※3　**平均標準報酬額**……平成15年4月以降の加入期間について、計算の基礎となる各月の標準報酬月額と標準賞与額（過去の標準報酬月額と標準賞与額に再評価率を乗じて、現在の価値に再評価している）の総額を、平成15年4月以降の加入期間で割って得た額です。

※4　昭和21年4月1日以前に生まれた方については、給付乗率が異なります。

③ 経過的加算額について

特別支給の老齢厚生年金を受け取っていた方が 65 歳から受け取る老齢基礎年金は、特別支給の老齢厚生年金の定額部分にかえて受け取ることになるが、当面は、定額部分のほうが老齢基礎年金よりも高額になる。

そこで、差額分の年金額を補うため、「経過的加算額」が支給されるが、経過的加算額は、定額部分に該当する額から、厚生年金保険に加入していた期間について受け取れる老齢基礎年金の額を差し引いた額となる。

④ 加給年金額

厚生年金保険と共済組合等の被保険者期間を合わせて 20 年以上ある方が、65 歳到達時点（または定額部分の支給が開始した時点）で、その

方に生計を維持されている下記の配偶者または子がいるときには「加給年金額」が加算される。

⑤　振替加算

配偶者の老齢厚生年金や障害厚生年金に「加給年金額」が加算されている場合、その対象になっている本人が 65 歳になると、配偶者の加給年金の支給が終了する。このとき、加給年金の対象であった本人が老齢基礎年金を受け取る場合に、要件をすべて満たすと、ご本人の老齢基礎年金の額に加算がつくが、これを「振替加算」という。

6　受給開始時期

原則として 65 歳から受給できる。65 歳後に受給資格期間の 10 年を満たした方は、受給資格期間を満たしたときから老齢基礎年金を受け取ることができる。

60 歳から 65 歳までの間に繰上げて減額された年金を受け取る「繰上げ受給」や、66 歳から 75 歳までの間に繰下げて増額された年金を受け取る「繰下げ受給」を選択することができる。

(1) 繰上げによる減額

繰上げにより減額される年金額は、老齢基礎年金の額（振替加算額を除く）および老齢厚生年金の額（加給年金額を除く）に、下記の減額率を乗じることにより計算される。

減額率（最大 24％）＝0.4％×繰上げ請求月から 65 歳に達する日の前月までの月数

　※昭和 37 年 4 月 1 日以前生まれの方の減額率は、0.5％（最大 30％）

老齢基礎年金の繰上げには「全部繰上げ」と「一部繰上げ」があり、特別支給の老齢厚生年金の受給開始年齢の特例に該当しない場合は、全部繰上げとなる。

(2) 繰下げ加算額

繰下げ受給をした場合の加算額は、老齢基礎年金の額（振替加算額を除く）および老齢厚生年金の額（加給年金額を除く）に下記の増額率を乗じることにより計算される。

　ただし、65 歳以後に厚生年金保険に加入していた期間がある場合や、
70 歳以後に厚生年金保険の適用事業所に勤務していた期間がある場合
に、在職老齢年金制度により支給停止される額は増額の対象にならない。

　増額率（最大 84％）＝0.7％×65 歳に達した月から繰下げ申出月の前
月までの月数

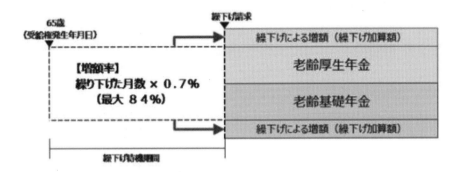

7　在職老齢年金（働きながら年金を受け取るとき）

　70 歳未満の方が会社に就職し厚生年金保険に加入した場合や、70 歳
以上の方が厚生年金保険の適用事業所に勤めることになった場合には、
老齢厚生年金の額と給与や賞与の額（総報酬月額相当額）に応じて、年
金の一部または全額が支給停止となる場合があるが、これを「在職老齢
年金」という。

　在職老齢年金の計算方法

基本月額

　加給年金額を除いた老齢厚生年金（報酬比例部分）の月額
※特別支給の老齢厚生年金についても同様である。

総報酬月額相当額

その月の標準報酬月額+（その月以前 1 年間の標準賞与額の合計）÷12

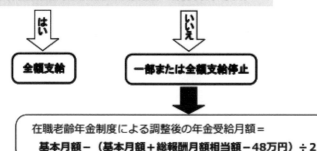

＊厚生年金基金に加入していた期間がある場合は、厚生年金基金に加入しなかったと仮定して計算した老齢
　厚生年金の年金額をもとに、基本月額を算出します。

＊年金受給月額がマイナスになる場合は、老齢厚生年金（加給年金額を含む）は全額支給停止となります。

＊老齢基礎年金および繰下げ加算額は、全額支給となります。

＊65歳以降に支給される経過的加算額は、全額支給となります。

＊日本年金機構と共済組合等から複数の老齢厚生年金（退職共済年金）を受け取っている場合は、それぞれ
　の老齢厚生年金の額に応じて按分した額をそれぞれ支給停止します。

＜支給停止期間および支給停止額の変更時期＞

　基本月額と総報酬月額相当額の合計額が48万円を超えている期間が支給停止となる。

　支給停止額は、総報酬月額相当額が変わった月または退職日等の翌月に変更される。

※退職して1カ月以内に再就職し、厚生年金保険に加入した場合を除く。

＜在職老齢年金を受けている方の年金額改定＞

① 在職定時改定

　基準日（9月1日）において被保険者である受給権者の老齢厚生年金について、毎年、基準日の属する月前の被保険者期間を算入し、基準日の属する月の翌月（10月）に年金額の再計算を行うが、これを「在職定時改定」という。

・毎年、基準日の属する月前の厚生年金保険加入期間を追加して、年金額の再計算が行われる。

② 退職改定

厚生年金保険に加入しながら老齢厚生年金を受けている方が、退職して1カ月を経過したときは、退職した翌月分の年金額から見直されるが、これを「退職改定」という。

・年金額の全部または一部の支給停止がなくなり、全額支給される。

・年金額に反映されていない退職までの厚生年金保険加入期間を追加して、年金額の再計算が行われる。

8 年金の種類

(1) 障害年金

障害年金は、病気やけがによって生活や仕事などが制限されるようになった場合に、現役世代の方も含めて受け取ることができる年金である。

障害年金には「障害基礎年金」「障害厚生年金」があり、病気やけがで初めて医師の診療を受けたときに国民年金に加入していた場合は「障害基礎年金」、厚生年金に加入していた場合は「障害厚生年金」を請求することができる。

なお、障害厚生年金に該当する状態よりも軽い障害が残ったときは、障害手当金（一時金）を受け取ることができる制度もある。

① 障害基礎年金

国民年金に加入している間、または 20 歳前（年金制度に加入していない期間）、もしくは 60 歳以上 65 歳未満（年金制度に加入していない期間で日本に住んでいる間）に、初診日（障害の原因となった病気やけがについて、初めて医師または歯科医師の診療を受けた日）のある病気やけがで、法令により定められた障害等級表（1 級・2 級）による障害の状態にあるときは障害基礎年金が支給される。

② 障害厚生年金・障害手当金

厚生年金に加入している間に初診日のある病気やけがで障害基礎年金の1級または2級に該当する障害の状態になったときは、障害基礎年金に上乗せして障害厚生年金が支給される。

　また、障害の状態が2級に該当しない軽い程度の障害のときは3級の障害厚生年金が支給される。

　なお、初診日から5年以内に病気やけがが治り、障害厚生年金を受けるよりも軽い障害が残ったときには障害手当金(一時金)が支給される。

(2) 遺族年金

　遺族年金は、国民年金または厚生年金保険の被保険者または被保険者であった者が、亡くなったときに、その者によって生計を維持されていた遺族が受けることができる年金である。

　遺族年金には、「遺族基礎年金」「遺族厚生年金」があり、亡くなった者の年金の加入状況などによって、いずれかまたは両方の年金が支給される。

① 遺族基礎年金

　国民年金の被保険者等であった者が、受給要件を満たしている場合、亡くなった者によって生計を維持されていた「子のある配偶者」または「子」が、遺族基礎年金を受け取ることができる。

　「子」とは18歳になった年度の3月31日までにある者、または20歳未満で障害年金の障害等級1級または2級の状態にある者をさす。
・婚姻していない場合に限る。
・死亡当時、胎児であった子も出生以降に対象となる。

② 遺族厚生年金

　厚生年金保険の被保険者等であった者が、受給要件を満たしている場合、亡くなった者によって生計を維持されていた遺族が、遺族厚生年金を受け取ることができる。

　＜遺族厚生年金の受給対象者＞
1. 子のある配偶者
2. 子（18歳になった年度の3月31日までにある方、または20歳未満で障害年金の障害等級1級または2級の状態にある方。）（※1）
3. 子のない配偶者（※2）

4. 父母（※3）

5. 孫（18歳になった年度の3月31日までにある者、または20歳未満で障害年金の障害等級1級または2級の状態にある者。）

6. 祖父母

※1 子のある妻または子のある55歳以上の夫が遺族厚生年金を受け取っている間は、子には遺族厚生年金は支給されない。

※2 子のない30歳未満の妻は、5年間のみ受給できる。また、子のない夫は、55歳以上である者に限り受給できるが、受給開始は60歳からとなっている（ただし、遺族基礎年金をあわせて受給できる場合に限り、55歳から60歳の間であっても遺族厚生年金を受給できる）。

※3 父母または祖父母は、55歳以上である者に限り受給できるが、受給開始は60歳からとなる。

第3節 企業年金

　企業年金は、公的年金の上乗せにあたる、企業が従業員のために準備する私的年金で、確定給付企業年金（DB）と企業型確定拠出年金（DC）がある。

1 確定給付企業年金

　確定給付企業年金は、企業が従業員と給付の内容を約束し、高齢期において従業員がその内容に基づいた給付を受けることができる確定給付型の企業年金制度であり、企業等が厚生労働大臣の認可を受けて法人（企業年金基金）を設立する「基金型」と、労使合意の年金規約を企業等が作成し、厚生労働大臣の承認を受けて実施する「規約型」がある。基金

型は企業年金基金が、規約型は企業等が、年金資産を管理・運用して年金給付を行う。

2　企業型確定拠出年金

　企業が拠出した掛金は個人ごとに明確に区分され、掛金と個人の運用指図による運用収益との合計額が給付額となる企業年金制度であり、従業員のために企業等が規約を作成し、厚生労働大臣の承認を受けて実施する。

3　その他の年金等

① 財形年金（貯蓄）

財形年金は、勤労者自身が老後の資金準備をする制度である。

対象者	55歳未満の勤労者
掛金	給与天引き
税制	財形住宅貯蓄と合わせて、貯蓄型は550万円まで、保険型は払込保険料385万円まで非課税 ＊年金以外の払い出し目的の場合は非課税措置なし
特徴	・5年以上積み立てる ・受け取り期間は、60歳以後5年以上20年以内（保険型は終身タイプあり） ・年金据え置きの場合、据え置き期間は5年以内

② 中小企業退職金共済（中退共）

中退共は、中小企業の従業員を対象とした退職金制度である。

対象者	従業員数または資本金等が一定規模以下の中小企業の従業員（役員や個人事業主は加入できない）
掛金	・全額事業主負担 ・月額5,000円～3万円 ＊新規加入・掛金増額した事業主には掛金の一部を国が助成
税制	・掛金：法人…全額損金算入、個人事業主…必要経費 ・給付：年金…雑所得、一時金…退職所得
特徴	・退職後に従業員が直接、勤労者退職金共済機構・中小企業退職金共済事業本部に請求し、直接支給される ・一定額以上の場合は、年金受取も可能

第4章　給与所得者と税

第1節　源泉徴収

1　総則

　給与所得者の所得税及び復興特別所得税は、勤務先が毎月の給与やボーナスから源泉徴収し、その年の最後に給与を支払う際に年末調整で精算する。

・月々の源泉徴収

　毎月の給与やボーナスから源泉徴収される所得税及び復興特別所得税の額は、「給与所得の源泉徴収税額表」により計算する。

・年末調整

　1年間の給与総額に対する所得税及び復興特別所得税の額と毎月の給与から源泉徴収された所得税及び復興特別所得税の合計額は、次のような理由により、必ずしも一致しない。

①　生命保険料控除や地震保険料控除などは年末に一度に控除することとなっている。

②　子の結婚や就職などにより年の中途で控除対象扶養親族の数が変わる場合がある。

　このため、その年の最後の給与の支払を受けるときに、過不足額の精算が行われるが、これを「年末調整」という。大部分の給与所得者は、年末調整によって1年間の所得税及び復興特別所得税の納税が完了するので、確定申告の必要はない。

2　給与所得者の確定申告

　給与所得者でも、確定申告をしなければならない場合や、確定申告をすると所得税及び復興特別所得税が還付される場合がある。

　＜確定申告をしなければならない方＞

　給与所得者でも、次のような者は確定申告をしなければならない。

①　給与の収入金額が 2,000 万円を超える者

② 給与所得や退職所得以外の所得金額（収入金額から必要経費を控除
　した後の金額）の合計額が 20 万円を超える者
③ 2 か所以上から給与の支払を受けている方のうち、給与の全部が源
　泉徴収の対象となる場合において、年末調整されなかった給与の
　収入金額と、給与所得や退職所得以外の所得金額との合計額が 20
　万円を超える者
　など

3　所得税が還付される場合

確定申告をする義務のない方でも、次のような場合は、確定申告をする
と源泉徴収された所得税及び復興特別所得税が還付されることがある。

① マイホームを住宅ローン等を利用して取得した場合　など
② 一定の医療費を支払った場合　など
③ 災害や盗難にあった場合
④ 年の中途で退職し、再就職していない場合
⑤ 給与所得者の特定支出控除の特例の適用を受ける場合
　など

4　控除を受けるための手続

この控除の適用を受けるためには、確定申告書等にその適用を受ける
旨及び特定支出の額の合計金額を記載するとともに、給与等の支払者等
の証明書や特定支出の金額を証する書類などが必要となる。

第2節　給与所得税の計算

給与所得者の所得税の計算は、以下のように3つのプロセスを経て算出する。

・所得税の計算方法の流れ
① 給与収入 − 非課税の手当 − 給与所得控除 ＝ 給与所得
② 給与所得 − 所得控除 ＝ 課税所得
③ 課税所得 × 税率 − 控除額 ＝ 所得税額

1　給与所得の金額

給与所得になるもの	給与所得にならないもの
・給料、賃金、賞与	・退職により支給される退職手当（退職所得） ・通勤手当、出張旅費、転勤に伴う転居費用などで通常必要と認められるもの（非課税）

給与所得の金額は、次のように計算する。

・給与所得金額 ＝ 給与収入− 非課税の手当 − 給与所得控除(特定支出控除)

ここでいう給与収入とは、給与所得になるもの、ならないものから税金や社会保険料を差し引く前の総支給額のことで、サラリーマンの場合は、会社から年一回支給される源泉徴収票の「支払金額」に記載されている金額が該当する。

収入金額には、金銭で支給されるもののほか、給与の支払者から受けた次のような経済的利益も含まれる。

イ　商品などを無償または低い価額で譲り受けたこと

ロ　土地や建物などを無償または低い使用料で借り受けたこと

312

ハ 金銭を無利息または低い利息で借り受けたこと

これらの経済的利益を現物給与というが、特定の現物給与については、課税上金銭で支給される給与とは異なった取扱いが定められている。

次は、給与収入から非課税となる限度額内の交通費などの非課税の所得を除外する。

手当の種類	非課税になる手当額
通勤手当	15万円以下
日直手当	1回あたり 4,000円以下

収入額に対する給与所得控除額の計算式は、以下のとおりである。

【給与所得控除額（令和5年分）】

収入金額	給与所得控除額
1,625,000円まで	550,000円
1,625,001円から1,800,000円まで	年収×40%−100,000円
1,800,001円から3,600,000円まで	年収×30%＋80,000円
3,600,001円から6,600,000円まで	年収×20%＋440,000円
6,600,001円から8,500,000円まで	年収×10%＋1,100,000円
8,500,001円以上	1,950,000円

注：実際に収入金額が660万円までの場合には、「年末調整等のための給与所得控除後の給与等の金額の表」に当てはめて給与所得の金額を求めるので、上記の計算とは若干異なる場合がある。

例えば、合計収入が400万円の場合の所得金額は、以下の通りである。

給与所得控除額：（400万円 × 20%＋44万円）＝ 124万円

給与所得額：400万円 - 124万円 ＝ 276万円

2　課税所得金額の計算方法

課税所得金額 ＝ 給与所得 ・ 所得控除

　所得控除は、配偶者控除や扶養控除、医療費控除など、全部で 15 種類ある。

年末調整で対応可能な控除	適用される条件
社会保険料控除	健康保険料や国民年金保険料などの社会保険料の支払い ※生計を同じくする配偶者やその他の親族も含む
小規模企業共済等掛金控除	小規模企業共済や iDeCo の掛金の支払い
生命保険料控除	生命保険や介護医療保険、 個人年金保険の支払い
地震保険料控除	地震保険料の支払い
障害者控除	納税者や控除対象配偶者、扶養親族が障害者である場合
寡婦（寡夫）控除	ひとり親に該当せず、夫と死別または離婚して扶養家族がいる人で、合計所得金額が 500 万円以下の場合
ひとり親控除	納税者がひとり親である場合
勤労学生控除	学校に行きながら働いている場合 ※ただし前年分の合計所得金額が 75 万円以下
配偶者控除	納税者の合計所得が 1,000 万円以下、配偶者の合計所得が 48 万円以下の場合
配偶者特別控除	納税者の合計所得が 1,000 万円以下、配偶者の合計所得が 48 万円超 133 万円未満である場合
扶養控除	16 歳以上の子どもや両親などを扶養している場合
基礎控除	合計所得金額が 2,500 万円以下の人に適用される

※年末調整で対応できず、個人で確定申告が必要な控除は
以下の通りである。

個人で確定申告が必要な控除	適用される条件
雑損控除	災害や盗難、横領によって損害を受けた場合
医療費控除	一定額以上の医療費を支払った場合 ※生計を同じくする配偶者やその他の親族も含む
寄付金控除	ふるさと納税や認定NPO法人等に対して寄附をした場合

3　所得税額の計算方法

所得税額 ＝ 課税所得 × 税率・控除額

　税率は、課税所得金額によって変化する超過累進課税制度が採用されている。超過累進課税制度とは、課税所得金額が一定額を超えた場合、超えた金額に対してのみ高い税率をかける仕組みであり。
　所得税の税率は、課税所得金額に応じて5%～45%が適用される。

「所得税の速算表」

課税所得金額	税率	控除額
1,000円～194万9,000円	5%	0円
195万円～329万9,000円	10%	9万7,500円
330万円～694万9,000円	20%	42万7,500円
695万円～899万9,000円	23%	63万6,000円
900万円～1,799万9,000円	33%	153万6,000円
1,800万円～3,999万9,000円	40%	279万6,000円
4,000万円以上	45%	479万6,000円

例えば、課税所得金額が 250 万円の場合は、以下の通りである。

課税所得金額：250 万円

控除額：9 万 7,500 円

税率：10%

所得税額：250 万円 × 10% - 9 万 7,500 円 ＝ 15 万 2,500 円

Ⅵ　労働紛争の解決手続

1　労働紛争

(1) 労働紛争の分類

　労働関係の当事者間において生じる労働紛争は、個別労働紛争と集団労使紛争とに分類できる。

　「個別労働紛争」は、賃金、解雇、配置転換などの労働関係に関する個々の労働者と事業主との間の労働紛争の一般的な呼称である。法律では、「個別労働関係紛争」(個別労働関係紛争解決促進法 1 条)、「個別労働関係民事紛争」(労働審判法1条) という用語が用いられている。

　「集団労使紛争」とは、組合員の労働条件の改善や団体交渉、争議行為、労働協約の締結・適用等をめぐる労働組合と使用者との労使関係において生じる労働紛争である。

(2) 個別労働紛争を解決するための公的機関による手続

　個別労働紛争を解決するための公的な手続きに、行政機関による解決手続と司法機関（裁判所）による解決手続がある。

（公的機関による個別労働紛争解決手続）

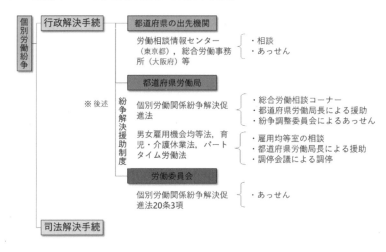

2 企業内における自主的な紛争処理（苦情処理）

(1) 苦情処理

「苦情処理」とは、事業主が、企業の円滑な経営を維持するために、労働者の待遇や就業環境に関する不満等について、自主的な解決を図ることである。

苦情処理の手続き等について定めた法律はないが、就業規則や労働協約において、苦情処理制度や手続きについて定めている場合が多い。

なお、セクシュアルハラスメントや妊娠・出産等に関するハラスメントについては、労働者から苦情の申出を受けたときは、事業主を代表する者及び当該事業場の労働者を代表する者を構成員とする当該事業場の労働者の苦情を処理するための「苦情処理機関」に対し当該苦情の処理をゆだねる等その自主的な解決を図るように努めなければならないと定める法規定がある（男女雇用機会均等法 15 条，育児・介護休業法 52 条の 2）。

(2) 苦情処理機関

苦情処理機関としては、相談窓口や苦情処理委員会を設置するケースがほとんどである。

すなわち、苦情処理のための機関がある事業所は 50.6％であり、苦情処理のための機関の種類としては、相談窓口（71.7％）や苦情処理委員会（24.7％）がほとんどである（％は「平成 26 年コミュニケーション調査の概況」厚生労働省。以下同じ）。

相談窓口に寄せられる苦情の内容としては、人間関係に関すること（50.6％）や、日常業務の運営に関すること（34.8％）、人事に関すること（34.6％）が多いが、近時は、メンタルヘルスに関する相談や、パワーハラスメントに関する相談が増加しているといわれる。

相談窓口がある場合に相談があったケースは 37.8％、苦情処理委員会がある場合に利用があったケースは 20.6％というデータがあり、苦情処理機関の利用実績はそれほど多くない。

しかし、相談窓口や苦情処理委員会が利用された場合には自主的解決に至ることが多い。すなわち、相談窓口の利用により「実際に救済・解

決に至ったものが多い」(49.4%)、「話を聞いて納得したものが多い」(44.3%)のに対し、「解決されない苦情が多い」(0.9%)というように、解決されない苦情は少ない。苦情処理委員会の利用があった場合も、「実際に救済・解決に至ったものが多い」(64.4%)、「話を聞いて納得したものが多い」(23.3%)のに対し、「解決されない苦情が多い」は少ない(4.7%)。

　企業内での自主的な紛争解決ができない場合は、公的機関による手続等による解決を試みることになる。

（イメージ）

3　都道府県労働局による個別労働紛争解決制度

(1) 原則

　都道府県労働局では、「個別労働関係紛争の解決の促進に関する法律」に基づいて、次の3つの「個別労働紛争解決制度」が用意されている。利用は無料で、労働者、事業者どちらからでも利用可能である。

　ただし、労働組合と事業主との間の紛争や労働者と労働者の間の紛争や、裁判で係争中であったり確定判決が出ているなど他の紛争解決制度

において取り扱われている紛争、労働組合と事業主との間で問題として取り上げられており、両者間で自主的な解決を図るべく話し合いが進められている紛争などは、制度の対象とはならない。

① 総合労働相談コーナーにおける情報提供・相談

紛争解決援助の対象となる事案については、

・助言・指導の申立てがあれば、都道府県労働局長による助言・指導に移行し、

・あっせんの申請があれば、紛争調整委員会によるあっせんに移行する。

② 都道府県労働局長による助言・指導

助言・指導の申し出を受けた都道府県労働局では、助言・指導を実施し、紛争当事者による自主的な解決を促進する。

解決しない場合は、

・あっせんの申請により紛争調整委員会によるあっせんに移行するか、

・労働局より他の紛争解決機関の説明・紹介を行う。

③ 紛争調整委員会による個別労働紛争のあっせん

あっせんの申請を受けた都道府県労働局長は、紛争調整委員会にあっせんを委任する。手続は非公開である。

弁護士、大学教授、社会保険労務士などの労働問題の専門家である紛争調整委員が担当し、紛争当事者の間に入り、双方の主張の要点を確かめ、調整を行い、話し合いを促進することにより、紛争の解決を図る。

紛争解決（あっせん案の受諾や合意の成立）に至らない場合は、打ち切りとなり、他の紛争解決機関の説明や紹介を行う。

なお、裁判所で係争中など他の制度で取り扱われている紛争は、紛争調整委員会によるあっせんの対象とはならない。

（個別労働紛争の紛争解決援助制度）

	概要	手続きの流れ等	解決・終了
総合労働相談コーナーにおける情報提供・相談	・都道府県労働局による紛争解決援助制度 ・無料	・都道府県（労働相談情報センター等）、労働委員会、裁判所、法テラス、労使団体における相談窓口などと連携 ・情報提供・個別相談のワンストップサービス	・助言・指導の申立があれば、都道府県労働局長による助言・指導に移行 ・あっせんの申請があれば、紛争調整委員会によるあっせんに移行
都道府県労働局長による助言・指導	・個別労働紛争 ・集団労使紛争や他の制度において取り扱われている紛争は対象外	・双方から事情確認 ・助言・指導の実施に沿った解決策の実行により終了	・解決しない場合は、 ➤ あっせんに移行 か、 ➤ 他の紛争解決機関の説明・紹介
紛争調整委員会による個別労働紛争のあっせん		・弁護士、大学教授、社会保険労務士などの労働問題の専門家である紛争調整委員が担当 ・双方から事情確認 ・紛争当事者間の調整 ・双方が求めた場合は、あっせん案を提示	・双方があっせん案を受託するか、合意が成立すれば、終了 ・当事者不参加や合意に至らない場合は、打ち切り ➤ 他の紛争解決機関の説明・紹介

(2) 都道府県労働局雇用均等室で受け付ける個別的労働紛争解決制度（紛争解決の援助）

　男女雇用機会均等法、育児・介護休業法およびパートタイム・有期雇用労働法には、個別的労働紛争解決制度として、都道府県労働局長による援助の制度と、機会均等調停会議、両立支援調停会議および均衡待遇調停会議による調停の制度が定められている。

① 紛争解決の援助（男女雇用機会均等法17条）

　「性別を理由とする差別」「婚姻、妊娠、出産等を理由とする不利益取扱い」「職場における性的な言動に起因する問題」「職場における妊娠、出産等に関する言動に起因する問題」「職場における妊娠・出産等に起因する言動に関する雇用管理上の措置」「妊娠中及び出産後の健康管理」を起因とする労働者と事業主間の紛争に関し、当該紛争の当事者の双方又は一方は、都道府県労働局長に対し、その解決につき援助を求めることができる（1項）。

　都道府県労働局長は、援助の求めがあったときは、当事者双方の意見を聴取し、問題解決に必要な具体策の提示（助言・指導・勧告）をし、紛争の解決を図る（1項）。

　事業主は、労働者が上記援助を求めたことを理由として、当該労働者に対して解雇その他不利益な取扱いをしてはならない（2項）。

② 紛争解決の援助（育児・介護休業法52条の4）

　都道府県労働局長は、「職場における育児休業等に起因する言動に関する雇用管理上の措置」「育児休業」「介護休業」「子の看護休暇」「介護休暇」「所定外労働時間の制限」「時間外労働の制限」「深夜業の制限」、「所定労働時間の短縮措置等」「労働者の配置に関する配慮」を起因とする労働者と事業主間の紛争に関し、当該紛争の当事者の双方又は一方からその解決につき援助を求められた場合には、当該紛争の当事者に対し、必要な助言、指導又は勧告をすることができる（1項）。

　事業主は、労働者が上記援助を求めたことを理由として、当該労働者に対して解雇その他不利益な取扱いをしてはならない（2項）。

③ 紛争解決の援助（パートタイム・有期雇用労働法24条）

　都道府県労働局長は、「労働条件の明示義務」「不合理な待遇差の禁止」「通常の労働者と同視すべき短時間・有期雇用労働者に対する差別的取扱いの禁止」「職務内容同一短時間・有期雇用労働者に対する教育訓練実施義務」「短時間・有期雇用労働者に対しても福利厚生施設の利用機会を与える義務」「通常の労働者への転換を推進するための措置義務」「待遇の相違の内容と相違の理由の説明義務」に関する短時間・有期雇用労働者と事業主間の紛争に関し、当該紛争の当事者の双方又は一方からその解決につき援助を求められた場合には、当該紛争の当事者に対し、必要な助言、指導又は勧告をすることができる（1項）。

　事業主は、短時間・有期雇用労働者が上記援助を求めたことを理由として、当該短時間・有期雇用労働者に対して解雇その他不利益な取扱いをしてはならない（2項）。

(3) 都道府県労働局雇用均等室で受け付ける個別的労働紛争解決制度（調停会議による調停）

　都道府県労働局雇用均等室は、個別的労働紛争のうち、男女雇用機会均等法に関連する紛争の調停（機会均等調停会議）、育児・介護休業法に関連する紛争の調停（両立支援調停会議）およびパートタイム・有期雇用労働法に関連する紛争の調停（均衡待遇調停会議）の申請を受けつけ、調停会議による調停を行っている。

　調停会議による調停は、弁護士、大学教授、社会保険労務士などの労働問題の専門家である調停委員が担当して、紛争当事者双方から事情を確認し、紛争当事者間の調整をする。そして、双方が求めた場合は、調停案を提示する。

　紛争当事者双方が調停案を受託するか、合意が成立すれば、調停は終了する。

　他方で、当事者不参加の場合や合意に至らない場合は、調停は打ち切りとなる（他の紛争解決機関の説明・紹介などが行われる）。

① 機会均等調停会議による調停（男女雇用機会均等法18条）

　「性別を理由とする差別」「婚姻、妊娠、出産等を理由とする不利益取扱い」「職場における性的な言動に起因する問題」「職場における妊娠、出産等に関する言動に起因する問題」「妊娠中及び出産後の健康管理」を起因とする労働者と事業主との間の紛争（労働者の募集及び採用についての紛争を除く）に関し、当該紛争の当事者（「関係当事者」）は、都道府県労働局に調停（「機会均等調停会議」の調停）の申請ができる（1項）。

　機会均等調停会議の調停の申請をしたことを理由として、当該労働者に対して解雇その他不利益な取扱いをしてはならない（2項）。

② 両立支援調停会議による調停（育児・介護休業法52条の5）

　「職場における育児休業等に起因する言動に関する雇用管理上の措置」「育児休業」「介護休業」「子の看護休暇」「介護休暇」「所定外労働時間の制限」「時間外労働の制限」「深夜業の制限」、「所定労働時間の短縮措

置等」「労働者の配置に関する配慮」を起因とする労働者と事業主間の紛争に関し、当該紛争の当事者（「関係当事者」）は、都道府県労働局に調停（「両立支援調停会議」の調停）の申請ができる（1項）。

両立支援調停会議の調停の申請をしたことを理由として、当該労働者に対して解雇その他不利益な取扱いをしてはならない（2項）。

③ 均衡待遇調停会議による調停（パートタイム・有期雇用労働法25条）

「労働条件の明示義務」「不合理な待遇差の禁止」「通常の労働者と同視すべき短時間・有期雇用労働者に対する差別的取扱いの禁止」「職務内容同一短時間・有期雇用労働者に対する教育訓練実施義務」「短時間・有期雇用労働者に対しても福利厚生施設の利用機会を与える義務」「通常の労働者への転換を推進するための措置義務」「待遇の相違の内容と相違の理由の説明義務」に関する短時間・有期雇用労働者と事業主間の紛争について、当該紛争の当事者は、都道府県労働局に調停（「均衡待遇調停会議」の調停）の申請ができる（1項）。

均衡待遇調停会議の調停の申請をしたことを理由として、当該労働者に対して解雇その他不利益な取扱いをしてはならない（2項）。

（男女雇用機会均等法、育児・介護休業法，パートタイム労働法
の紛争解決援助制度）

	概要	手続きの流れ等	解決・終了
相談受付：都道府県労働局雇用均等室	• パートタイム・有期雇用労働者の雇用管理に関する紛争（パートタイム労働法21条） • 集団労使紛争や他の制度において取り扱われている紛争は対象外	• 援助の申立があれば、都道府県労働局長による助言・指導・勧告に移行 • 調停の申請があれば、調停会議による調停に移行	
都道府県労働局長による助言・指導・勧告		• 双方から事情確認 • 助言・指導・勧告に沿った解決策の実行により終了	• 解決しない場合は、 ➤ 調停に移行 か、 ➤ 他の紛争解決機関の説明・紹介
調停会議による調停 • 機会均等調停会議 • 両立支援調停会議 • 均衡待遇調停会議）		• 弁護士、大学教授、社会保険労務士などの労働問題の専門家である調停委員が担当 • 双方から事情確認 • 紛争当事者間の調整 • 双方が求めた場合は、調停案を提示	• 双方が調停案を受託するか、合意が成立すれば、終了 • 当事者不参加や合意に至らない場合は、打ち切り ➤ 他の紛争解決機関の説明・紹介

4 裁判所における個別労働紛争解決手続

裁判所において個別労働紛争を解決する主な手続には、以下のものがある。

① 労働審判手続

「労働審判手続」は、裁判官1名と労働関係の専門家である労働審判員2名が労働審判委員会を構成し、原則として3回以内の期日で、話合いによる解決を試みながら、最終的に審判を行う手続である。

審判に不服がある場合や事案が複雑で争点が多岐にわたるなど、労働審判の手続を行うことが適当でないと認められる場合などには、訴訟手続に移行する。

② 民事調停手続

「民事調停手続」は、裁判官または調停官1名と一般国民から選ばれた調停委員2名以上で構成される調停委員会の仲介を受けながら、簡易な事案から複雑困難な事案まで実情に応じた話合いによる解決を図る手続である。

③ 少額訴訟手続

　「少額訴訟手続」は、原則として1回の審理で判決がされる特別な訴訟手続で、60万円以下の金銭の支払を求める場合にのみ利用することができる。

④ 通常訴訟手続

　「通常訴訟手続」は、裁判官が、法廷で、双方の言い分を聴いたり、証拠を調べたりして、最終的に判決によって紛争の解決を図る手続である。

　訴訟の途中で話し合いにより解決することもできる（「和解」）。

索　引

著者紹介

【坂東利国　ばんどうよしくに】

弁護士（東京弁護士会）
東京エクセル法律事務所パートナー弁護士
日本労働法学会所属
日本 CSR 普及協会所属
一般財団法人日本ハラスメントカウンセラー協会顧問
主な取扱業務は人事・労務、一般取引等の法律顧問・代理人

【主な著書】

「マイナンバー社内規程集」（日本法令）、「個人情報保護士認定試験公認テキスト」（マイナビ出版）、「無期転換制度による法的リスク対応と就業規則等の整備のポイント」（DVD・日本法令）、「働き方改革と労働法務（働き方改革検定公式テキスト）」（マイナビ出版）、「人事に役立つハラスメント判例集50」（マイナビ出版）、「管理職用ハラスメント研修の教科書」（マイナビ出版）、「５つの最高裁判決を踏まえたすぐにわかる『同一労働同一賃金』の実務への影響」（DVD・日本法令）、「TAX＆LAWグループ会社の経営実務—法務・連結会計・税務—」（共著・第一法規）ほか

ワークライフ・コーディネーター認定試験 公式テキスト

2024 年 4 月 17 日　初版第 1 刷発行

著　者　坂東 利国

編　者　一般財団法人 全日本情報学習振興協会

発行者　牧野 常夫

発行所　一般財団法人 全日本情報学習振興協会
　　　　〒101-0061　東京都千代田区神田三崎町 3-7-12
　　　　　　　　　　清話会ビル 5F
　　　　　　　　　TEL：03-5276-6665

販売元　株式会社 マイナビ出版
　　　　〒101-0003　東京都千代田区一ツ橋 2-6-3
　　　　　　　　　　一ツ橋ビル 2F
　　　　TEL：0480-38-6872（注文専用ダイヤル）
　　　　　　03-3556-2731（販売部）
　　　　URL：http://book.mynavi.jp

印刷・製本　大日本法令印刷株式会社

©2024　坂東 利国　一般財団法人 全日本情報学習振興協会
ISBN コード　978-4-8399-8685-8　C2034
Printed in Japan